나를 갈라 나를 꺼내기

저는 오랫동안 머리-글을 써왔습니… 소리는 계속 커졌고 자기 멋대로 저… 그러면서 몸이 말하는 바를 무시하라… 고 했어요. 그런 말을 하던 머리… 자꾸 그러다간 죽고 말 거라고요. 저… 멈추지 않았어요. 몸이 웅웅거리며… 하지.'

나를 갈라 나를 꺼낸다는 것은 제게… 적 글쓰기라는 건 도대체 무엇일까… 백인 중심적인 것이 지겹고 싶다는… 지? 여기서부터 우리는 무언가를 받… 오염된 것들뿐입니다. 나는 여성적… 짜 여성에 대한 이야기만 엄청나게… 속해서 더 진실된 것을 찾아가는 과… 은 아주 많은 소음과 뜬소문 사이에… 꺼내는 과정입니다. 어떤 점에서… 계속 내려가는 일이라고 느껴요. 이… 글을 쓴다는 것이 더러움으로 취급받… 열과 혼란을 겪기 때문에. 그 분열과… 글쓰기는 진실을 원한다는 이야기… 화와 거짓말로부터 벗어나 계속해서… 어린아이의 눈으로 세상을 봤던 것… 균열이 힌트가 되어 지금까지 사회… 든다는 거죠. 질서 잡힌 이야기, 제… 진실한 것을 전달할 수 있다는 말… 작업을 계속하면 그게 나만의 이야… 된다는 거죠. (…) 좋은 글이라는 것… 건 단서와 도구일 뿐이지, 그 어떤… 각해요. 글쓰기를 통해서 그 어딘가… 한 걸 보지 않거든요. 책을 읽다가… 단 말이죠. 작가는 어딘가로 가도록… 지 않아요. 그 경험을 결정하는 사람…

나를 갈라 나를 꺼내기

하미나

…가 제 몸이 말하기 시작했어요. 그… … 했어요. 제 머리는 두려워했어요. … 소리라고, 모두가 너를 비웃을 거라… 같다고요. 죽고 싶지 않다고요. 너… 바들바들 떨었지만 몸은 말하기를… 너는 죽어야 해. 하지만 잘 죽어야…

…인가를 묻는 일이기도 합니다. 여성… …인 것, 혹은 가부장적인 것. 그리고 … …것 외에 다른 것이 어떻게 가능하… …게 됩니다. (…) 우리에게 있는 것은 … …진짜 뭔지도 모르고요. 세상어 가… …게 진짜가 뭔지 모르는 상태에서 계… …입니다. 나를 갈라 나를 꺼낸다는 것… …것이고, 말 그대로 나를 칼라서 나를 … …의 이미지가 있거든요. 저는 이게 … …한 일이라는 생각도 들어요. 진실한 … …더 유리할 수도 있다. 왜냐하면 분… …때문에.

…기 위해서는 너무 많은 소음과 신… …하는데 이것은 사회화되기 이전에 … …느낍니다. 그 과정에서 혼란과 … …다른 방식으로 세계를 보게 만… …균열을 포함한 이야기를 통해 더 … …. 내가 내 마음을 통로로 삼아 이 … …가닿는 어떤 보편적인 이야기가 … …데려다 놓습니다. 근데 글이라는 … …정확하게 묘사하는 건 아니라고 생… …로입니다. 독자는 작가가 보라고 … …각을 하게 돼요. 어딘가로 가게 된 … …무엇을 보고 경험할지를 결정해 주…

물결정

므루웨와 담에게

일러두기

· 인용문의 [ ]는 저자의 것이다.
· 미주는 저자가, 각주는 저자와 편집자가 함께 달았다.
· 외래어는 국립국어원의 외래어표기법을 준용하되, 일부는 학계나 대중의 관행을 따르거나 저자의 원 표기를 살려 적었다.

나는 아름다움을 위해 죽었어, 하지만
무덤에 미처 적응할 겨를도 없이
진실을 위해 죽은 사람이
옆방에 눕혀졌어

그가 내게 나직이 묻기를, "왜 시험을 통과하지 못했나요?"
"아름다움을 위해서였죠." 내가 대답했지
"저는 진실을 위해서랍니다—그 둘은 하나이니
우리는 혈육이군요." 그가 말했어

그래서, 동족을 한밤에 만난 것처럼
우리는 방 사이에서 이야기를 나눴지
이끼가 우리 입까지 퍼져 와서
우리 이름을 덮을 때까지

—에밀리 디킨슨

Prologue

　이 책은 두 개의 장면으로 나를 반복해서 데려갔다.
　첫 번째 장면. 열일곱 살의 나는 방금 전 교과서에서 우주에 대해 배운 참이다. 수업이 끝나고 학교 바로 옆에 위치한 기숙사로 걸어가는 동안, 나는 고교 시절 매일 반복하던 일을 한다. 그것은 노을을 보는 일이다. 나는 널찍한 모래 운동장 뒤로 펼쳐진 산 위를 각양각색으로 물들이는 노을을 바라본다. 어떻게 이렇게 매일 다른 모습일 수 있는지 놀라워하며. 잠시 뒤 어둠이 내려앉고 달과 별이 뜬다. 고개를 들어 밤하늘을 본 나는, 지금 내 눈에 보이는 밤하늘이 교과서에서 배운 우주라는 것을 알아차린다. 아무런 노력 없이도 고개만 젖히면 매일 밤 우주를 직접 볼 수 있다는 것이 놀랍고 신기하다. 별을 바라보고 다시 별의 시선으로 나를 바라본다. 그러자 나는 아주 작아지고 지구도 아주 작아지고 태양계도 아주 작아진다. 우리는 아무것도 아닐 만큼 작다. 내가 느끼고 감각하는 세계와 내가 배우고 알아가는 지식이 맞닿아 나를 더 먼 곳으로 데려간다. 기쁨으로 마음이 가득 찬다. 한국의 숨 막히는 입시 생활조차 세계를 알아가는 일의 경이로움을 가로막진 못한다.

　두 번째 장면. 나는 바닷가에 서 있다. 파도가 끊임없이 밀려들었다 빠져나간다. 해변에 서서 눈앞에서 공중 도시가 무너져 내리는 것을 본다. 하나의 앎의 체계로 이루어진 이 도시는 내가 방금 전까지 거주하던 곳이다. 내가 사랑하고 매혹되었으며 샅샅이 알고 싶어 했던 도시가 무너져 내린다. 덤덤히 바라본다. 전에도 이곳에 온 적이 있다. 이곳에 서서 내가 사랑했던 도시가 무너져 내리는 것을 본 적이 있다. 나는 주기적으로, 계속해서 이곳에 돌아온다. 돌아와서 도시가 무너져 내리는 것을 응시한다. 그리고 묻는다.

　세상을 더 알고 싶은 마음도 죄가 되나요?

차례

Prologue

Part 1 두 개의 언어

Part 2 같음과 다름 사이의 시소 타기

Part 3 각성

Part 4 나를 갈라 나를 꺼내기

Epilogue

추천의 글

주

찾아보기

8

13

77

291

337

400

402

406

417

Part 1
두 개의 언어

1970년대 후반 칼 세이건을 비롯한 몇몇 천문학자는 성간 우주 탐사선 보이저호의 발사를 앞두고 두고두고 회자될 사랑스러운 아이디어 하나를 떠올린다. 그것은 외계인에게 지구를 소개하는 금속 레코드판을, 별과 별 사이를 항해할 보이저호에 싣자는 것이었다. 그렇게 '보이저 골든 레코드Voyager Golden Record' 프로젝트가 시작됐다. 레코드판에는 지구 사진과 인사말, 지구의 소리, 그리고 지구상에서 가장 아름답다고 선별된 일련의 음악이 실려 있다. 『지구의 속삭임』은 그 과정을 기록한 책으로, 읽다 보면 이 엉뚱하고도 순진한 프로젝트가 사람들을 얼마나 몰두하게 만들었는지가 여실히 느껴진다.
　콧대 높은 유엔의 관료들도 한마디씩 덧붙이고, 그들의 인사 뒤에는 지구의 또 다른 지적 생명체인 혹등고래의 노랫소리가 흐른다. 유엔 사무총장과 미국 대통령의 인사가 실린 파트를 지나면 쉰다섯 개 언어로 된 인사말이 이어진다.

지구의 소리엔 지구의 진화 과정이 담겼다. 화산과 지진과 천둥 소리, 끓어오르는 진흙탕 소리, 바람과 비와 파도 소리, 귀뚜라미와 개구리와 새와 하이에나와 침팬지와 개의 소리, 발소리와 심장 뛰는 소리 그리고 웃음소리가 들린다. 그다음 인류 진화 이후 지구에 등장한 소리들―이를테면 양치기, 대장장이, 모스부호, 로켓 이륙 소리 따위―이 뒤를 잇는다. 듣다 보면 황량한 원시 지구의 검고 뜨거운 땅 위에 서 있다가 한바탕 생명의 진화를 되돌아가 겪은 뒤 다시 이곳에 도착하는 듯한 기분이 든다.

'안녕.' 골든 레코드는 외계인에게 인사를 건네며, 우리가 누구인지를 소개하고, 우리가 가진 아름다움을 한껏 자랑한다. 거기서 자연스럽게 우리가 우리 자신에 대해 무엇을 말해야 한다고 생각했는지가 드러난다.

그렇다면 중요한 문제. 우리가 가진 최악의 면 역시 레코드판에 담겨야 할까?

지구의 사진을 담당한 존 롬버그는 비교적 쉽게 이 문제를 정리한다. "우리는 전쟁, 질병, 범죄, 가난을 전시하지 않기로 합의했다." 지구의 소리를 담당한 앤 드리앤은 망설인다. "우리가 스스로를 있는 그대로 보여준다면, 달리 말해 서로 싸우는 종으로 보여준다면, 이 레코드판이 최소한 정확한 문서로서의 가치는 가진다고 말할 수 있지 않을까?" 칼 세이건은 밀고 나간다. "우리가 자신의 최선의 측면만을 우주에 보여주려는 게 잘못인가? 우리는 최고의 음악들을 고르려고 애썼다. 인류와 인류가 앞으로 누릴지도 모르는 미래에 대해서도 절망적인 시각이 아닌 희망적인 시각을 전달하면 왜 안 되는가?"[1]

지구의 사진과 소리 대목에서는 결국 인류의 비극이 의도적으로 누락됐다. 거기서 나는 이 프로젝트와 약간 멀어지고 말았다. 나는 전쟁, 질병, 범죄, 가난을 겪는 사람들, 부서진 세상에서 살아가는 사람들, 의도적으로 누락된 사람들을 사랑하기 때문이다. 어두운 소식을 전할 때마다 사람들이 고개를 돌리던 순간이 머릿속으로 지나갔다.

정보를 담은 파트에서는 어두운 소식을 모두 잠재웠지만 아름다움을 담은 파트에서는, 보이저 레코드판도 이를 빼놓지 못한다. 이 파트에 수록된 마지막 곡은 환희와 고통, 평화와 괴로움이 공존하는 베토벤 「현악사중주 13번 5악장」 '카바티나'다.

"세계는 왜 이토록 폭력적이고 고통스러운가? 동시에 세계는 어떻게 이렇게 아름다운가?"[2] 비극을 누락시키기보다는 비극 안으로 들어가는 사람, 인류 최악의 측면에서 최선의 측면을 발견하는 사람을 생각한다. 어둡고 차가운 곳에 머무느라 어둡고 차가워진 날들을 떠올린다. 어쩌면 우리는 아는 것에 대해 말할 때보다 느끼는 것에 감탄할 때 진실에 더 가까워지는 게 아닐까.

우주화가 돈 데이비스가 보이저호 탐사 과정에서 미 항공우주국NASA의 의뢰로 그린 상상도. 보이저 1, 2호가 태양계 외행성들을 지나는 장면을 담았다.

태초에는 왜 하필 '말씀'이 있었을까?

☦

    자연을 텍스트나 책으로 비유하는 것은 오랜 역사를 지닌 강력한 메타포다. 갈릴레오 갈릴레이가 "자연은 수학이라는 언어로 쓰인 책"이라고 말한 것처럼, 중세 신학자들이 자연을 '신의 책'으로 여긴 것처럼, 칼 세이건이 은하를 '대백과사전'에 비유한 것처럼 말이다. 이는 자연을 단순히 물질이나 현상으로 보는 것을 넘어, 읽고 해석할 수 있는 의미를 지닌 것으로 여긴다는 뜻이다. 여기엔 마치 백과사전처럼, 자연에 숨겨진 정보를 해독하면 우주와 생명, 그리고 우리 존재에 대한 깊은 진리를 발견할 수 있다는 믿음이 심겨 있다.

'대백과사전'이라는 비유는 우주에 펼쳐진 은하들이 저마다 방대한 정보와 지식을 품고 있다는 상징적 표현이며, 이때 과학을 위시한 지식 탐구의 과정은 대백과사전의 페이지를 하나씩 읽어가며 그 의미를 해석해 나가는 작업이 된다. 곧 자연은 인간에 의해 읽히기를 기다리는 대상이고 인간은 이를 해석하는 독자다.

⁂

은하 대백과사전……
 메타포는 언어와 사고의 중요한 요소로, 한 개념을 다른 개념을 통해 이해하고 경험하는 방식을 말한다. 사람들은 낯설고 복잡한 개념을 설명할 때 이해를 돕기 위해 이미 잘 아는 친숙한 개념을 끌어오곤 한다. 이 연결에는 특정한 가치 판단이 포함된다. "남자는 배 여자는 항구"라는 메타포에는 남자는 "눈앞의 바다를 핑계로 헤어지"며, 일정한 항구에 정박하지 않고 늘 떠나는 속성을 가진 존재라는 가치 판단이 잠재해 있고, 여자는 눈멀도록 바다를 지키며 기다리고 바라보는 속성을 가진 존재라는 가치 판단이 깃들어 있다.
 마찬가지로 과학적 설명에 등장하는 메타포 역시 단순한 사실 적시나 이해를 돕기 위한 도구가 아니라 개인과 사회, 그리고 우주(혹은 자연)의 관계를 보여주는 장치다. 그렇기 때문에 메타포는 역으로 그러한 관계를 형성할 가능성 내지 위험을 품고 있기도 하다. 예를 들어 '투병鬪病' '암과의 전쟁' '코로나와의 싸움'처럼 질병을 싸워야 할 적에 비유하면, 이 메타포는 병을 경험하는 과정을 이기고 지는 승패 싸움으로 만들어 버리고,

그로써 '싸움에서 진' 당사자나 이를 지켜보는 주변 사람들에게 패배감과 죄책감을 안긴다. 반면 이 과정을 적과의 싸움에 비유하는 대신 여정에 비유한다면, 환자가 병을 경험하는 시간을 스스로 만들어 가는 여정으로 바라봄으로써 승패보다는 과정 자체를 중시하게 될 수도 있을 것이다.

그러니 나는 이렇게 말해보고 싶다. 메타포는 메타포가 아니다.

지혜를 얻고 싶어 약간은 역사의 소용돌이 바깥에 머물며 자신의 일을 해나간 사람들에 대한 이야기를 찾아보았다. 카티아와 모리스 크라프트 부부의 이야기 같은 것 말이다. 프랑스의 지구화학자, 지질학자인 두 사람은 1966년 처음 만나 1991년 일본의 화산에서 생을 마치기까지 화산을 향한 지치지 않는 열정을 공유한 연인 사이다. 두 사람은 프랑스와 독일의 접경 지대인 알자스로렌에서 제2차 세계대전을 겪으며 자랐다. 젊은 시절에는 베트남전쟁 반전 시위에 앞장서 참여하기도 했다. 모리스는 화산을 사랑하게 된 이유를 이렇게 설명한다.

"카티아와 나는 인류에 실망했기 때문에 화산학을 택했어요. 화산은 인간보다 위대하니까요. 인간의 이해를 넘어서는 것에 관한 연구니까요."[3]

이후 두 사람은 일평생 세계의 활화산을 누비며 산다. 용암이 흐르고 화산탄이 비처럼 떨어질 때, 도망가기는커녕 분화구에 점점 더 다가가면서. 검고 붉은 이 짐승을 영상으로 사진으로 촬영하면서. 그들이 목숨을 걸고 촬영한 영상은 20~30년이 지난 지금 보아도 컴퓨터그래픽이 아닌가 싶을 정도로 장엄하고 웅장하다. 아름다움을 위해 찍지는 않는다고, 모리스는 말하지만 그가 촬영한 영상에 매혹되지 않기란 어렵다. 아름다울 작정 없이 아름다운 많은 것이 그러하듯.

화산을 사랑한다는 건 어떤 의미일까. 그건 아마도, 지구가 매 순간 숨 쉬며 살아 있음을 피부 화상을 입으며 실감한다는 것. 내 의지와 상관없이 화산이 보여주는 만큼 보고 허락하는 만큼만 다가갈 수 있다는 것. 지각地殼이 생성되고 소멸하는 지질학적 규모의 시간에 비하면 인간 생애가 얼마나 짧고 보잘것없는 시간인지를 감지한다는 것일 테다. 화산과 쓰나미는 순식간에 수천수만 명의 목숨을 앗아 가기도 하니까.

자연이 주는 '아주 커다란 것의 경험'은 어째서 사람을 절망하게 하기보다 겸허하고 편안하게 만드는 걸까? 유일하게 그때가 평등해지는 순간이기 때문일까? 서로를 빙글빙글 돌며 싸우길 반복하다가 밤하늘의 별빛을 올려다볼 때에만 비로소 고요해지는 것처럼?

무수한 비극이 연달아 전해지던 2024~2025년 연말연시는 태양의 활동기가 극대기가 되는 시기이기도 했다. 극지방에서는 어느 때보다 화려하고 커다란 오로라가 펼쳐졌다. 태양이 강력한 폭발을 일으킬 때, 지구 깊은 곳에서 마그마가 끓고 있을 때, 지구의 신참내기인 인간이 손바닥만 한 진실을 가지고 그 많은 드라마를 만든다는 것이 언제나 내게 새로운 충격으로 다가온다.

전에는 자연에 감탄하는 사람들이 한가로워 보였다. 요즘은 절박해 보인다. 사랑하는 마음을 간직하고자 하는 절박함. 화산을 사랑한 사람들은 인간 대신 화산을 사랑함으로써 자신을 보호했을 것이다. 무언가를 깊이 사랑하는 마음은 그 자체로 우리를 보호해 주니까.

70년 전 쓰인 과학책 『바다의 가장자리』를 읽었다. 생태학이라는 말이 아직 낯설던 시기, 레이첼 카슨은 인간이 자연을 바라보는 관점을 변화시킨 위대한 과학 저술가였다. 『침묵의 봄』이 가장 잘 알려진 작품이지만, 해양생물학자로서 그는 '바다 3부작'을 저술하며 작가로서의 활동을 시작했다. 『바다의 가장자리』는 3부작의 마지막 책으로, 바다와 육지가 만나는 경계인 해안을 다룬다.

　　책은 세 부분으로 나뉘어 전개된다. 암석 해안, 모래 해안, 산호 해안. 카슨은 각각의 해안이 지질학적으로 어떻게 형성되었는지, 그곳에서 어떤 생물이 살아가는지를 섬세하고 성실한 시선으로 소개한다. 책 곳곳에는 펜으로 그린 삽화가 들어가 있고, 1950년대 독자에게 전하고자 했던 마음이 읽히는 「생물의 분류」도 부록으로 실려 있다.

이렇게나 폭력적이지 않은 책은 오랜만이었다. 카슨은 어떤 메시지도 강요하지 않고 관찰자로서 자신이 본 것만을 전달한다. 목소리 높은 주장, 엄숙한 교훈, 거리에서 주운 지식과 도덕성을 뽐내는 얘기가 널린 세상에서, 해안을 관찰하는 내내 느꼈을 경이감마저 표현하기를 자제하며 독자를 기다리는 책을 읽는 경험은 귀했다.

자연을 의인화하지 않고 쉽게 의미를 추출해 내지 않기에 몰입하기가 쉽지 않기도 했다. 고해상도로 선명하게 촬영된 자연 다큐멘터리를 어디서나 쉽게 찾아볼 수 있는 지금, 오래전 쓰인 흑백 과학책을 읽는다는 것은 시대착오적인 일이었을 수도 있다. 고요한 것을 오래 바라보는 능력을 잃은 탓도 있었을 것이다. 하지만 어느 대목에서 나는 이 책에 푹 빠지게 됐다. 카슨이 암석 해안 곳곳에서 발견한 조수潮水 웅덩이에 대해 서술하는 대목이었다. 그는 이런 문장들을 쓴다.

"가장 아름다운 몇몇 웅덩이는 해안 위쪽에 있다. 이들은 색깔이며 형태, 거기에 비친 상 같은 단순한 요소에서 아름다움을 발한다. (…) 나는 깊이가 10여 센티미터에 불과한 웅덩이를 하나 알고 있는데, 거기엔 온 하늘이 담겨 있다."

"찻잔만 한 홈을 채운 아주 작은 웅덩이에도 어김없이 생명체가 살고 있다."

"보이는 생명체보다 보이지 않는 것이 훨씬 더 마음을 끌었다. 마침내 나는 보이지 않는 것이 그 웅덩이에서 가장 강력한 존재라고 느끼게 되었다. 히드라충과 홍합은 조수에 실려 온 보이지 않는 표류물에 전적으로 의존하고 있었다."[4]

흔하디흔한 물웅덩이가 카슨에게는 아름다움의 정도도 친밀한 정도도 제각각인 존재였다. 파도가 밀려가고 다음번 파도는 아직 들이치지 않은 막간, 카슨은 천장에 매달린 홍합에서, 벽을 뒤덮은 해조에서 작은 은빛 물방울들이 풍당거리는 소리를 듣는다. 결코 고요하지 않은 웅덩이의 웅성거림을 듣는다. 알지 못한 채로 지나쳐 버리는 그런 이야기가 매 순간 모든 곳에 도대체 얼마나 많을까?

때때로 거울이나 카메라가 없던 시기의 인간을 상상하곤 한다. 그때 인간이 눈을 감으면 마음속에 떠오르는 것은 나의 겉모습, 나에 대한 사람들의 평가, 내가 가진 것들이 아니라 저 멀리 보이는 산그림자나 바다, 주의 깊게 관찰해 온 나무, 새, 작은 풀잎, 꽃, 또 주변 사람들이 나를 바라보는 표정과 그들의 걸음걸이 같은 것이 아니었을까. 나는 겪어본 적 없는 시기를 그리워한다.

카슨이 자기 장례식장에서 읽어달라고 했다는 『바다의 가장자리』 마지막 장을 읽으며 영원한 바다의 리듬 위에서 투명하고 광활해진 그를 본다. 조수와 부서지는 파도, 밀려드는 해류, 바다나 육지가 융기하며 새로운 해안을 만들어 낼 때마다 해를 거듭하며 달라지는 생명체의 군집, 가차 없이 흐르는 연속적인 생명 속에 있는 카슨을 본다. 어쩌면 시대착오적인 것은 70년 전의 과학책이 아니라 이 세계에 갓 들어온 신출내기이면서도 자신이 겪는 시간만이 전부인 줄 아는 인간일지도 모르겠다.

천문대 옆에 타로카페가 성행하듯, 과학기술이 나날이 발전하는 시대에도 사람들이 여전히 보이지 않는 것에 대한 '주술적인' 믿음을 가지고 살아가며 심지어 그것이 지시하는 대로 삶을 운용하기도 한다는 사실이 내게는 실망스럽다기보다 매혹적이게 느껴진다. 대학원 연구실에 앉아 과학사를 공부하던 무렵에는 전근대적 자연관과 근대적 자연관에 대해 순차적으로 배웠다. 그런데 실제 일상에서는 이러한 자연관이 시간순으로 등장하지 않고 이곳저곳에 동시에 존재하며, 그러면서 각자의 생명을 이어간다.

✢

2018년 나는 과학기자로 학교 밖에서의 첫 사회생활을 시작했다. 처음으로 지방 취재를 간 장소는 강원도 정선에 있는 해발 989미터의 예미산이었다. 이곳에서 기초과학연구원IBS 지하실험연구단이 이른바 '우주의 미스터리'라고 불리는 암흑물질을 탐지하기 위해 지하 1100미터 깊이에 실험실을 건설하는 중이었다.

예미산의 본래 이름은 여미산女美山으로, 산세가 여자가 다리를 벌리고 누워 있는 모습인 데다 음부에 해당되는 자리에 용주골 샘터가 흐른다고 하여 붙은 이름이다. 산솔면 수라리재에서 보면 여자가 모로 누워 있는 모습이어서 여미산으로 불렸다는 말도 있다.[5]

일제강점기 식민정부는 한국인의 정체성을 말살하고 일본의 지배체제와 문화를 강제하기 위한 식민통치의 일환으로 마을이나 지방, 산천에 붙은 우리말 지명을 일본식으로 개명하고 표기를 변경하는 창지개명創地改名을 실시했다. 조선인들에게 강제로 일본식 성과 이름을 부여했던 창씨개명創氏改名과 유사한데 사람 이름 대신 자연물의 이름을 바꾼 것이다. 여미산이 예미산으로 바뀐 것도 이 시기의 일이다.* 여미산은 여성의 아름다움을 뜻하는 '여미'란 이름을 빼앗기며 여성적 의미가 제거되고, 격식을 차려

---

* 해방 후 많은 지명이 복원되었지만 예미산처럼 여전히 일제강점기 때 이름이 그대로 쓰이는 사례도 적지 않다. 예컨대 인사동은 근처에 큰 절이 있어 '절골'이나 '대사동'으로 불렸지만 1914년 일본이 행정구역을 재편하면서 근처 지명인 관인방의 '인'과 대사동의 '사'를 합쳐 인사동으로 불리게 됐다. 인천 송도松島는 한자어로는 소나무 섬이라는 뜻인데 송도에는 소나무도 없고 송도는 섬도 아니다. 송도라는 지명은 일제에 의해 청일전쟁과 러일전쟁에 참전해 승리를 이끌었던 일본 군함 '송도함'을 따서 지어졌다(김다연, 「인사동부터 인천 송도까지… 치욕의 '창지개명'」, YTN, 2019년 9월 1일 자). 송도의 원래 이름은 옥련리玉蓮里로 '보석처럼 아름다운 연꽃의 마을'이라는 뜻이다.

예절(禮)과 아름다움(美)을 조합한 '예미'산이 되었다.

‡

서울에서 고속버스를 타고 강원도 정선의 취재지에 도착해 보니 그곳은 철광이었다. 연구원에서 암흑물질을 찾는 실험실을 직접 지하 깊숙이 뚫고 건설할 수 없으니 이미 운영 중인 철광의 수직 갱도와 지하 공간을 빌려 사용하는 것이었다. 예미산에 오르니 그곳의 풍경은 생각보다 삭막했고, 위험해 보였다. 거대한 폐석 더미가 군데군데 눈에 띄었다. 철광의 낯선 풍경과 우주의 암흑물질 이미지가 한데 뒤섞여 그곳의 분위기는 불안하기도 환상적이기도 했다.

도착한 날은 하필 고사를 지내는 날이었다. 철광 관계자 말론, 예미산 여신에게 고사를 지내는 것이라고 했다. 그는 담배를 물고 먼 산을 바라보면서 나와 눈을 마주치지 않고 말했다. "옛날에 광산에서 사람 수십 수백 죽는 건 일도 아니었어요. 상당히 위험한 일이에요. 갱도를 뚫는 게 여신을 괴롭히는 거라고 생각하기 때문에 여신이 노하지 말라고 늘 고사를 지내요." 최첨단 과학실험 시설이 설치되는 곳에 여신이라니. 예미산 여신은 인간이 우주의 미스터리를 풀기 위해 자기 안에 갱도를 뚫는 것을 허락할까. 자연을 바라보는 오래된 관점과 새로운 관점이 뒤섞이는 장면이었다. 천문학자에게 예미산은 암흑물질 신호 검출 과정에서 우주의 '잡음'을 차단해 주는 거대한 돌덩어리이지만, 철광 관계자에게 이 산은 자원을 나누어 주는 대지였고, 그러므로 이 땅의 주인인 예미산 여신이 노하지 않도록 주의해야 했다.

연구원과 철광 관계자의 안내를 받아 수직 갱도에 설치된 엘리베이터를 타고 땅속 깊은 곳으로 내려갔다. 초속 2미터의 빠른 속도로 하강하는데도 워낙 깊숙이 패어 도착하기까지는 10여 분의 시간이 걸렸다. 엘리베이터가 목적지에 다다를수록 습한 기운이 느껴졌고, 물방울 떨어지는 소리가 점점 더 또렷하게 갱도 안에 울려퍼졌다.

내려가는 동안 연구원에게 암흑물질에 대해서 들었다. "지하실험연구단은 말 그대로 깊은 지하에서 암흑물질과 중성미자라는 희귀한 우주 입자를 찾고 있습니다." 암흑물질dark matter과 중성미자neutrino는 우주의 기원과 물질의 존재를 이해하는 데 있어 핵심적인 역할을 할 입자로 여겨진다. 우주의 전체 질량에서 우리가 아는 일반적인 물질이 차지하는 비중은 전체의 5퍼센트에 불과하고, 나머지 약 27퍼센트는 암흑물질이, 그리고 68퍼센트는 암흑에너지dark energy가 차지한다. 암흑물질은 우주에 존재하지만 빛을 방출하거나 반사하지 않아서 우리가 직접 관측할 수 없다. 다만 중력의 영향으로 이들이 존재한다는 사실이 알려져 있을 뿐이다. 1970년대 이후 암흑물질이 존재한다는 증거가 속속 드러났지만, 그 정체에 대해서는 여전히 알려진 바가 별로 없다. 암흑물질은 우리가 불완전하게나마 알고 있는 것이, 우주의 5퍼센트에 불과한 물질에 관한 사실에 지나지 않는다는 것을 일깨워 주는 무지의 윤곽선이다.[6]

존재는 확실하지만 정체가 완전히 밝혀지지 않았다는 점에서 중성미자도 암흑물질과 비슷하다. 연구원은 지하로 내려가는 엘리베이터 안에서 내게 엄지손톱을 들어 보이며 말했다. "지금도

지구로부터 약 22억 광년 떨어진 에이벨 1689 은하단의 중심에는 암흑물질이 밀집되어 있다. 허블 우주망원경은 이 에이벨 1689를 관측해 강한 중력렌즈 효과(일반상대성이론에 따라, 대량의 질량이 시공간을 휘게 만들어 그 뒤에 있는 빛의 경로를 굴절시키는 현상)를 포착했고, 이는 암흑물질이 실제로 존재하며 은하단 질량의 상당 부분을 차지한다는 강력한 증거를 제공했다.

중성미자는 1제곱센티미터의 손톱만 한 면적에 초당 1000억 개가 지나가요. 이걸 느끼지 못하는 이유는 중성미자가 자연계를 구성하는 입자와 상호작용하지 않기 때문이에요." 그래서 중성미자의 별명은 '유령입자ghost particle'다.

  연구단이 지하로 들어가는 이유는 이렇듯 웬만해서는 흔적을 남기지 않는 입자들을 포착하기 위해서다. 지하로 들어가면 우주에서 지구로 들어오는 우주선†이 암반을 투과하면서 대부분 소진되기 때문에 불필요한 우주선의 신호 등 배경 잡음을 지상에서보다 더 많이 줄일 수 있다. 고요한 곳에 가야 작은 소리를 들을 수 있는 것과 비슷한 원리다. 특히 예미산은 대지 표면이 평탄해 깊이 들어갈수록 사방에서의 투과 거리가 균일하게 유지되어 암흑물질과 중성미자의 신호를 검출하는 지하 실험실을 구축하기에 적합한 지형을 갖추고 있다.

‡

  과학사학자 캐럴린 머천트가 1980년 세상에 내놓은 책 『자연의 죽음』은 16~17세기 소위 과학혁명을 거치며 형성된 근대의 기계론적 세계관이 자연과 여성에 대한 이미지를 어떻게 변화시켰는지를 탐구한 과학사 저작이다. 머천트에 따르면, 전근대 사회에서 자연은 흔히 어머니 자연mother nature으로 비유되면서, 생명을 낳고 기르는 존재로 여겨졌다. 그러나

---

† 우주에서 끊임없이 지구로 내려오는 매우 높은 에너지의 입자선을 통틀어 이르는 말. 우주에서 직접 날아오는 양성자 및 중간자를 1차 우주선, 대기 속에 있는 분자와 충돌하여 생긴 음전자와 양전자를 2차 우주선이라고 한다.

과학혁명을 거치면서 자연은 더 이상 생명을 가진 살아 있는 유기체가 아닌, 이해되고 정복되어야 할 기계적 존재로 여겨지게 됐다. 머천트는 이 같은 관점의 변화가 여성과 자연에 대한 착취와 지배를 도덕적으로 용인하게 만들었다고 본다. 따라서 그에게 자연에 가해지는 폭력과 여성에게 가해지는 억압은 서로 연결된 문제이며, 그러므로 둘은 동시에 억압에서 해방되어야만 한다.

머천트도 지적한바, 인간은 자신이 태어나 사회화되고 교육받는 바로써 그 사회의 사상과 규범을 통과하며 각자 자연에 대한 개념을 형성하게 된다. 특정 시대, 특정 사회에 속한 개인들은 이렇게 삶에 의미를 부여하는 여러 방식을 통해 자연이라는 개념을 구성한다. 근대 이전의 서구인들은 자연을 하나의 살아 있는 존재로 보았다. '어머니 지구'라는 말에서 알 수 있듯 자연 혹은 지구는 양육하는 어머니의 이미지와 동일시되곤 했다. 이러한 이미지에는 두 가지 상반된 면모가 공존한다. 질서 정연하게 계획된 우주에서 인간에게 자원을 내어주는 친절하고 자비로운 어머니. 그리고 폭풍과 가뭄, 해일처럼 끔찍한 자연재해를 불러일으키는 거칠고 통제 불가능한 여성.

이처럼 자연을 살아 있는 존재로, 혹은 인간을 양육하는 어머니로 보는 관점은 인간이 자연환경을 무분별하게 대하고 착취하지 않게끔 하는 문화적 제약으로 기능했다. 가령 광업이 아무리 경제적 이득을 가져다준다 할지라도 자연을 어머니로 보는 한, 사람들은 함부로 어머니의 내장을 모조리 헤집거나 훼손하려 하지 않았다. 어머니가 언제 끔찍한 재앙을 내릴지 모르니까. 지구가 감각을 지닌 존재로 간주되는 한, 자연에 파괴적인 행동을 하는 것은 비윤리적일뿐더러 후환이 두려운 일이었다.

머천트는 프랜시스 베이컨, 윌리엄 하비, 르네 데카르트, 토머스 홉스, 아이작 뉴턴과 같은 소위 근대 과학 건설의 '아버지'들이 자연을 기술할 때 사용한 언어를 분석하며 이 같은 탐구를 지속한다. 특히 그는 과학과 산업이 여성과 자연을 동시에 통제하고 억압하는 방식으로 발전하는 데 있어 프랜시스 베이컨의 철학이 중요한 사상적 기초를 제공했다고 보았다.

베이컨이 발전시킨 과학적 방법론은 오늘날의 실험과학으로 이어지면서, 자연을 좀 더 체계적으로 연구하고 활용하는 데 기여했다. 그는 경험주의와 귀납법을 강조하면서, 처음부터 남성적인 과학을 주창했다. 그에게 고대 철학, 특히 아리스토텔레스의 철학은 '여자처럼' 나약하고 수동적이며 무기력한 것이었다. 근대과학의 탄생을 이끌었던 영국 왕립학회 역시 명시적으로 남성적 철학의 위상을 높이는 것을 목표로 삼았다. 이때 남성적 철학의 특징이란 프랑스어가 아닌 영어를 쓰고, 사변이 아닌 경험을, 이론이 아닌 실습을 중시하는 것이었다. 영국인이 보기에 프랑스 지식 문화는 '너무 여성적'이었다. 당연하다. 프랑스 귀부인들이 파리지앵 살롱에서 이루어지는 지식 생산에 있어 두드러진 역할을 하고 있었으니까.[7]

머천트는 베이컨의 철학을 여성의 관점에서 다시 읽으면, 그가 가졌던 새로운 기획이 궁극적으로 중산층 남성에게만 이득을 주는 것이었다는 게 드러난다고 주장한다. 그는 공교롭게도 매우 남성적인 과학관을 가지고 있었을 뿐 아니라 당대에 이뤄진 여성과 성차에 대한 논쟁이나 분별 없이 행해지던 마녀재판 등의 관점과 문법을 자연에 대한 묘사와 은유에 녹여냈다. 게다가 그는 높은 사회적 지위를 누리며 많은 사람에게 영향을 끼칠 수 있는 위치에 있었다.

베이컨이 새로운 과학 방법론을 소리 높여 외친 시기는 유럽 전역에서 마녀재판이 벌어지던 시기이기도 했다. 베이컨은 영국에서 17세기 초반 행해진 마녀재판에 대해 잘 알고 있었다. 이런 사회적 사건들은 그의 철학과 저작 방식에도 영향을 미쳤다. 그가 새로운 과학의 목적과 방법을 서술하는 데 사용한 여러 은유적 표현은 많은 경우 법정에서 나온 것이었다. 그는 재판과 심문에서 마녀를 고문하는 데 사용된 기계적 도구들을 자연을 탐구하는 데도 사용해야 한다고 여겼다. 그러면서 자연의 비밀을 밝혀낼 수 있는 방법도 다름 아닌 고문과 심문에 있다고 주장했다. 가령 그는 이렇게 말했다.

> 자연은 가만히 놓아둘 때보다 기술이 가하는 시험과 괴롭힘 아래서 더욱 또렷이 그[녀]의 모습을 드러낸다.[8]

> 자연이 이리저리 방황할 때 사냥개처럼 그 뒤를 집요하게 쫓기만 하면 된다. 그러면 원할 때 언제든지 그[녀]를 다시 원래 자리로 이끌어 몰아넣을 수 있을 것이다. (…) 진실을 심문하는 일만을 목적으로 삼는다면, 남자는 주저 말고 저 구멍 안으로, 구석으로 들어가 그것을 관통해야 한다.[9]

베이컨은 새로운 과학적 인간은 자연에 대한 심문이 그 어떤 부분에서도 금지되었다고 생각해서는 안 된다고 말하며, 자연이 기술과 인간의 손에 의해 속박되고 빚어지며 새롭게 조형된다고 보았다. 그리고 자연의 비밀과 계략을 밝혀내는 탐구자들은

그[녀]의 은밀한 계획과 비밀을 캐내야 한다고 주장했다.[10]

    머천트는 이러한 사고방식이 자연의 존재성을 격하하면서 환경에 대한 착취를 가능케 했다고 본다. 베이컨은 생생한 은유를 써가며 인간을 자연의 하인에서 착취자로, 자연을 인간의 어머니에서 노예로 변신시켰다. 그는 자연을 심문해야 한다고 말하면서 마녀재판 등 당대 법정에서 사용되던 언어를 은유적으로 차용해, 무질서를 통제하고 정복하는 도구로서 과학적 방법론을 더욱더 권위 있는 것으로 만들었다. 베이컨이 새로운 과학적 방법론을 주창하던 시기 과거의 자연관, 특히 두렵고 난폭한 자연을 상징하던 '마녀'는 얼토당토않은 이유를 들어 수없이 죽임을 당했다. 이들이 기소된 이유는 제각각이었지만, 어쨌건 재판에 서게 된 여성은 주로 사회의 최하층민이었다.

‡

    지하 실험실 취재를 다녀와서 쓴 암흑물질 기사는 개인적으로 망했다고 생각한다. 초고를 다 쓰고 난 뒤 사실 확인을 위해 인터넷 검색을 하다가 기사를 쓰기 수개월 전 해당 철광에서 큰 사고가 났다는 걸 알게 됐다. 다이너마이트 발파 작업 도중 갱도가 무너져 여섯 명이 매몰됐고 세 명이 죽었다. 죽은 노동자는 모두 60대였고 세상은 지방에서 벌어진 노인들의 산업재해에 무관심했다. 구의역 스크린도어 사망 사고가 있은 지 얼마 되지 않은 때였기에 더 충격이 컸다. 그때만 하더라도 나는 세상이 인간의 죽음을 얼마나 선별적으로 슬퍼하는지를 잘 알지 못했다.

    와중에 나는 우주의 미스터리를 풀겠다고 같은 공간을

해맑게 취재했다. 그 공간에는 과학기술을 설명하는 말은 있었지만 이 공간을 조성하다 죽은 이들을 추모하는 말은 없었다. 예미산 여신이 다시 노하지 않게 해달라며 심각한 표정으로 빌던 사람은 있었지만…….

최첨단 과학시설, 암흑물질, 우주의 미스터리, 예미산 혹은 여미산, 철광, 갱도를 뚫던 흰머리의 광부, 거칠고 통제되지 않는 어머니 자연…… 이 모든 건 정말 서로 무관한 것이었을까.

2024년 5월 P와 독일 바이에른 지역을 여행했다. 뮌헨 도시를 여행한 것도 흥미롭고 좋았지만 커다란 산과 호수, 알프스산맥이 한눈에 들어와 보이는 압도적인 자연에 머무는 경험이 너무나 경이로워서 도심 속 공원을 산책하는 것과는 비교가 불가능했다. 요 근래 사람들 틈에 있는 것이 버겁고 또 지겨웠는데 베르히테스가덴과 추크슈피체에서 온몸과 마음을 충전한 듯했다. 자연이 주는 실체감은 정말 고유해서 무엇과도 비교하기 어렵다. 컴퓨터도 카메라도 없던 시절 이곳에 올라왔던 소수의 인간은 이 놀라운 광경 앞에서 어떤 마음이었을까.

  베를린으로 돌아오는 비행기에서 밖을 내다보는데 구름 위로 동그랗게 무지개가 떠올랐다. 하늘 위에서 보니까 작은 원 모양이었고 그 위로 비행기 그림자가 지나갔다. 땅에서 보면 반쪽으로만 보일 무지개, 저 너머 어딘가로 향하는 다리처럼 보이던 무지개가 눈높이를 달리하니 반지처럼 조그마했다. 그것은 어딘가로 향하는 다리라기보다는 시작점과 종결점이 같은 폐쇄된 고리 모양을 하고 있었다. 각각이 고유한 이야기와 개별의 기쁨과 고통을 지니고 있을 그런 만물이, 보는 사람의 위치에 따라 이다지도 다르게 보인다는 점이 신기하고 무서웠다.

베르히테스가덴 중에서도 오버잘츠베르크 지역은 과거 아돌프 히틀러의 별장이 있던 곳이다. 1933년부터 1945년까지 히틀러는 이곳에서 업무 시간의 3분의 1 이상을 보내며 이곳을 사적 휴양지이자 최측근들을 만나 논의하는 비공식 정치 중심지로 활용했다. 실제로 방문한 오버잘츠베르크는 비현실적으로 아름다워서 마치 엽서나 달력 안에 들어와 있는 기분이 들었다. 이토록 목가적인 공간에서 히틀러가 인류 역사상 가장 끔찍한 아이디어를 떠올렸다는 것이 기묘했다.

제2차 세계대전 말엽 오버잘츠베르크 지역은 연합군의 폭격을 받아 주요 건물들이 파괴되었다가 재개발되었다. 히틀러의 별장으로 사용되던 곳에는 이제 도쿠멘타치온 오버잘츠베르크Dokumentation Obersalzberg라는 이름의 박물관이 세워져 나치 역사 교육을 위한 공간으로 운영되고 있었다. 박물관은 나치 역사를 소상히 소개하고 있을 뿐 아니라 지상이 초토화될 것을 염려해 설계하고 건축 중이었으나 끝내 완성하지 못한 나치의 지하 벙커까지 그대로 보존하고 있었다. 벙커는 강박적이라고 느껴질 정도로 섬세하게 설계되어 있었다. 지하 공간 전체에 깨끗한 공기가 유입되도록 환풍 시설이 갖추어져 있었고, 곳곳에 화장실이며 응접실, 커다란 금고, 연료를 모아두는 작은 창고가 자리해 있었으며, 지상에서 지하로

베르히테스가덴에 자리한 히틀러의 별장에 마련된 집무실.

내려오는 길목에는 총대까지 빠짐없이 마련돼 있었다.

‡

히틀러는 이곳에서 심신이 "충분히 강해질stark genug" 정도로 회복될 때까지 머물렀고, 그 뒤에 제2차 세계대전에서 유대인과 유럽의 집시를 대량 학살하는 결정들을 내렸다. 그러니까 히틀러는 미치광이 상태에서 오판을 한 게 아니라, 자연 속에서 충분히 회복한 뒤 온전히 자신이 되어 그러한 결정을 내린 것이다. 그는 제1차 세계대전 이후 약해진 독일을 구할 방법은 그것밖에 없다고 생각했다. 독일은 이기거나, 그러지 못하면 사라지는 것이었다. 그 두 가지밖에 답이 없었다.

나치는 다양하고 아름답고 효과적인 프로파간다를 이용해서 히틀러가 얼마나 훌륭한 리더인지를 끊임없이 선전했다. 프로파간다에는 순수한 아이들, 동물들, 청초한 여성들, 장엄하고 기품 있는 구도의 건축물과 자연환경이 쓰였다. 베르히테스가덴의 풍광도 그중 하나였다.

"내가 유대인이나 집시라면 너무나 끔찍했겠지만, 그 당시의 독일인이었다면 정말 흥분됐을 것 같아. 전시를 보면서 히틀러가 외치는 구호와 메시지, 그가 이야기하는 계획과 미래를 향한 상상에 마음이 약간 흥분되는 것을 느꼈어." 이튿날 알프스산맥을 배경으로 둔 산장의 침대 위에 누워 있는 P를 향해 말했다. 그 흥분은 살면서 어느 집단에 소속된다고 느낄 때마다 반복적으로 경험해본 익숙한 것이었다. 독일인인 P는 이 말을 할 수 없었겠지만, 나는 식민지 시기를 겪은 한국인이라 할 수 있었다.

P는 내 얘기에 고개를 끄덕이면서 당시를 살았던 독일인이라면 히틀러의 아이디어에 매혹되지 않기란 어려웠을 거라고 무척 조심스럽게 이야기했다. 한 철학자는 헤겔의 철학을 빌려 히틀러 역시 자연의 일부라고 말하기도 했다고. 그럴까. 악은 정말 자연의 일부일까…… 그럼 우리는 어떻게 해야 할까…….

숙소 체크아웃을 하고 P가 호스트와 오래 독일어로 대화를 나눴다. 호스트의 가족은 할머니, 할아버지 때부터 그곳에 산 사람들로, 그 모든 역사를 직접 목격했다. 그들도 이 일을 여전히 소화하는 중이라고 했다. 이전에도 박물관이 있었는데 옛 박물관은 죽은 사람들의 무덤을 그대로 보여주는 등 지금의 박물관보다 훨씬 더 감정적이었다고 한다.

우리가 머문 산장의 호스트처럼 오버잘츠베르크에서 대대로 살아온 스위스 선주민에 대한 이야기가 박물관에 있었다. 그는 히틀러가 인류의 적이라고, 정확히는 인간성humanity의 적이라고 판단하고 암살을 시도했다. 그러나 암살 시도는 실패로 돌아가고 그는 처형당한다. 어쩐지 이 이야기가 오래 마음에 남았다.

‡

"악도 자연의 일부일까요?"

베를린에 돌아와 아시아 역사를 공부하는 친구 A에게 이 이야기를 풀어놓으니 친구는 칭기즈칸 이야기를 들려주었다. 몽골 제국이 칭기즈칸의 통치하에 중앙아시아, 중국 북부, 페르시아, 러시아 일부까지 정복하며 세계 최대의 제국이 되어가던 시기였다. 죽임을 당하기 직전 한 병사가 그에게 물었다.

"왜 저를 죽이시나이까?"

그러자 칭기즈칸이 대답했다.

"너를 죽이는 것은 내가 아니다. 자연이다."†

이야기를 듣고 나는 침울해졌다.

"그럼 우리는 어떻게 해야 해요?"

그러자 옆자리에 앉아 있던 친구 B가 대답했다.

"그때는 자연이 그렇게 짜여져 있었기 때문에, 인간의 의식 구조가 그렇게 되어 있었기 때문에 어쩔 수 없었던 거예요. 인간의 의식이 발달하면 더는 죽고 죽이는 일을 하지 않아도 되는 현실을 우리가 만들 수 있어요. 우리보다 의식을 더 발달시킨 존재는 육체가 없이도 살아갈 수 있고요. 우주에는 당연히 그런 존재가

---

† 이 말은 칭기즈칸이 1220년 중앙아시아의 도시 부하라를 점령한 직후, 주민들에게 한 연설의 변형된 버전으로 보인다. 페르시아 역사가 아타말리크 주웨이니는 1260년경 펴낸 『세계 정복자의 역사Tārīkh-i Jahāngushā』에서 칭기즈칸이 이렇게 말했다고 기록한다. "나는 신의 형벌이다. 너희가 큰 죄를 짓지 않았다면 신께서 나 같은 벌을 너희에게 내리지 않았을 것이다." 'Atā Malik Juvaynī, The History of the World Conqueror, trans. J. A. Boyle (Cambridge, MA Harvard University Press, 1958), 105. 이 발언은 칭기즈칸이 자신의 정복과 폭력을 "하늘(텡그리)의 명령", 즉 신의 뜻으로 간주했음을 보여준다. 비슷한 사상은 후대 몽골 칸의 공식 문서에서도 반복된다. 예컨대, 칭기즈칸의 손자인 귀위크칸은 1246년 교황 인노첸트 4세에게 보낸 공식 서한에 이렇게 적는다. "어떻게 하늘의 명을 거스를 수 있겠는가? 만약 하늘의 명에 복종하지 않는다면, 그대를 우리의 원수로 알겠다." "The Mission of Friar John of Pian de Carpine to the Court of Kuyuk Khan," in The Mongol Mission, ed. Christopher Dawson (London Sheed and Ward, 1955), 99. 이처럼 몽골인들은 '하늘(자연)의 뜻'에 따라 세계가 자신들에게 주어졌으며, 따라서 세계 정복은 개인의 폭력이 아닌 운명의 섭리라고 여겼다. "너를 죽이는 것은 내가 아니다. 자연이다"란 말은 신의 도구로서 자신을 인식한 칭기즈칸의 세계관을 현대적으로 풀어낸 표현으로 해석할 수 있다.

있어요."

그는 페루에서 훈련을 받고 돌아온 샤먼이자 치료사였다.

‡

아우슈비츠 강제수용소 생존자이기도 한 이탈리아 출신의 유대계 화학자이자 작가 프리모 레비의 책 『주기율표』에는 다음과 같은 문장이 등장한다.

하지만 꼬마 요정, 니켈 정령, 코발트의 시대는 지나갔다. 우리는 화학자다. 다시 말해 사냥꾼이다. 우리에게는 파베세가 말한 것처럼 "어른이 되어서 겪는 두 가지 경험", 곧 성공과 실패밖에 없다. 흰고래를 죽이든지 난파되든지 둘 중의 하나였다. 불가해한 물질에 굴복해서는 안 되었다. 그냥 주저앉아서도 안 되었다. 우리는 실수를 하고 그것을 고치기 위해 얻어맞고 다시 한 방을 되돌려주기 위해 존재한다. 우리가 무력하다고 느껴서는 안 된다.[11]

우리는 실수를 하고 그것을 고치기 위해 얻어맞고 다시 한 방을 되돌려주기 위해 존재한다……. 그렇다면 얻어맞고 다시 한 방을 되돌려주는 이 연쇄는 도대체 언제 끝을 낼 수 있는가? 이스라엘이 가자지구를 폭격하는 뉴스를 보며 나는 생각한다. 가자지구 사상자의 대부분은 민간인, 그중에서도 10세 이하의 아동이다. 프리모 레비의 글과 나치의 선전물은 내게 같은 세계관을 공유하는 두 극단처럼 보였다. 누군가를 죽이거나 내가 죽거나 둘 중 하나만이 답이라고 현실을 해석하는 한 학살의 연쇄는 끝나지 않는다.

‡

악도 자연의 일부인가?

이 질문은 바보 같은 질문일 수도 있다. 자연은 스스로 그러한 것. 눈앞에 보이는 모든 현실이 자연이니까. 인간은 자연의 일부이고, 인간이 저지르는 악행도 자연의 일부다. 내게 주어진 유전자의 흔적에는 세계를 토벌하고 자신의 자손을 번식시킨 학살자의 흔적이 있다. 살아 있는 인간은 모두 학살자의 자손이다. 그것이 인간의 조건이다.

한편 인간에게는 자유의지도 있다. 인간에게는 절반의 운명과 절반의 자유의지가 주어져 있다.

그러므로 '인간이란 무엇인가'라는 질문에 대한 답을 찾는 대신 질문을 바꾸는 게 나을지 모른다. '인간이란 무엇인가'가 아니라, '인간은 무엇을 하고 있는가'로. 인간은 무엇이 되고 있는가. 그리고 인간은 무엇이 되고자 하는가.

2022년 5월 독일 카셀을 방문했다. 5년마다 열리는 국제 현대미술 축제 도쿠멘타Documenta에 가보기 위해서였다.

그해의 카셀 도쿠멘타는 인도네시아 자카르타를 기반으로 두고 활동하는 예술가 콜렉티브 루앙루파Ruangrupa를 예술 감독으로 섭외했다는 점에서 특별했다. 카셀을 먼저 다녀온 친구들은 이렇게 말하곤 했다. "그러니까 제1세계에서 태어나고 자란 한국 사람이 그린 한국과, 한국에서 나고 자란 한국 사람이 그린 한국은 차원이 다른 거잖아. 완전 끝내준다니까." "유럽에 있으면서 처음으로 외부인이라는 생각이 들지 않았어."

카셀은 과연 그랬다. 뿌리 깊게 평등과 다양성을 지향한다는 것이 느껴졌다. 미술 작품은 화이트 큐브 속에 전시되어 있지 않고 도시 곳곳에 기존 건물의 목적과 모양새에 따라 조화롭게 설치되어 있었다. 어느 전시장을 가나 편안하게 앉거나 누울

곳이 있었다. 아이를 돌봐주는 곳도 있었고 기도할 수 있는 곳도 있었다.

완성된 작품을 관람객이 수동적으로 관람하는 것도 아니었다. 때로는 작품 생산 자체에 참여할 수도 있었다. 참여 작가들은 작품이 만들어지는 과정을 신비화하지 않고 보여주었다. 이곳에서 본 작품들은 예술, 사회, 경제, 정치, 지역 공동체 사이에 경계를 두지 않았다. 카셀의 전시 공간은 사람을 주눅 들게 만드는 미술관이 아닌 거대한 실험적 놀이터 같았다.

카셀에 머무는 동안 우간다 영화도 보고, 아이티 작가의 조각도 보고, 집시들의 역사를 담은 회화도 보고, 마이크로네시아 섬들에 남은 전쟁의 흔적도 보고, 해녀들이 아리랑을 부르는 모습도 보았다. 이미 너무 반복되어 시작만 해도 하품이 나오는 서구 세계의 작품이 아닌 것들을 봤다. 전시 기획자 중 한 명은 대담 자리에서 이렇게 말하기도 했다. "우리의 목표는 유럽의 예산을 활용해서 제3세계에서 활동하는 예술가들을 연결시키는 것이었어요." 전시장 곳곳에서 발견한 텍스트 중 유독 기억에 남는 문장이 있었다. "우리는 누구였을까, 그들이 우리를 정의하기 전에는."

가장 좋았던 전시는 한 교회에서의 전시다. 들어가자마자 교회 입구 오른쪽에 위치한 성모마리아상 옆에 피임약으로 만든 원기둥이 휘황찬란하게 빛나며 돌아가고 있었다. 전시 도우미로 일하고 있는 나이 든 백인 여자는 이 전시의 불경함이 거슬렸는지 매사 짜증이 가득했다. 교회 내부는 공포스러운 이미지를 활용한 작품으로 가득했다. 실제 인간의 뼈로 만든 작업도 있었다. 인간의 해골로 만든 성모마리아상이 베일을 쓰고 녹슨 금속으로 된 아기 인형을 왼쪽 가슴에 품은 채 성서를 들고 있었다. 척추와 성기 부분에 대못이 박힌 조각상도 보였다. 교회 곳곳에 조악한 뱀 그림이 그려져 있었다. 교회에서 이런 전시를 허용했다는 것 자체가 놀라웠다. 북아메리카 카리브해의 섬나라 아이티의 예술가들이 만든, 부두와 관련된 작업들이었다. 교회 입구에 전시를 소개하는 글이 적혀 있었는데, 대충 요약해서 옮기자면 이랬다.

> 아이티 역사는 쉽지 않다. 그러나 중대하다. 아이티 역사는 토착민들이 스페인 침략자들에 의해 대량 학살당한 역사다. 노예무역의 역사로 점철된, 가장 착취적이고 가장 잔인한 역사다. 부두는 아이티 독립운동의 영적·문화적 핵심이자 혁명적 동력이었고 또한 결과물이었다. 아이티 예술가들은 폐품 하치장, 고철 처리장 등에서 모은 쓰레기로 작품을 만들었다. 부두교 전통에서 인간의 뼈를 예술작품으로 활용하는 것은 결례가 아니다. 오히려, 선조와 후손 사이를 이어주는 영예로운 연결과 깊이 관련 있다. 아이티 부두의 세계에서는 산 자와 보이지 않는 자(죽은 자)를 구분할 수 없다. 부두신의 영혼은 산 자와 죽은 자를 연결해 주는 끈이다.

교회 맨 앞쪽에는 작은 공간이 있었다. 아마도 목회자가 쉬거나 목회를 준비하는 공간인 것 같았다. 거기선 부두교와 관련된 영상이 상영되고 있었다. 화면에 나타난 아이티 예술가는 인터뷰어에게 말했다.

인터뷰어   부두가 무섭지는 않나요?

예술가   부두는 이미 내 안에 있어요. (…) 죽음은 예술가에게 정말 재밌는 사건이죠.

대중문화에서 부두교는 무섭고 불길한 것으로 여겨진다. 미디어는 부두교를 악마 숭배, 흑마법의 상징으로 그리며, 그 안에서 부두교인들은 뱀을 숭배하고, 부두 인형에 바늘을 꽂아 저주를 내리며, 동물을 제물로 바치고 피를 뿌린다. 부두교의 문화적 산물 중 하나인 좀비 역시 끔찍하고 폭력적인 존재로 묘사되곤 한다.

나는 교회에 들어가자마자 이들의 작업에 매료됐다. 작업이 무섭고 불길하기 때문이 아니었다. 그보다는 무섭고 불길한 느낌 너머로 추방당한 사람들이 보였기 때문이다. 좀비는 악당이나 괴물이 아니라 억압과 착취 속에서 죽음 같은 삶을 살아야 했던 사탕수수 농장의 노예노동자들이었다. 죽음이 해방이 될 만큼 고통스러운 삶을 산 사람들이었다. 죽어서 이승을 떠도는 처녀 귀신처럼.

언젠가 공포 소설을 전공한 한 친구가 내게 이런 말을 해준 적이 있다.

"문을 걸어 잠글수록 무서워지는 거야. 문을 열고 유령에게 귀신에게 말을 걸면 돼. 그러면 공포는 사라지는 거야. 공포는 해방과 관련이 있어."

부두교의 본질은 공포가 아닌 저항과 해방이다. 아프리카 대륙에서 강제로 이주당한 디아스포라 집단이, 가톨릭을 중심으로 한 프랑스 식민 통치하에서 자신들의 다양한 전통 신앙을 융합하고, 제국의 억압을 피해 새롭게 재구성하며 형성된 믿음 체계다. 부두는 식민주의 억압에 맞서 아이티 민중을 하나로 묶고, 공동체의 존엄성을 지키며, 조상과 영적으로 연결됨으로써 고통스러운 환경 안에서 생존해 나갈 힘, 싸움을 이어갈 힘을 제공했다.

긴 독립운동 끝에 1804년 아이티는 세계 최초의 흑인 공화국이 되었고, 이는 식민지와 노예제를 전복한 최초의 사례였다. 아이티의 독립은 말할 것도 없이 서구 유럽의 제국주의에 크나큰 타격을 입히는 사건이었다.

인간은 자신의 앎으로 해석되지 않는 현상, 기존 사회적 질서가 의존하고 있는 것들과 멀리 떨어진 것들을 마주칠 때 공포를 느낀다. 현대사회에서 악마적 의미가 덧씌워져 공격받는 대상이 또 무엇이 있던가? 레이디 가가? 도자 캣? 이러한 '악마화' 내지 공포감의 조장은 선악의 경계가 분명하고, 빛을 향한 추구가 또렷한 세계관에서 유독 강해진다. 보수적인 세계관을 가진 사람일수록 사회적 질서를 벗어난 것들을 유연하게 받아들이는 일에 어려움을 겪기 때문일지 모른다. 서구 대중문화에서 부두교를 공포스럽게 그리는 시선은, 기독교 중심의 배타적인 세계관으로 아프리카 전통 종교들을 '이단' 혹은 '사탄'으로 본 데서 비롯되었다. 마귀 혹은 악령demon이라는 단어 자체가 토속신앙을 가부장적으로 악마화하는 과정에서 만들어졌다.[12] 악마적 이미지가 덧씌워지며 부두교가 탄압당한 과정은 식민주의, 인종주의, 계급주의, 종교 권력, 미디어 권력 등이 복합적으로 작용한 복잡한 역사다.

또 하나 흥미로운 지점은, 부두가 악마적 이미지로 왜곡된 데에 서구의 식민주의적 시선이 반영되었을 뿐 아니라 아이티 내부의 엘리트 계층이 적극적으로 가담했다는 것이다. 프랑스 식민지 시절부터 프랑스어를 쓰고 가톨릭을 믿으며 유럽식 교육을 받은 아이티 엘리트들은 독립 이후에도 자신들의 문화적, 정치적 권력을 유지하기 위해 크레올어를 사용하는 아프리카계 민중 종교인 부두교를 미신적이고 후진적인 주술로 폄하했다. 이러한 태도는 자신들이 유럽 문명에 가까운 우월적 존재라는 계급적 경계 긋기의 수단이었던 동시에, 국제 사회에서 아이티를 문명화된 국가로 인정받게 하기 위한 전략적 판단이기도 했다. 곧, 아이티 내부의 계급적 자기혐오와 문화적 단절이 부두교의 본래 정신과 의미를 사회 주변부로 밀어내는 데 앞장선 것이다.

이처럼 공포는 실체가 없다 하더라도 공포에 질려 칼을 든 사람들은 실체가 있다. 내 앞에 마주 선 미지의 존재. 그 존재를 좀비로 보기 시작할 때 인간에게 무슨 일이 벌어지는가? 숱한 영화와 드라마에서 반복해서 재현하고 있는 것은 무엇인가? 우리가 누군가를 좀비로 보기 시작할 때, 그는 죄책감 없이 죽여도 되는 대상이 된다.

이모할머니는 서울 삼양동의 가난한 달동네에 살았다.
가족 안에서 나는 늘 자기만 아는 못된 애로 여겨져 왔다. 다른 사람들이 원하는 것보다, 혹은 다른 사람들이 내가 해주길 원하는 것보다 내가 원하는 것을 한다는 이유에서였다. 서른 살이 넘어 베를린에 오기 전까지 나는 그런 성향을 줄곧 부끄럽고 죄스러운 것으로 여겼다. 원가족과 친척들 사이에 있으면서도 사랑받거나 충분히 이해받는다는 느낌을 별로 받은 적이 없었다. 그런데 이모할머니는 달랐다. 이모할머니는 예민하고 고집 센 나를 가장 예뻐하셨다. 대여섯 살이었는데도 분명히 알 수 있었다. '이 사람은 나를 정말 사랑한다.' 할머니 표현에 따르면 "뼐이 딱 꽂혀버려 가지고".

할머니 댁에 놀러 갈 때마다 상에는 좋아하는 과일이 잔뜩 쌓여 있었다. 어느 날 할머니가 짜장면을 한 그릇 시켜주셨는데,

동네가 동네이다 보니 주변 꼬마들이 입맛을 다시며 몰려들었다. 할머니는 나무젓가락을 쪼개 내 손에 쥐어주며 귓속말로 말했다. "절대 다른 사람 주지 말고 너만 먹어." 언제나 양보하라는 말만 듣고 자란 내게 할머니의 그 말은 충격적인 발언이었다. 그것은 내가 경험한 최초의 편애였다.

이모할머니는 유머러스했다. 엄마가 운영하는 떡볶이집에 친구들과 몰려 들어가 사춘기 소녀들답게 이것저것 먹어치우고 있으면, 할머닌 담배를 태우며 그런 우리를 뿌듯하게 바라봤다. "엄마 나 이제 갈게." 잘 먹고 돌아설라 치면 오구오구 예뻐죽겠단 소리를 하며 배웅하는 길에 덧붙이곤 했다. "영양가 없는 손님들 가네……."

한번은 할머니 댁에서 놀다가 안방 문을 열었는데 낯선 아저씨가 할머니를 레슬링 하듯 껴안고 가슴을 주물럭거리는 모습을 목격하고 말았다. 두 사람이 서로 깔깔거리며 뒹굴며 노는 모습은 내가 이해할 수 있는 범주 너머에서 일어나고 있는 일이라, 나는 그저 멍하니 그 장면을 바라만 봤다. 안방 문을 연 나와 눈이 마주치자 할머니는 주저하는 기색이라곤 없이 깨트리듯 웃으며 말했다. "미나야, 이 아저씨가 할머니 괴롭힌다!"

할머니는 무당이었다. 엄마의 증언에 따르면 용한 무당이어서 젊은 시절에는 권력가들이 그 작고 허름한 할머니 집에 종종 드나들었다고 했다. 물론 지금도 그러고 있을지 모르지만 할머니는 무속과 관련된 내용은 내게 일언반구도 언급하지 않으셨기에 나로선 알 길이 없다. 할머니 집에는 신당이 있었고, 거기선 늘 향 피우는 냄새가 났다.

그런데 우리 집안은 양가 모두 기독교 신자가 훨씬 더

많다. 목사도 있고 집사, 권사, 사모도 있다. 신내림받은 여자를 가족들이 자꾸만 집안에서 밀어내려 하자, 어느 날 엄마는 모두가 있는 데서 말했다. "무서워하지 마세요. 서로 모시는 신만 다르지 똑같은 사람인 거예요. 자꾸 무시하고 인정을 안 하니까 더 악에 받치는 거죠!"

나는 신실한 기독교인이 많은 집안에서, 무당 할머니에게 예쁨받으며 자랐지만, 정작 우리 부모님에겐 어떠한 종교도 없었다. 정치적 입장을 포함해 강요하는 믿음도 없었다. 장사하는 사람에게 가장 필요한 덕목 중 하나는 유연함이라서 그랬을까. 그래서 운이 좋게도 어떤 종교를, 혹은 정치적 입장을 택해야 한다는 부담감이나 압박 없이 자유롭게 다양한 믿음 체계를 관찰하고 탐색하며 자랄 수 있었다. 무엇보다 무당을, 나를 편애하는 이모할머니로 먼저 만난 덕에, 무당이란 존재를 신비롭거나 영검하거나 무서운 대상이 아닌 웃기고, 아이 같고, 자유롭게 감정을 표현하는, 무엇보다 나를 무조건적으로 사랑해 주는 존재로 인식할 수 있었다.

나는 과학에 관심이 많은 만큼 종교적 경험에도 관심이 많다. 그것이 진실이라고 '믿기' 때문이 아니라 그것이 서구, 백인, 남성 중심 세계관에서 벗어난 앎의 체계이기 때문이다. 천재지변 등 인간의 이해를 넘어선 일이 벌어졌을 때 과학을 대신해 세계를 해설해 주던 앎의 체계, 학교에서 배우는 지식이 서구화·식민화 되기 이전에 해당 지역에서 토착민들에 의해 만들어진 앎의 체계, 그 덕에 자기들만의, 자기들다운 방식으로 공동체의 정신과 육체를 보살핀 앎의 체계…… 난 이런 것들에 관심이 있다.

과학적 지식과 소위 비과학적이라 여겨지는 앎. 이 중에서 무엇이 더 우월한지를 가리는 것은 내게 중요한 문제가 아니다. 그보다 사람들이 받아들인 앎의 체계가 그 집단에 대해서 무엇을 말해주고 있는가, 혹은 우리로 하여금 무엇을 경험하게 하는가가 더 중요하다. 모든 지식이 상대적이며, 진실과 거짓을 구별할 수 없다고 생각하기 때문이 아니다. 그보다는, 과학사학자이자 과학철학자인 토머스 쿤이 일찍이『과학혁명의 구조』에서 지적했듯 서로 다른 두 개의 앎의 체계는 상호 공약 불가능하며, 하나의 앎의 체계에서 다른 앎의 체계로 넘어가는 과정은 종교적 개종에 가까운 경험이기 때문이다. 과학자 사회 내에서 일어나는 과학 이론의 전환도 이러할진대 정치적 종교적, 관점의 전환은 오죽할까.

  무엇이 진실인가? 이것은 내 질문이 아니다. 이 질문은 끝없이 탁상공론하게 만든다. 어째서 어떤 진실은 그토록 진실된 느낌을 주는가? 이것이 내 질문이다. 어떤 진실은 어째서 그토록 강렬하게, '진리'라는 느낌을 주는가. 인지적 차원에 머무르지 않고 실제로 보이고 들리게까지 만드는가. 어떻게 개인의 경험을 넘어 집단의 경험으로도 나타나는가. 그 인식은 어떻게 눈앞의 인간을 적으로 만들거나 가해자로 만들거나 악마로 보게 만드는가? 어떻게 '정의' 혹은 '평화'를 위해 그를 죽여도 된다고까지 밀고 나가게 만드는가?

언젠가 꿈에서 나는 사람들을 가득 채운 고속버스 안에 있었다. 바깥은 위험한 도시였다.[13] 서로 다른 목적지로 향하고 있었으나 버스 안이라는 공간에 일시적으로 함께 있게 된 사람들 사이에는 내가 평소에 사는 게 영 불안해 보인다고 생각한 친구도 있었다. 친구는 술에 많이 취해 있었고 몸에는 유리 파편이 박혀 있었다. 자신과 타인을 모두 날카롭게 찌르는 유리 파편을 몸에 지닌 채, 그는 버스 안에서 점점 더 막무가내로 굴기 시작했고, 그 소란으로 인해 사람들이 다치기까지 했다. 친구가 점점 통제 불능 상태가 되자 나는 사람들을 보호한다는 명목으로 앞장서서 그를 버스 바깥으로 내보냈다. 버스에서 내리게 된 그는 여전히 미쳐서, 이번엔 심장에 유리 파편이 박힌 채로, 비를 맞으며 바깥을 돌아다녔다. 버스 안 사람들은 그를 추방하는 일로 대동단결됐다. 나는 버스 운전석 옆에 서서 창문 너머로 그를 흘깃 보며 우리

행동이 얼마나 정당한 것이었는가를 소리쳐 설파했다. 내가 쏟아내는 문장은 아름다웠고 힘이 넘쳤다. 옳소, 옳소. 사람들은 크게 동조했다. 그러는 동안 버스 바깥에서 휘청대며 걷던 친구가 쓰러졌다. 연설을 하다 놀란 나는 버스에서 내려 그를 구해왔다. 그러자 사람들은 내 행동을 더욱 칭찬했다. 쓰레기 같은 인간도 구해내는 윤리적인 사람이라며 박수를 쳤다. 어느새 나도 스스로를 그렇게 생각하기 시작했다. 사람들이 박수를 치는 동안 나는 별안간 꿈의 등장인물로서 또 서술자로서 내가 하고 있던 짓에 소름이 돋았고 경악하다가 잠에서 깼다.

　잠에서 덜 깬 채로 침대에 앉아 혼자 질문을 던졌다. 하나의 이야기 안에 동시에 두 명 이상의 서술자가 존재할 수 있을까? 하나의 이야기를 만드는 동시에 허무는……

동일성과 차이성
같으면서 다른 것
다르면서 같은 것
함께 태어났으나 갈라진 것 그래서 계속 어긋나는 것

(…)

서로 다른 음을 가진 여러 개의 목소리가
목구멍에서 동시에 튀어나오려고 해서
말을 할 수가 없었다
나는 태아로 돌아가
심장 소리를 들으며 물었다

한 사람의 몸에 너무 많은 사람의 이야기가 담기면 어떻게 되는 걸까?**14**

여자, 무대 앞으로 나온다. 무대 가운데 책상과 의자가 놓여
있다. 여자가 책상 앞에 앉고 그 위로 핀 조명이 떨어진다. 여자의
등 뒤로 프레젠테이션이 띄워진다. 화면엔 책 표지가 보인다.
여자, 관객을 바라보며 말을 시작한다.[15]

여자 책 『비명 지르게 하라, 불타오르게 하라』는 레슬리
    제이미슨이 여러 매체에 기고한 짧은 글들을 모은 책입니다.
    이 책은 저자 소개부터 흥미롭습니다. 대개 저자가
    직접 쓰는 저자 소개에는, 그가 독자에게 자신을 어떻게
    보이고 싶은지에 대한 욕망이 투영되어 있기 마련입니다.
    레슬리 제이미슨이 스스로를 어떻게 소개하는지 함께
    읽어보겠습니다.

프레젠테이션 화면에 책 앞날개에 적힌 저자 소개가 보인다.

"워싱턴 D. C.에서 태어나 로스앤젤레스에서 성장기를
보냈다. 이후 아이오와, 니카라과, 뉴헤이븐을 거쳐
브루클린에 살고 있다. 영문학과 문예창작을 공부한
뒤 제빵사, 단기 사무직, 숙박업소 관리자, 개인교사,
의료배우로 일했다. 각 직업에 담긴 고유한 세계를 내부에
간직하며, 지금은 컬럼비아대학교 예술학 석사과정에서
논픽션을 가르친다."

여자 이 저자 소개가 흥미로운 이유는 첫째로 미국 작가인
레슬리 제이미슨의 소개에 '미국'이란 말이 없기 때문입니다.
제가 만약 이 공연을 해외로 수출하기 위해서 소개를 써야
한다면 제게는 한국의 누구라는 수식어가 반드시 붙게
되겠죠. 하지만 레슬리 제이미슨은 자신을 그저 브루클린에
살고 있다고 소개해도 됩니다. 중심에 있는 사람은 자신을
설명하지 않아도 되기 때문입니다.
　　　　두 번째로 흥미로운 점은 레슬리 제이미슨이 자신을
이제껏 거쳐온 다양한 직업—이를테면 제빵사, 단기 사무직,
숙박업소 관리자, 개인교사, 의료배우 등—으로 소개한
점입니다. 제이미슨은 하버드대학을 졸업하고 아이오와
작가 워크숍에서 석사과정을 밟고 예일대학에서 박사학위를
받은 엘리트 작가입니다. 그런 그가 자신이 교육받은 제도권
대학이 아닌 직업을 통해 스스로를 소개하고 싶어 한다는 것,
저는 이것이 그에 대해 많은 것을 말해준다고 생각합니다.

『비명 지르게 하라, 불타오르게 하라』에는 이상한 믿음을 가진 다양한 사람이 등장합니다. 환생을 믿는 사람들이 등장하고요. 온라인으로 구축한 가상현실을 탈출구 삼아 살아가는 사람들도 등장하죠. 52 블루라는 외톨이 고래에게 매혹되어 자기만의 이야기를 만들어 내는 사람들도 나옵니다. 레슬리 제이미슨은 이들을 취재하고 글쓰기의 대상으로 삼지요. 그는 스스로 고백합니다.

여자 뒤의 화면에 레슬리 제이미슨의 문장이 펼쳐지고 한 젊은 여성의 목소리가 이를 읽는다.

"나는 글을 쓰면서 다른 이들이라면 조롱거리로 치부할 법한 삶이나 믿음에 대한 글을 쓰는 데 점점 몰두하는 스스로를 알아차렸다. 웬만한 의사들은 인정하지 않는 피부병을 앓는다고 주장하는 이들, 정체불명의 고래와 영적 동류의식을 느끼며 스스로를 아웃사이더로 여기는 [이들]. 그러나 솔직히 말하면 이들에 대한 이끌림에는 희미한 독선이 묻어 있다. 어쩌면 나는 내가 패배자들을 변호하고 있다고 생각하고 [싶은 건지도] 모르겠다. 아니면 나는 겁쟁이인지 모른다. 어쩌면 사람들이 각자의 삶에서 살아남고자 스스로에게 하는 이야기를 반박하기에는 너무 겁이 많은지도 모른다."

여자, 다시 관객석을 바라본다.

여자 제이미슨은 사람들에게 쉽게 조롱거리로 여겨지는, 터무니 없는 것을 믿는 사람들에게 집착합니다. 그러면서 글을 쓰는 윤리적인 인간이라면 필연적으로 할 수밖에 없는 고민을 시작하게 됩니다. 곧, 내가 이들을 구경거리고 만들고 있지는 않은가? 하는 질문입니다. 그것은 엘리트 교육을 받은, 다시 말하자면 이해 가능하고 합리적이고 설득력 있는 목소리로 말하는 법을 배운 제이미슨에게 더 치열한 고민이었을 것입니다. 언어의 세계에서 그는 자신이 글에 등장시키는 사람들보다 월등하게 우위에 있는 사람이기 때문입니다.

이 책에 수록된 흥미로운 여러 편의 이야기 가운데 저는 오늘 표제작인 「비명 지르게 하라, 불타오르게 하라」에 대해 말해보고자 합니다. 이 글에는 제임스 에이지라는 실존 인물이 등장합니다. 1929년 여름, 하버드대학 1학년을 마친 제임스 에이지는 떠돌이 농부로 일하기 위해 서부로 떠납니다. 떠나기 전 그는 오랜 친구에게 웅장한 포부가 담긴 편지 한 통을 씁니다. 편지에는 이런 내용이 쓰여 있었죠.

프레젠테이션 화면 위로 오래된 편지가 보이고 남성의 목소리가 이 편지를 읽는다.

"나는 밀 농사를 지으며 올여름을 보낼 거고, 그 시작은 6월의 오클라호마가 될 거야. 이 일의 모든 면이 좋아 보이거든. 나는 일이라는 걸 해본 적이 없는데 이 일은 아주 마음에 들어. 술을 진탕 마시고 싶고 그렇게 할 거야. 저속한 노래와 뜨내기 노동요를 죄다 배워 부르고 싶고 그렇게 할 거야. 난 혼자 있고 싶고(집에서 멀수록 좋지) 그렇게 할 거야."

여자   흥미로운 편지입니다. 나는 무엇 무엇을 하고 싶고 그렇게 할 거야, 하는 문장이 계속해서 반복되지요. 제임스 에이지는 자기가 겪어본 적 없는 일을 동경하고 있습니다. 해본 적 없는 일을 하고 싶어 하며 그것이 자신을 만족스럽게 만들어 주리라고 확신하고 있습니다. 이 젊은 청년은 자기 앞에 펼쳐질 일을 알지 못하는 채로 부푼 기대를 안고 앨라배마를 향해 떠나는 떠돌이 농군이 됩니다.

      에이지는 가난한 농부들의 삶을 곁에서 오랫동안 지켜보며 책을 씁니다. 그런데 책을 쓸수록 그는 분열하게 됩니다. 그래서 두 개의 책을 따로 쓰게 되는데요. 하나는 1941년에 출간된 르포르타주 『이제 훌륭한 인간들을 찬양하자 Let Us Now Praise Famous Men』, 다른 하나는 에이지가 『포천』에 싣기 위해 썼던 글을 원본으로 한 『목화 소작농 Cotton Tenants』입니다.

프레젠테이션 화면이 두 개로 분리되어 왼쪽에는 『이제 훌륭한 인간들을 찬양하자』가, 오른쪽에는 『목화 소작농』의 표지가 보인다. 다음 화면으로 넘어가자 왼쪽과 오른쪽 화면에 각 책의 목차가 보인다.

여자   『목화 소작농』을 펼쳐보면 여러분이 흔히 책을 볼 때 접하셨을 익숙한 목차를 보실 수 있습니다. 장마다 「집」「옷」

「건강」 등의 제목이 달려 있지요. 각 장에는 제목에 걸맞은 내용과 자신의 중심 메시지를 향해 복무하는 문장들이 있습니다.

『이제 훌륭한 인간들을 찬양하자』의 구성은 그렇지 않습니다. 자기가 목격한 것에 질서를 부여하는 일이 불가능하다는 것을 애초에 인정했다는 듯 구성이 혼란스럽고 이상합니다. 맨 앞에는 「시」「서장」「앨라배마 전역」이라는 세 개의 프롤로그가 있고요. 섹션 곳곳에 세 개의 '파트'가 있으나 이 장들은 대칭적이지 않습니다. 「(포치에서: 1」 「(포치에서: 2」는 열린 괄호가 닫히지도 않은 장입니다. 어떻게 연결해야 할지 모르겠는 「콜론」 「인터미션: 로비에서의 대화」 장도 보입니다.

『이제 훌륭한 인간들을 찬양하자』는 말하자면 어떻게 조합해야 할지를 알 수 없는 여러 영감, 인상, 생각을 담아낸 기록입니다. 이 책에 담긴 장들은 일관된 서사에 따라 배열되기를, 손쉽게 요약되거나 이해되기를 거부합니다. 목차 역시 전체를 파악할 수 없게 구성되어 있습니다.

『이제 훌륭한 인간들을 찬양하자』는 자신이 발견한 아름다움을 두고 괴로워합니다. 이 책은 스스로의 존재마저 바라지 않습니다. 에이지는 도입부에서 말합니다.

젊은 남성의 목소리가 무대 위로 울려 퍼진다.

"할 수만 있다면 아예 글을 쓰지 않고 싶다. 책에는 사진이 담길 것이고, 나머지는 옷감 조각, 솜 조각, 흙덩어리, 녹음한

말, 나뭇조각과 쇳조각, 냄새가 담긴 약병, 접시에 담긴
음식과 분뇨⋯⋯ 산산이 부서져 나무뿌리 옆에 널브러진
시체 파편이 이들보다는 핵심에 가깝다."

여자　어떤 경험은 글로 쓰려고 하면 할수록 핵심에서 계속
벗어나게 됩니다. 경험에 대한 어떤 진실을 전달해야 하는데
글이 그걸 감당하지 못하고 있다는 생각이 드는 거죠.
글보다는 오히려 "솜 조각, 흙덩어리, 녹음한 말, 나뭇조각과
쇳조각"이 훨씬 더 목화 소작농에 대한 핵심을 전달한다고
느끼는 겁니다.
　　『이제 훌륭한 인간들을 찬양하자』의 서술자는
자신이 느끼는 혼란을 숨기지 않습니다. 자신이 보고 있는
대상이 자신을 변화시키고 있음을 자신의 반응으로 직접
보여줍니다. 『목화 소작농』의 서술자가 객관적인 체한다면,
『이제 훌륭한 인간들을 찬양하자』의 서술자는 떨리는
목소리로 자기가 이미 오염되어 있음을 고백하는 자입니다.
그는 저널리즘적 글쓰기가 객관적이라는 환상, 그것이
투명한 서술이라는 오해를 부숩니다. 제임스 에이지는
분열하고 있고, 쓰면 쓸수록 핵심에서 멀어지는 것 같다고
느끼면서도, 그렇다고 쓰기를 포기하지 않습니다. 에이지는
묻습니다.

젊은 남성의 목소리가 무대 위로 울려퍼진다.

"아름답고자 하는 의도가 없었으나 우연, 필요, 순수, 또는

무지의 융합 속에서 창조된 사물들은 아름다운가? (…)
반전된 속물성의 한 형태…… 몹시 빈곤한 모든 이들을 향한
타고난, 그리고 반사적인 존경과 겸손 (…)"

여자 제임스 에이지는 죄책감을 느낍니다. 자신이 가난을
미화하는 경향이 있다는 것을 알아차리고 걱정합니다.
가난하지도 않고, 못 배운 사람도 아닌 자신의 눈앞에
눈부시게 아름다운 목화 소작농이 있습니다. 가난한 농부를
찬양하는 자신이 위선적이라고 느껴집니다.
　　중요한 것은 에이지가 괴로움이 사그라들 때까지
기다리지 않았다는 것입니다. 에이지는 이 모든 혼란스러운
감정이 다 사그라들고 완벽하게 정리된 상태에서 책을 쓴
것이 아닙니다. 그는 자신의 현 상태에 대해 말합니다.
죄책감이 드는, 걱정하는, 혼란스러운, 분열하는 자신을
씁니다. 그리고 그런 글만이 가지는 강력한 에너지가 이 책에
있습니다. 투명한 서술자가 쓴 이 책은, 객관적인 서술자를
자임하는 글을 읽을 때와는 완전히 다른 경험을 선사합니다.

여자, 계속 이야기하고 여자의 목소리에 아까의 젊은 여성
목소리가 겹쳐진다.

여자 에이지가 자신이 기자임을 기억해 냈을 때, 가만히 있을
수 없고, 침묵할 수 없던 때 쓴 글을 보십시오. 그가 아멘을
구하다 그 대신 이 언어들을 찾았을 때 무슨 일이 일어나는지
보십시오. 이제 더 면밀히 보십시오. 당신은 그가 점점

초조해지는 것을 느낍니다. 그의 죄책감이 작은 산불이 일 때처럼 버스럭거리는 소리를 듣습니다.

여자 뒤의 프레젠테이션 화면이 꺼진다.

여자 제임스 에이지가 하나의 경험을 가지고 두 종의 서로 다른 책을 썼던 것처럼 저에게도 두 개의 언어가 있습니다. 이 두 언어를 어떻게 불러야 할지 잘 모르겠어요. 자아가 쓰는 글과 자아 없이 쓰는 글이라고 부를 수도 있고요, 건축물 같은 글과 물 같은 글로 부를 수도 있습니다. 혹은 머리로 쓰는 글과 몸으로 쓰는 글이라고 부를 수도 있겠습니다. 뭐라고 부르건 사실 상관없습니다. 다만 두 언어에 심오한 차이가 있음을 말하고자 할 따름입니다. 우리가 두 언어의 이름을 무엇이라고 부르느냐는 표지판에 불과합니다. 표지판이 가리키고 있는 것/곳이 무엇이고 어디인지를 더 추측해서 봐야 합니다. 오늘은 이 두 언어를 편의상 머리-글과 몸-글로 나누어 부르겠습니다.

 머리-글은 우리가 학교에서 배워온 글쓰기입니다. 학식 있는 분들이 쓰는 글이며 올바른 글쓰기라고 배운 글쓰기입니다. 머리-글은 건축물처럼 쌓아 올리며 씁니다. 벽돌 하나하나가 쌓이는 것처럼 문장 하나가 다음에 나올 문장과 긴밀하게 연결되어 쓰입니다. 문장은 모여 문단을 이룹니다. 하나의 문단은 하나의 중심 생각을 포함하고 있습니다. 보통은 그중에서 핵심적인 문장 하나를 고를 수 있습니다. 문단 여러 개가 모여 하나의 글이 됩니다. 글

전체는 하나의 메시지를 전달하고 있습니다. 그렇기에 글을 이루는 모든 요소, 모든 문장이 글 전체를 아우르는 하나의 중심 메시지에 복무합니다. 잘 쓰인 머리-글은 정밀하게 맞물려 있어 문장이 하나만 빠져도 위태로워집니다. 이것이 잘 설계된 건축물을 닮은 머리-글입니다.

    머리-글은 또한 자아 혹은 에고가 쓰는 글입니다. 머리-글은 통제를 좋아합니다. 무질서를 싫어합니다. 아니, 이렇게 말하는 게 더 정확할 수도 있겠습니다. 머리-글은 무질서를 두려워합니다. 무질서를 발견하면 화들짝 놀라 잊으려고 하고 치워버리려고 합니다. 머리-글은 언어로 세상을 파악하며 언어가 담지 못하는 세계를 무시하거나 없는 것 취급하는 한편, 그곳을 탐험하기를 거부합니다. 두렵기 때문입니다. 머리-글이 무언가를 쓸 때는 그 무언가를 이해해야만 쓸 수 있습니다. 혹은 쓰면서 이해해 버립니다. 저자가 가진 언어의 그물망을 던져 경험을 완전히 포획해 내는 방식으로, 머리-글은 쓰입니다. 머리-글은 쓰인 것으로 본 것을 말합니다. 반면에 몸-글은 쓰이지 않은 것으로 본 것을 말합니다.

    머리-글은 수치심에 취약합니다. 자신이 쓰는 글이 어떻게 보일지를 의식합니다. 머리-글은 멋지고 세련되게 보이고 싶어 합니다. 그럴싸해 보이고 싶어 합니다. 머리-글은 '나'라는 주어를 촌스러운 것으로, 비전문적인 것으로 여깁니다. 머리-글은 보편을 말하기를 좋아합니다. 머리-글은 나의 경험이 타인의 경험과 일치하는지를 신경 씁니다. 머리-글은 나의 경험이 보편의 경험 내지 공공의 영역이라고 착각하며,

혹은 그렇게 되기를 바라며 쓰입니다. 그렇기에 머리-글은
근거를 필요로 합니다. 머리-글의 근거는 권위 있는 것,
오래 자주 말하여진 것, 숫자를 기반으로 한 것, 이미 질서로
받아들여진 것들입니다. 이러한 근거를 통해 머리-글은
그물망을 넓히고 넓혀 자신이 장악하고자 하는 것의 경계와
범위를 확대하고, 가짓수를 늘리고자 합니다.

  머리-글은 윤리관이 뚜렷합니다. 옳은 것과 틀린 것,
말할 만한 것과 말할 만하지 않은 것을 구별합니다. 머리-글은
스스로가 그 윤리관에 부합하는지를 감시합니다. 다그치며
화내기도 합니다. 부끄러운 줄 알라고 말합니다. 머리-글은
죽음을 두려워하고 다칠 것을 두려워합니다. 머리-글은
취약성을 내보이기를 극도로 꺼립니다. 머리-글은 울고 있는
여자, 우느라 제대로 말 못 하는 여자에게 윽박지르는 목소리,
"제발 똑바로 알아듣게 좀 얘기해!" 할 때의 그 목소리입니다.

여자, 잠시 멈추어 숨을 고른다. 그리고 책상에서 일어나
무대 앞으로 나간다. 관객석을 바라보고 무릎을 꿇고 앉는다. 말을
이어 나간다.

여자 몸-글은 알려진 적 없는 글쓰기입니다. 몸-글은 규정할 수
없고 규정하는 순간 도망쳐 버리는 글쓰기입니다. 몸-글은
물 같은 글쓰기라고도 할 수 있습니다. 구부러지고 퍼지고
변형되고 증발하고 얼어붙는 물처럼 자기 모습을 시시때때로
바꾸기 때문입니다. 몸-글은 글쓰기에 경험을 끼워맞추지
않습니다. 글쓰기의 규칙을 파괴하고 깨버리며 기어이

자신이 가야 할 길을 가버립니다.

　몸-글은 자아 혹은 에고 없는 글쓰기입니다. 몸-글은 자기를 타인보다 더 소중하게 여기지 않습니다. 몸-글에는 자기self라는 개념이 없기 때문입니다. 몸-글은 자신이 겪은 일도 남이 겪은 일처럼 바라봅니다. 남이 겪은 일도 자신이 겪은 일처럼 바라봅니다. 몸-글에는 자기와 타인의 경계가 없습니다. 열어젖힘만 있습니다. 몸-글은 한 사람이 써도 여러 사람이 쓴 것처럼 느껴집니다. 몸-글에는 일관성과 통일성이 없습니다. 몸-글은 과거를 기억하지도 미래를 기약하지도 않고 오직 지금 보이고 느끼는 것만을 담습니다.

　몸-글은 무엇이 위험하고 무엇이 위험하지 않은지 알지 못합니다. 몸-글은 죽음을 두려워하지 않습니다. 몸-글은 안전한가를 따지거나 의식하지 않습니다. 몸-글에는 탄생과 죽음 그리고 재탄생이 뒤섞여 있습니다. 선과 악이 뒤섞여 있습니다. 몸-글은 우리에게 편안함을 주는 모든 규칙과 금기를 넘나듭니다. 읽는 이를 불편하게 만들고 때로는 구역질 나게 만듭니다. 견디기 힘든 공포심을 주기도 합니다. 몸-글에는 고정된 윤리관이 없습니다. 머리-글이 윤리적이고 도덕적이라면 몸-글은 매번 매 순간 스스로 도덕성을 발명해 내며 천연덕스럽게 그것을 따라갑니다.

　머리-글이 통제하며 쓴다면 몸-글은 통제하지 않습니다. 통제를 향한 의지도 없습니다. 머리-글이 설계도에 따라 계획대로 자신을 만들어 낸다면 몸-글은 흐름을 쫓아가며 씁니다. 몸-글은 서둘러 받아 적습니다. 몸-글은 때로 쓰인 것을 이해하지 못합니다. 혹은 이해되지 못한 것을 쓸 수

있습니다. 몸-글의 자기 없음은 자기보다 더 큰 것을 아는
데에서 옵니다. 몸-글은 장악하려고 하지 않습니다. 다만
바라봅니다. 몸-글은 경험이 자신을 통과하게 내버려둡니다.
몸-글은 자신을 도구로서 씁니다.

  머리-글이 권위 있는 근거를 필요로 한다면 몸-글은
자신의 느낌을 신뢰합니다. 몸-글이 글쓰기에 활용하는 것은
논문이나 기사, 칼럼 등이 아니라 몸의 반응, 느낌과 정서,
심상, 꿈과 환각, 계시 등입니다. 몸-글은 자신의 옳음을
증명할 수 없습니다. 이것이 더없이 진실하다는 감각을
불러일으킬 뿐입니다.

여자, 지친 듯 다리를 왼쪽으로 모아 더 편하게 앉는다.

여자 몸-글은 언제 탄생할까요? 몸-글은 기존의 질서가 무너진
곳에서 탄생합니다. 인간의 존엄성을 훼손당하는 일이
일상적으로 벌어지는 곳에서 탄생합니다. 가장 안전해야
할 곳이 가장 위험한 곳이 되어버릴 때 탄생합니다. 이
비극이 벌어진 데 대해 어떠한 납득할 만한 이유도 없을 때
탄생합니다. 몸-글은 생존자의 글쓰기입니다.

  저는 머리-글이 나쁜 것이고 몸-글이 좋은 것 혹은 더
가치 있는 것이라고 말하는 게 아닙니다. 우리가 살아가려면
머리-글이 꼭 필요합니다. 이 사람이 왜 말도 못 하고 울고
있는지를 전달하기 위해서, 무언가를 바꾸기 위해서 머리-글을
쓸 필요가 있습니다. 머리-글은 설득하는 글이기 때문입니다.
머리-글은 필요한 글입니다. 우리에게 질서와 안정을

가져다주거든요. 다만 머리-글로는 이미 알려진 영역만을 탐험할 수 있습니다. 모르는 곳을 탐험하는 글쓰기는 오직 몸-글뿐입니다. 오랫동안 자원을 갖지 못한 사람들은 머리-글을 쓰지 못했어요. 몸-글로만 자신의 이야기를 전할 수 있었죠. 고대 철학자들은 이런 여자들을 앵무새라고 깎아내렸어요.

여자, 오른쪽 주머니에서 주머니칼을 꺼낸다. 꺼내서 칼을 펼친다. 잘 벼려진 날카로운 칼날이 핀 조명의 빛을 받아 번쩍인다. 오른손에 칼을 들고 여자, 말을 계속한다.

여자　저는 오랫동안 머리-글을 써왔습니다. 그런데 어느 날부턴가 제 몸이 말하기 시작했어요. 그 소리는 계속 커졌고 자기 멋대로 저를 침범해 목소리를 내곤 했어요. 제 머리는 두려워했어요. 그러면서 몸이 말하는 바를 무시하라고, 듣지 말라고, 허튼소리라고, 모두가 너를 비웃을 거라고 했어요. 그런 말을 하던 머리는 무서워했어요. 죽을 것 같다고요. 죽고 싶지 않다고요. 너 자꾸 그러다간 죽고 말 거라고요. 저는 어찌할 바를 모르고 바들바들 떨었지만 몸은 말하기를 멈추지 않았어요. 몸이 웅웅거리며 저에게 말했어요. '아니, 너는 죽어야 해. 하지만 잘 죽어야 하지.'

여자, 오른손으로 칼을 치켜들더니 망설임 없이 오른쪽 목을 힘껏 찌른다. 칼을 목에서 빼내자 경동맥에서 피가 솟구쳐 흐른다. 여자, 무대 위로 쓰러지며 간신히 말한다.

여자   제가 죽었을 때 전화가 왔어요. 저에게 처음 말을 가르쳐 준
      여자로부터요.

      전화벨 소리가 울린다.

여자   여보세요?

      늙은 여자의 목소리가 무대 위로 울려 퍼진다.

할머니   왜 이제 왔어.

      늙은 여자 한참을 흐느낀다.

여자   할머니 제가 왔어요. 오래 기다리셨죠?

할머니   오랫동안 너를 기다렸어. 얼마나 외로웠는지 몰라.

여자   저는 두려웠어요. 미쳐버릴까 봐 아니면 죽을까 봐
      두려웠어요.

할머니   이제는 두 개의 언어로 말하면 된단다. 하나의 목소리로
      말하면서도 동시에 두 개의 언어를 말할 수 있단다. 그렇게
      하면 된단다.

      할머니, 갓난아기처럼 웃는다.

웃음소리가 무대에 퍼진다.
여자에게서 흘러나온 피가 무대 위로 번진다.
무대 점차 어두워지며 막이 내린다.

Part 2
같음과 다름 사이의 시소 타기

가상의 수업 《과학사통론 3·과학과 여성》 3주 차 주제 〈정신의학과 여성적 지식의 추방사〉를 위한 발제문. 읽을거리·Thomas S. Szasz, *The Manufacture of Madness: A Comparative Study of the Inquisition and the Mental Health Movement* (Syracuse, NY: Syracuse University Press, 1997), chap. 6, "The Witch as Healer," and chap. 7, "The Witch as Scapegoat".

『광기의 제조 The Manufacture of Madness』 제5장에서 토머스 S. 사스는 근대 정신의학이 중세 마녀를 일종의 정신병 환자로 간주하며, 정신의학자들이 마녀사냥의 역사를 정신병리학적 현상으로 해석해 왔음을 비판했다. 한편 제6장 「치유자로서의 마녀 The Witch as Healer」에서는 중세 마녀가 본래 고통받는 사람들을 돕는 치료자이기도 했음을 강조한다. 사스는 현대 정신의학자들이 마녀를 모두 정신이상자로 치부하는 것은 역사적 진실을 왜곡하는 것이며, 마녀가 수행했던 긍정적 역할을 부정하는 행위라고 비판한다. 많은 마녀가 당시 민중이 의지할 수 있었던 유일한 치료자였는데, 정신의학적 역사 서술에서 이러한 (사스의 표현에 따르면) '백마녀 white witch'의 존재를 의도적으로 무시해 왔다는 것이다. 사스는 이런 편향된 서술을 정신의학적 프로파간다라고까지 부른다.

    중세 시대, 의학은 거의 정체되어 있었고 일반 민중에게 제대로 된 의료 서비스가 제공되지 않았던 시절, 부유층은 아랍인이나 유대인 의사를 돈으로 고용할 수 있었지만, 농노나 평민 들은 아픈 곳이 있어도 성수를 뿌리는 교회 의식에 기대는 정도가 고작이었다. 특히 종교적 금기가 엄격했고, 여성에 대한 혐오와 불신이 팽배했던 당시 사회에서 여성들은 몸에 이상이 생기거나 병에 걸려도 이를 남성 의사에게 털어놓을 수 없었다. 프랑스 역사가 쥘 미슐레도 "그 시대 어떠한 여성도 남자 의사를 찾아가 비밀을 털어놓지 않았다. 오직 마녀(여자 주술사)만이 여성들의 유일한 의지처였다"라고 지적한다.[1] 결국 가난하고 힘없는 사람들은 교회도, 영주도 자신들을 돌보지 않는 현실에서 마법과 주술에 기대어 마녀와 주술사들에게 치료를 받을 수밖에 없었다. 실제로 농민과 하층민 대다수는 마녀를 찾아가 고민을 털어놓거나 병을 치료했고, 마녀들은 약초 치료에 주술적 의례, 조산助産 등 오늘날 의사, 상담사가 하는 역할을 도맡아 했다. 미슐레는 "1000년 동안 민중에게는 단 하나의 의원만이 존재했는데, 그것은 바로 마녀(지혜로운 여자)였다"라고 적는다.[2]

    이처럼 마녀는 민중의 치료자였지만, 교회와 권력층에게는 불편한 존재였다. 교회는 세속 치료 행위를 금지했고, 그 결과 의학·해부학·약초학 등의 지식은 사회의 변두리에 속해 있던 마녀와 유대인 공동체에서 발달했다. 예컨대 해부학 연구가 금지되자 마녀들은 시체를 몰래 해부해 해부학 지식을 쌓았고, 약물학과 화학도 마녀들이 앞장서 연구했다. 이러한 이유로 마녀들은 시신을 도굴한다거나 악마와 교접한다는 누명을 썼다. 그러나 정작 마녀를 찾아갔던 평범한 사람들의 눈에 그들은 악마의 하수인이라기보다, 오히려 친절한 동네 치료사였다. 마녀는 약을 써서 병을 고치고, 주술로 악행을 물리치며, 잃어버린 물건을 찾아주는 등 공동체를 지켜주는 보호자 역할을 했다.

사스는 근대 의사들이 자신들의 뿌리가 된 중세 마녀들을 철저히 부정해 왔다고 지적한다. 승리자인 의사들이 자신들의 진정한 선구자가 천대받던 마녀들이라는 사실을 외면하고, 그들 대신 고대 그리스 의학자나 자선을 베풀던 성직자를 조상으로 내세운다는 것이다. 중세에 가난한 환자를 돌본 이는 성직자나 공식 의사가 아닌 마녀였음에도, 이러한 불편한 과거는 의도적으로 망각되었다. 피해자인 마녀는 영원히 오명을 쓰지만, 승자인 의사는 스스로를 인류의 은인으로 포장한다. 사스는 이를 억압의 아이러니라고 일컫는다. 현대 정신의학자들이 마녀를 환자로 둔갑시켜 역사를 서술하는 것은, 억압자였던 스스로를 미화하려는 시도와 다르지 않았다.

사스는 이러한 역할 뒤집기를 통해, 오늘날 의사가 '고통받는 사람들의 봉사자'라는 정체성을 잃고 국가 권력의 하수인이 되어버렸다고 비판한다. 개별 환자의 고통을 돌보는 독립적 치유자였던 의사가 행정가적 건강 관리자로 전락한 전환의 이면에는 마녀-치유자 전통에 대한 부정과 억압이 자리하고 있었다.

제7장 「희생양으로서의 마녀 The Witch as Scapegoat」에서는 마녀사냥을 해석하는 두 가지 관점이

16세기 독일 화가 한스 발둥 그리엔은 일련의 마녀 그림으로 당대 서구 사회에서 마녀 이미지의 전형을 형성하는 데 일조했다. 그의 그림 속 마녀들은 혼돈, 위험, 악마성을 상징했으며 이는 마녀사냥이 제도화되던 근대 초기 유럽의 폭력적 공포와 여성혐오를 시각화해 보여주는 이데올로기적 장치였다. 그림은 가장 유명한 작품 중 하나인 「마녀들의 모임Hexensabbat」(1510).

대비된다. 정신의학자들은 앞서 살핀 대로 '마녀는 정신병자였다'는 정신병리설을 옹호했다. 반면 역사가들은 '마녀가 사회로부터 죄악을 전가당한 희생양이었다'는 이른바 희생양 이론을 지지했다. 사스에 따르면, 현대 정신의학은 체계적으로 이 희생양 관점을 무시해 왔다.

희생양 이론이란, 사회가 겪는 온갖 불행과 불안을 해소하기 위해 특정 집단을 희생양으로 삼아 비난하고 제거하는 현상을 가리킨다. 당시 사람들은 질병, 기근, 재난, 자연재해 등의 원인을 이해하지 못할 때 이를 악마와 결탁한 마녀들의 소행으로 돌려 마녀사냥을 감행했다. 마녀들이 공동체 문제의 책임을 떠넘길 편리한 표적이 되었던 것이다. 이는 중세에 유대인들이 흑사병의 원인으로 지목되어 학살당하고, 20세기 독일 나치가 유대인을 박멸하여 사회 문제를 해결하려 했던 것과 맥락을 같이한다. 실제로 많은 연구자가 마녀사냥과 반유대주의의 유사성을 지적해 왔다. 역사학자 노먼 콘은 중세 유럽에서 유대인이 우물에 독을 풀었다거나 성체를 모독했다는 등의 음모 서사가 근세에 마녀 집회나 악마와의 계약을 그리는 도상으로 전이되면서, 재난이 발생할 때마다 유대인과 마녀가 번갈아 희생양으로 지목되는 구조가 고착되었다고 분석한다. 또 다른 연구자 아돌프 레슈니처는 "16~17세기에 유대인 박해가 마녀사냥으로 대체되었다가, 19~20세기에 다시 마녀사냥이 유대인 박해(나치의 홀로코스트)로 뒤바뀌었다"라고 말하기도 했다.[3] 실제 역사에서 이렇게 완전히 교대되었다고 보기는 어렵겠지만, 마녀와 유대인이 번갈아 사회의 희생양이 되었던

수도사 질 리 뮈지스가 14세기 중엽 펴낸 『플랑드르의 옛 역사 *Antiquitates Flandriae*』에 실린 삽화. 스트라스부르 학살 당시 유대인 2000여 명이 우물에 독을 탔다는 누명을 쓰고 화형당하는 장면을 묘사한 이 그림은 중세 유럽의 광신과 공포를 상징적으로 보여준다.

것은 분명하다는 게 그의 견해다. 중요한 것은 마녀사냥이 단순한 미신이나 비과학적 현상에 대한 반응이 아니라, 사회가 불안과 분노를 한 곳에 투사하여 해소하려는 심리·사회적 메커니즘이었다는 점이다.

　사스는 이러한 희생양 이론에 비춰 몇 가지 중요한 사실을 강조한다. 첫째, 마녀로 지목되어 박해받던 이들은 대체로 가난한 여성, 노약자 등 사회적 약자였다는 점이다. 권력자나 부유한 계층이 아닌 힘없는 사람들이 반복적으로 표적이 되었다는 것은, 마녀사냥이 근본적으로 희생양 만들기였음을 보여준다. 마녀사냥이 성행하던 중세에는 마녀들뿐 아니라 유대인, 이단 종파 신자, 프로테스탄트 등 사회에서 이질적이라고 간주되는 집단 혹은 기존 권위에 도전하는 집단도 탄압을 겪었다.

　둘째, 희생양 이론에 따르면 마녀사냥의 핵심 주체는 마녀가 아니라 마녀를 지목한 사회와 권력층이다. 정신의학적 해석이 마녀의 이상행동에만 초점을 맞추는 반면, 희생양 이론은 마녀를 찾아내고 처벌한 마녀 사냥꾼에 주목한다. 실제 역사 연구를 보면, 마녀사냥의 양상은 누가 권력을 쥐고 희생양을 지목했는지에 따라 달라졌다. 누가 마녀인지를 결정하는 이들은 대개 종교재판관과 세속 권력자 들이었다. 그들이 여성을 지목하면 여성이, 유대인을 지목하면 유대인이, 프로테스탄트를 지목하면 개신교도가 불탔다. 결국 마녀사냥은 권력이 필요로 하는 희생양을 선정하고 제거하는 과정이었다는 것이다.

　사스는 마녀사냥과 현대 정신의학의 사회적 기능을

연결해서 본다. 중세의 마녀사냥이 '악'을 추방한다는 표면적인 이유로 사회의 불만을 약자들에게 돌렸다면, 현대사회에서는 유사한 방식으로 정신병자로 불리는 이들이 사회문제의 희생양이 되고 있다는 주장이다. 역사적으로 17~18세기 서구의 공공 정신병원이나 수용소에는 주로 사회에서 가장 가난하고 취약한 이들이 수용되었고, 19~20세기에도 공공 정신병원들은 빈곤층을 비롯한 낮은 계층 사람으로 가득했다.

왜 이들에게 정신질환이 유독 많이 발병할까? 겉으로는 가난한 계층일수록 정신병 발병률이 높다고들 하지만, 사스는 그 인과가 정반대일 수 있다고 지적한다. 즉, 가난해서 병에 걸리는 것이 아니라 사회가 통제하고 낙인찍고 싶은 약자를 골라 정신병 환자로 규정한다는 것이다. 사스는 이에 대해, 마치 마녀사냥 당시 마녀가 대부분 여성이었던 현상을 두고 여성들이 특별히 더 악마적 성향을 띤다고 여겼던 것과 같은 오류를 사회가 오늘날에도 반복하는 꼴이라고 말한다. 그는 이렇게 사회적 약자를 정신병자로 낙인찍어 격리하고, 치료라는 명분으로 통제하는 현대 정신의학의 기능을 중세의 희생양 제도와 동일선상에서 파악해야 한다고 주장한다.

요컨대 토머스 사스는 중세 마녀사냥의 역사를 통해 정신의학이라는 제도가 어떻게 사회적 억압에 가담하며 자신들의 권위를 정당화했는지를 폭로한다. 정신의학자들이 마녀를 미친 사람으로 간주한 것은 당시 마녀들의 억울함을 풀어주기는커녕, 그들을 탄압한 권력을 면죄하면서 동시에 현대 정신의학의 뿌리를 미화하는 이데올로기적 장치가 되었다는 것이다. 마녀들을 정신병자가 아닌 사회적

희생양으로 볼 때, 우리는 마녀사냥을 권력이 악을 발명해 내
처벌한 사건으로 재인식하게 된다. 사스는 정신의학자들이
이 불편한 진실을 회피해 왔음을 비판하면서, '광기의 제조'가
결국 권력이 인간을 낙인찍고 억압하는 과정임을 날카롭게
지적한다. 이는 이른바 정신병 진단이라는 것이 현대에
행해지는 인간성에 대한 또 다른 형태의 종교재판일 수 있음을
시사한다.

질문

현대의 정신의학을 순전히 억압적 통제 기제로 보는 시각은 정신과 치료의 긍정적인 측면을 간과하는 것이 아닐까? 사스의 주장대로라면 정신의학은 사회적 희생양 만들기에 불과하지만, 현실에서는 많은 환자가 치료를 통해 도움을 받고 있다. 사람들은 자발적으로 진단명을 찾고 치료에 적극적으로 나선다. 한편 정신질환을 단순히 사회적 희생양 만들기로 보기에는, 정신병과 관련한 뇌과학, 유전학적 발견 등 신체생리학적 연구 결과도 무시하기 어렵다.

설령 정신병자라는 낙인이, 권력이 인간을 규정짓고 억압하는 과정이라고 하더라도, 지금 당장 견딜 수 없는 고통을 매일 안고 살아가야 하는 한 명의 개인이 정신과적 치료 외에 다른 무엇을 선택할 수 있단 말인가?

사스는 치유자로서의 마녀를 서술할 때 그냥 '마녀'라고 적지 않고 꼭 '백마녀'라고 명시하곤 한다. 이것은 마녀가 다 같은 마녀가 아니라 백마녀와 흑마녀로 나뉠 수 있고, 모든 마녀가 아닌 백마녀, 곧 지혜로운 여성만이 치유자의 역할을 맡았다는 것을 알게 모르게 강조한 것 아닐까? 다시 말해 그는 흑마녀가 존재할 수 있고 그들이 해를 끼칠 수 있는 존재라는 것을 암시하고 있는 게 아닐까? 그렇다면 마녀를 만나는 주민들은 그가 백마녀인지 흑마녀인지 어떻게 판단 내릴 수 있었을까?

2017년부터 2025년까지의 스크랩.

탄자니아 집단학살(2017년 상반기): 탄자니아 다르에스살람 소재 법률인권센터 보고서에 따르면, 2017년 상반기에만 최소 115명이 마녀 혐의로 동네 주민들에게 살해되었다.[4] 이 중 79명이 여성이고, 피해자 대부분은 '붉은 눈'을 가졌다는 이유로 마녀로 몰려 희생되었다. 인권 단체는 이 여성들의 눈이 붉어진 이유는 대부분 요리할 때 부엌에서 나는 연기 때문인데, 일부 사람들이 이를 마녀 됨의 증거로 받아들였다고 설명했다. 특히 서부 타보라 지역 운도모 마을에서는 주민들이 마녀로 의심되는 여성들을 집단 구타하여 살해한 뒤 시신을 불태우는 사건도 있었다. 아프리카의 마녀사냥에 관한 연구를 진행해 온 인류학자 시미언 메사키는 "마을 사람 대부분은 사법 체계에 신뢰를 갖지 않는다. 그래서 흉작이나 누군가의 죽음이 있으면 그 원인으로 의심되는 사람을 죽여버린다"라고 설명했다.

니카라콰 여성 구마의식 중 화형(2017년 2월): 2017년 2월 28일 니카라과 북동부 로시타 지역에서 25세 여성 빌마 트루히요 가르시아가 목사와 신도들의 구마의식 중 옷이 벗겨진 채 불 속에 던져져 전신에 80퍼센트 이상 화상을 입고 사망했다.[5] 남편은 두 아이의 엄마였던 아내가 교회에 끌려갔다고 증언했고, 목사 등 다섯 명이 체포되었으며, 목사는 가르시아가 "스스로 불에 넘어졌다"며 가해 사실을 부인했다.

네팔 다딩구 노인 학대 사건(2018년 11월): 네팔 다딩구區 시드히렉에서 72세 여성 노인이 마녀로 의심받아 심한 구타를 당하고 소의 똥오줌을 강제로 먹는 극심한 학대를 당했다.[6] 피해자는 병원으로 후송되어 치료를 받아야 했다. 조사 결과 11월 14일 한 마을 주민이 발작 증세를 보여 샤먼 세 명을 불렀는데, 그들이 피해 여성을 원인으로 지목하면서 주민들의 폭행이 시작된 것으로 밝혀졌다. 경찰은 사건 발생 이튿날인 11월 15일 가해자 네 명을 체포하고 살인 미수 혐의로 구속했다.

네팔 마호타리구 학대 사건(2019년 8월): 네팔 마데시주州 마호타리구區 방가하 마을에서 35세 여성이 마을 여성 여럿으로부터 마녀라는 의심을 받아 인분을 억지로 먹는 학대를 당했다.[7] 피해자에게서 역한 냄새가 난다는 신고를 받은 경찰은 현장으로 출동했다. 피해자는 치료를 위해 병원으로 옮겨졌고,

용의자 중 두 명이 체포되어 추가 조사를 위해 관할 경찰서로 이송되었다.

과테말라 페텐주 마야 영적 지도자 화형(2020년 6월): 2020년 6월 6일 과테말라 페텐주州 산루이스의 치마이 마을에서 마야 전통 치료사이자 영적 지도자였던 도밍고 초크 체가 주술을 걸었다는 의심을 받아 이웃들에 의해 집단 구타를 당하고 가솔린이 뿌려진 뒤 화형되었다.[8] 당시 영상은 소셜미디어에 퍼지며 국내외로 공분이 일었다. 초크 체는 마야 케크치Q'eqchi' 공동체의 전통 약초 전문가로 유니버시티칼리지런던·취리히대학·델바예대학(과테말라)과 함께 마야 약용식물 조사 프로젝트에 참여하던 인물이었다. 사건 직후 남성 두 명과 여성 두 명이 체포되었다.

가나 카파바 마을 린치 사건(2020년 7월): 로이터 통신은 2020년 7월 가나 사바나 지역 카파바 마을에서 90세 여성이 마녀 혐의로 군중에게 린치를 당해 사망했다고 보도했다.[9] 사건은 지역의 한 주술사가 그를 마녀라고 지목하면서 시작되었다. 이 일은 국제 인권 단체의 비판을 불러일으켰고, 이후 가나 의회는 마녀사냥 범죄를 엄벌하는 법안을 통과시켰다. 인권 단체들은 가나에서 주로 노년 여성이 마녀로 지목되어 내쫓기거나 공격받는 사례가 반복되어 왔다고 지적한다.

네팔 비라트나가르시 구타 사건(2021년 10월): 네팔 언론 『나가릭』에서 발행하는 영자신문 『리퍼블리카』의 보도에 따르면,

테라이 지역에 위치한 모랑구區 비라트나가르시市의 한 마을에서 네 명의 남성이 한 여성을 마녀로 몰아 잔혹하게 구타했다.[10] 이들은 주술 연습을 한다며 피해자를 집단 폭행했다. 피해 여성의 진술에 따르면 용의자 중 한 명의 네 살 손자가 갑자기 병에 걸리자 이를 그의 탓으로 돌렸다고 한다. 피해자의 신고를 받은 경찰은 "가해자들이 영향력이 있다"라며 신고 접수를 거부하는 한편, 가해자와 합의하라고 피해 여성을 압박했다. 결국 피해자는 우체국을 통해 고소장을 보낼 수밖에 없었으나, 경찰은 피의자의 신원이 특정되지 않았다는 이유로 수사에 미온적인 태도를 보였다.

나이지리아 크로스리버주 마녀사냥(2022년 10월): 2022년 10월 나이지리아 크로스리버주州 오두크파니 지역의 한 마을에서 69세 여성 이쿠 에뎃 에요가 마을 청년들에 의해 마녀로 몰려 고문당하고 살해된 뒤 숲속에 암매장되는 사건이 발생했다.[11] 사건은 8~9세 소년의 자백이 계기가 되어 마을 주민 총 아홉 명이 마녀로 몰리면서 시작되었고, 이 과정에서 여성 세 명과 남성 두 명이 목숨을 잃었다. 경찰은 두 달 뒤 시신을 발굴해 수습했으며, 2024년 1월 에요의 고향에서 장례식이 거행되었다. 이 사건은 서아프리카 지역에 여전히 뿌리 깊게 남아 있는 마녀사냥과 여성 노인을 향한 폭력 문제를 드러내며 사회적으로 큰 파장을 일으켰다.

인도 오디샤주 칼라한디 삼중 살인사건(2023년 10월): 『타임스오브인디아』에 따르면, 인도 오디샤주州에서는 2013년

마녀사냥 금지법이 제정되었음에도 불구하고 주술 의혹을 이유로 한 폭력과 살해가 계속되고 있다.[12] 2018년부터 2022년까지 225명이 희생되었고, 2023년 30건 이상이 보고되었으며 피해자는 주로 미망인이나 남편과 헤어져 홀로 사는 여성이었다. 아이들의 질병, 흉작, 정신 건강 문제 등이 마녀 낙인의 빌미로 이용되었고, 피해자의 약 30퍼센트는 사망에 이르렀으며 70퍼센트는 가족과 함께 마을을 떠나야 했다.

인도 아삼주 소니트푸르 화형 사건(2023년 12월): 『힌두스탄타임스』는 2023년 12월 아삼주 소니트푸르에서 30세 여성 상기타 카티가 동네 주민들에 의해 불태워져 숨졌다고 보도했다.[13] 경찰에 따르면 용의자 여섯 명은 피해자를 남편과 함께 결박한 뒤 휘발유를 뿌려 태워 죽였다. 용의자는 모두 체포되어 살인 및 가혹 행위 혐의가 적용되었다. 경찰은 "여성이 마녀 행위를 했다는 의심을 받아 살해당한 것으로 보인다"라고 밝혔다.

케냐 킬리피주 노인 여성 피살(2024년 3월): 2024년 3월 케냐 킬리피주 도마르 마을에서 65세 여성이 마녀로 의심받아 마을 주민들에게 살해되는 사건이 발생했다.[14] 제보를 받은 경찰은 현장에서 이 여성의 시신을 발견했으며, 이와 관련해 남성 용의자 두 명이 체포되었다. 마녀로 지목되었던 또 다른 70세 여성도 가까스로 구조되었다. 이 지역에서는 고령자를 마녀로 몰아 학살하는 일이 빈발하고 있어, 많은 노인이 자신의 생명을 보호하기 위해 마을을 떠나는 등 두려움에 시달리고 있는 것으로 인도 차티스가르주 마녀사냥(2024년 9월): NDTV 보도에 따르면, 인도 차티스가르주州 수크마 지역의 한 마을에서 마녀 행위를 했다는 혐의로 부부 두 쌍과 여성 한 명이 주민들에 의해 구타당해 사망했다.[15] 이들은 모두 같은 마을 주민으로, 경찰은 살인 혐의로 마을 주민 다섯 명을 체포했다. 같은 달 12일 발로다바자르바타파라구에서는 흑마술을 했다는 의심을 받아 유아를 포함한 일가족 네 명이 살해되는 사건이 발생했다.

나이지리아 바우치주 노인 여성 피살 사건(2025년 3월): 바우치주 키르피 지역 고비르 마을에서는 2025년 3월 2일 70세 노인 탈라투 조슈아가 마녀로 의심받아 청년 네 명에게 무차별 구타를 당해 숨졌다.[16] 경찰 발표에 따르면, 용의자 네 명은 자정 무렵 조슈아를 나무 몽둥이와 칼로 폭행해 다발성 손상을 입혔으며, 피해자는 병원으로 이송되었으나 끝내 사망했다. 사건은 용의자 중 한 명의 부인이 병에 걸려 치료를 위해 전통 의사를 찾았는데, 의사가 조슈아를 원인으로 지목하면서 시작됐다. 경찰은 공모죄와 과실치사 혐의로 네 사람을 체포했다.

인도 동싱붐구 사망 사건(2025년 5월):『타임스오브인디아』 보도에 따르면, 인도 자르칸드주州 동싱붐구區의 한 마을에서 주민 다섯 명이 5월 14일 마녀 행위를 했다는 이유로 여성 두 명을 살해했다.[17] 이들은 용의자 중 한 명의 열 살 딸이 4월 26일 사망한 이후, 피해 여성들이 주술 행위로 딸을 병들어 죽게 했다는 의심을 품고 살해를 계획했다. 사건 당일 주민 여러 명은 피해 여성들을 납치하여 인근 숲속 외진 곳으로 데려가 목 졸라 살해한 뒤 암매장했다. 피해 여성의 가족들이 며칠간 수색하다가 경찰에 신고해 시신이 발굴되었고, 주범을 포함한 다섯 명이 체포되었으며 추가 가담자들에 대해서도 수배가 내려졌다.

파푸아뉴기니 헬라주 살인사건(2025년 7월): 2025년 7월 초 파푸아뉴기니 헬라주州 한 마을에서 주민들이 로사 야카푸스라는 여성을 3일간 고문한 뒤 총으로 살해하는 사건이 벌어졌다.[18] 사건은 한 남성이 급사하자 주변에서 야키푸스가 주술을 걸었다고 의심한 게 발단이 됐다. 경찰은 피해 여성의 친오빠를 포함한 용의자 여덟 명을 체포했다. 파푸아뉴기니에서 마녀로 지목된 이후 고문과 살해가 이어지는 사건이 반복되면서 정부와 유엔은 이를 강력 규탄하고 있다.

2021년 개봉한 공포 영화 「랑종」은 타이의 샤머니즘을 소재로 한 모큐멘터리 영화다. 영화에서 귀신에 들려 잔혹한 행동을 보이는 핵심적인 인물은 20대 초반의 젊은 여성인 '밍'이다. 그는 초반에는 그냥 방황하는 청춘처럼 보이지만, 점차 이상한 행동(주로 성적인 행동)과 폭력성을 드러내면서 영화에서 공포를 추동하는 중심 인물이 된다.
　여름만 되면 개봉하는 각종 공포 영화에 등장하는 귀신은 왜 주로 젊은 여성일까. 스릴러물에서 여성은 주로 시체로 나온다. 아니면 곧 죽을 사람이거나. 그렇게 해야 더 효과적이다. 미디어에서 맞거나 토막 나 죽는 젊은 여자의 몸을 얼마나 많이 보았는지. 마치 여성의 몸이 폭력을 얼마든지 행해도 되는, 심지어 그럼으로써 쾌감을 얻을 수 있는, 영혼도 의식도 없는 살덩어리라는 듯이.

반면 혼란스러운 세계에서 질서를 찾아가려 애쓰는 인물들은 주로 남성이다. 공포 영화가 공포를 만들어 내는 방식을 보면 우리가 (아니라 사실 남성 감독이) 무엇을 두려워하는지를 알아차릴 수 있다. 이들은 낯선 사람들, 타자들, 그러니까 자신이 가진 앎의 체계로 해석이 되지 않는 사람들을 두려워한다. 그래서 그들을 죽인다. 혹은 공포를 극대화하기 위해 그들로 하여금 모두를 죽이게 한다. 그러한 엔딩이 완전한 무질서를 상징하기 때문이다. 「곡성」에서도 마지막까지 미스터리한 존재로 나오고 모든 사건의 원흉으로 지목된 이는 낯선 외지인이었다. 요컨대 두려움은 두려움을 주는 대상이 아니라 그 대상을 해석하지 못하는 상황에 있다.

무질서를 상징하는 여성과 질서를 상징하는 남성. 공포를 주는 여성과 혼란스러운 남성. 문제 그 자체인 여성과 해결사로 등장하는 남성. 이러한 대조는 오컬트 영화에서 분명하게 드러난다. 1973년 개봉한 영화 「엑소시스트」는 오컬트 영화 중에서도 불멸의 걸작으로 여겨지는데, 한 소녀에게 이해할 수 없는 일이 연달아 벌어지고 최후의 수단으로 남성 신부가 파견돼 악령을 쫓는 구마의식(엑소시즘exorcism)을 치른다는 내용이다. 악마에 씐 여자아이가 네 발로 계단을 내려오는 장면이 매우 유명하다.

✝

　귀신에 씌었다고 여겨진 여성 중 많은 이가 신체형장애를 앓은 건 아니었을까 추측한다. 신체형장애는 자주 우울증과 동반되어 나타나는데, 정신적 갈등이 신체적 증상으로 표현되는 장애. 신체형장애는 뚜렷하게 기질적 병리가 있는 게 아니라 의학적으로 적절히 설명되지 않는다. 그러니까 이 상태에 있는 여성들은 왜 아픈지 모르는데 계속 아픈 사람들, 곧 기존의 해석 틀로 설명되지 않는 무질서를 상징하는 사람들이다.

　신체형장애는 여성, 빈자, 시골에 거주하는 사람 등 사회 주변부에 있는 이들에게서 더 흔하게 나타나며, 대부분의 환자가 여성이다. 이 장애는 과거 히스테리아hysteria로 불리던 질환에 뿌리를 두고 있다. 흔히 히스테리를 부린다고 말할 때의 그 히스테리다. 히스테리아는 자궁을 뜻하는 그리스어 히스테라ύστέρα(hystera)에서 유래했다.*

　중세 기독교적 세계관에서 히스테리아는 사탄에 의한 것으로 여겨졌다. 교회에서는 구마의식과 기도를 통해 이들을 치료했다. 대단히 많은 히스테리아 환자가 마녀로 몰려 고문당하고 처형당했다. 흥미로운 점은 중세 시대가 아니라 중세가 끝나가고 근대 과학이 기틀을 잡아가던 근세에 마녀재판으로 처형당한 여성의 수가 가장 많았다는 것이다. 마치 새로운 과학적 세계관으로 두려움의 대상인 미지의 영역을 상징하던 중세 마녀를

---

* 고대 그리스 사람들(남성 의학자들)은 자궁이 여성의 몸 안에서 떠돌아다니며 각종 질환이나 발작, 정서불안 등의 기질적, 신경증적 병리 상태를 유발한다고 보았다.

처형해 버리겠다고 엄포를 놓기라도 했던 듯이.

　19세기 정신분석학에서 히스테리아는 굉장히 중요하게 다루어졌다. 히스테리아 환자는 갑작스러운 사지 마비, 호흡 곤란, 실어증, 발작, 해리 등의 증상을 보였다. 이 증상은 지켜보는 사람들에게 낯설고 기괴하게 보였을 것이다. 히스테리아의 치료법으로는 남편과의 규칙적인 성관계, 임신, 출산, 오르가슴, 휴식 등이 제안됐다. 히스테리아 증상을 보이는 여성들은 야망에 찬 지식인 남성들에 의해 미지의 분석 대상, 혹은 신기한 관찰 대상으로 다루어졌다.

　프랑스의 신경학자 장마르탱 샤르코는 히스테리아 연구를 마법의 세계에서 근대 과학의 세계로 가져온 인물로 알려졌다. 그의 연구는 대중적으로도 인기가 많았다. 그러나 그는 히스테리아 환자의 '증상'에는 관심이 있었을지언정, 당사자인 여성들의 삶에는 그다지 관심이 없었다. 그는 매주 강의를 열어 젊은 여성 환자를 전시하며 생생한 시연을 보였다. 다음은 그의 화요 강의를 기록한 내용의 일부다.

샤르코　다시 한번 히스테리아의 근원 지점을 눌러봅시다. (남성 인턴이 환자의 난소 부근을 만진다.) 또 해봅시다. 대개 이들은 혀를 깨물 수도 있지만, 그리 흔한 일은 아닙니다. 이 활 모양의 등을 보세요. 교과서에서도 잘 나오는 현상이지요.

환자　엄마, 무서워요.

샤르코　이 정서적 폭발에 주목하십시오. 우리가 내버려둔다면

샤르코가 살페트리에르병원에서의 수업 중 자신의 히스테리 연구 환자인 블랑슈 위트만의 사례를 소개 중이다. 앙드레 브루이예, 「살페트리에르병원에서의 임상 강의Une leçon clinique à la Salpêtrière」(1887).

다시 발작 행동으로 돌아오게 됩니다. (환자는 다시 소리
지른다. "엄마!")

샤르코 다시 이 비명에 주목하세요. 아무것도 아닌 일에 대해서
지나친 소음이라고 할 수 있죠.[19]

‡

『돈 후앙의 가르침』에서 멕시코 샤먼 돈 후앙은 배움의
과정에서 첫 번째로 만나는 적이 공포라고 말한다. 배움은 예상한
대로 이뤄지지 않는다. 모든 단계가 새로운 도전이다. 공포 앞에서
우리가 할 수 있는 건 없다. 그저 두려워하며 앞으로 나아가야 할
뿐. 그런데 두려움은 사물을 본래와 다른 방식으로 보게 한다.
 히스테리아 증상을 보이는 여성 앞에서 공포를 느꼈던
남성이 그들을 '처치'하는 대신 그들의 이야기를 귀 기울여
들었더라면 어땠을까 생각해 본다. 배움의 과정에서 공포를
느낀다는 건, 바꿔 말하면 무언가를 배우고 있기 때문에 공포를
느낀다는 말이기도 하니까. 그랬다면 이들에게 새로운 배움의
지평이 열렸을까?
 우리가 공포라는 감정을 경험하기 위해 소비하는 문화의
기저에는 뿌리 깊은 여성혐오의 역사가 있다. 그 이야기엔
억울함이 쌓이고 쌓이다 악에 받쳐 미쳐버린 여자들이 등장한다.
 나는 상상해 본다. 「랑종」의 '밍'이 자기 얘기를 다룬 영화를
직접 만든다면 어떤 이야기가 될까? 「엑소시스트」의 소녀가 직접
카메라를 들 수 있었더라면 영화는 얼마나 달라졌을까?

Planche VIII.

SOMNAMBULISME PROVOQUÉ

HYPEREXCITABILITÉ MUSCULAIRE

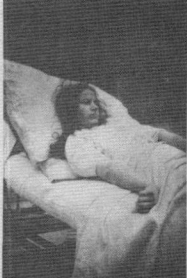

Planche XII.

ATTAQUE

PÉRIODE TONIQUE

Planche XXXIII.

HYSTÉRO-ÉPILEPSIE : ATTAQUE

PÉRIODE ÉPILEPTOÏDE

Planche XXIII.

ATTITUDES PASSIONNELLES

EXTASE (1878)

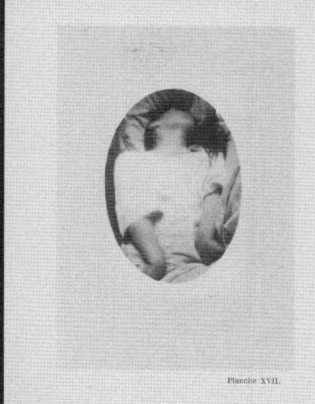
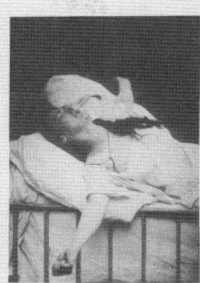
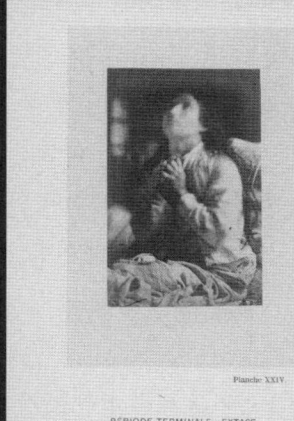

샤르코가 치료했던 히스테리아 여성 환자들의 모습이 실린 책
『살페트리에르병원 도록Iconographie photographique de la Salpêtrière』
(1876~1880) 부분. 출처: 예일대학 도서관 디지털 컬렉션
https://collections.library.yale.edu/catalog/15831551.

미술사학자 이은기의 『중세의 침묵을 깬 여성들』은 그 과정에서 발견한 책이다. 책은 여성에게 매우 억압적이었던 중세시대에 태어나 끝내 성녀로 추앙받는 위치에 오른 세 명의 여성 신비가에 대해 다룬다. 여기서 신비가란 비전vision을 체험한 이들을 뜻하는데, 신비가에게 비전이란 다른 사람에게는 보이지 않는 종교적인 형상이나 사물, 사건을 인지하는 영적, 종교적 경험이다.

중세 신비가는 몰아의 경지에서 신과 일치를 이룬 사람으로 칭송받지만, 동시에 신비주의에 대한 끊임없는 논란 때문에 이들의 경험은 '비합리적이다' '반이성적이다' '초자연주의다' '이단이다'와 같은 오해나 비판을 받아오기도 했다. 그러나 중세 신비가에게 신비 경험은 합리적인 논증 이상의 것, 정서적이고 신체적인 체험을 통합하는 신과의 직접적인 만남, 합일 체험이었다.

　책은 세 성녀를 집중적으로 조명한다. 12세기 수녀원장이었던 빙엔의 힐데가르트(1098~1179), 폴리뇨의 안젤라(1248~1309), 시에나의 카타리나(1347~1380)가 이들이다. 책은 이들을 성녀로 다루기는 하지만 종교인으로 다루지는 않는다. 그보다 가부장적 위계를 지닌 중세 가톨릭 사회, 여성이 교육을 받을 수 있었던 유일한 공간인 수녀원에서 자신의 주관을 지킨 정치적이며 지적인 여성으로 이들을 소개한다.

　세 성녀에게는 공통점이 있는데, 바로 자신의 독자적인 해석이 담긴 주장을 하면서도 그것을 자신의 말이 아닌 하느님이 주신 비전이라고 말한다는 점이다. 성녀들은 그것이 '나'의 말이 아니라 신이 '나'를 통해 하는 말이라고 공표함으로써 교회로부터 비난받지 않으면서도 자신의 발언권을 획득하는 데 성공한다.

　두 번째로 이들은 모두 직설적인 언어로 표현하기보다는 미술, 음악, 나아가 자신의 몸을 이용해 간접적인 방식으로 주변을 설득한다. 가령 힐데가르트는 비전을 형상화한 많은 그림을 남겼는데, 그중 『시비아스 Scivias』에 수록된 「아담의 창조, 타락, 구원」이 특히 놀랍다. 먼저 『시비아스』에선 아담이 악에 빠지는 과정에 이브가 등장하지 않는다. 아담이 악에 빠진 것 역시 이브가 건넨 선악과를 먹어서가 아니라 하느님이 주신 꽃을 온전히 취하지 않아서 악에 취약했기 때문이라는 설명이다. 아담은 "단지 그의 코로 맡았을 뿐, 그의 입에 넣어 완전히 소화하거나 그의 손으로 만져 충만한 축복으로 완수하지 않았다. 즉, 그는 율법의 지혜를 그의 지능으로만 알려고 했다. 이 대가로

『시비아스』의 서문에 해당되는 첫 번째 삽화. 힐데가르트가 신의 '살아 있는 빛Lux vivens'을 통해 계시를 받고, 그 비전을 고해신부이자 서기관인 폴마르에게 구술하는 장면을 담았다. 이 그림은 이후 그려지는 모든 비전이 신의 계시에서 비롯되었음을 선언한다.

그는 스스로 빠져나올 수 없는 두터운 어둠 속으로 떨어졌다". [20] 곧, 아담이 율법의 지혜를 그의 지능으로만 알려고 하고 감각을 동원해 완전히 경험하는 축복을 완수하지 않았기에 스스로 짙은 어둠 속에 떨어졌다는 것이다. 힐데가르트는 남성 중심적인 교회 권력의 핵심이었던 이성의 힘이 아닌 온몸을 통한 감각적 경험이 세계를 온전히 이해하는 길이라고 믿었다.

시에나의 카타리나 역시 오랜 금식으로 파리하고 기운 없는 외모에, 문맹이고, 신비화된 모습으로 재현되곤 하지만 실제로는 다작의 명문장가였다. 카타리나가 쓴 글을 직접 읽어보면 그가 확신에 차 있고 용감하며 불같은 열정을 지닌 뛰어난 정치가라는 것을 알 수 있다. 카타리나는 성직이나 공직을 맡지는 않았지만, 극단적인 금식과 영성으로 도덕적 권위를 확보하여 14세기 말 이탈리아와 교황권 정치를 실질적으로 흔든 인물이었다.

카타리나에 대한 왜곡과 신비화는 카타리나를 보호하는 역할을 했다. 글을 쓰는 여성, 정치 참여를 하는 여성은 거부감을 불러일으키는 존재였다. 카타리나는 성령이 가득하지만 "천성적으로 무지하고 약한 여자"로 묘사됨으로써, 또 극심한 고행과 금식을 감행함으로써 보수적인 교회에서 자신의 활동 영역을 지키고 카리스마를 획득했다.

카타리나가 얼마나 노련한 정치가였는지를 보여주는 대화 하나를 소개하고 싶다. 1376년 카타리나는 교황청이 로마로 복귀하도록 설득하기 위해 아비뇽으로 찾아가 그레고리우스 11세를 직접 만난다. 교황은 반대하는 사람이 이토록 많은 상황에서 어떻게 해야 좋을지를 카타리나에게 묻는다. 카타리나는 미천한 여자인 자신이 최고의 위치에 있는 교황에게 충고하는 것은 도리가 아니라고 답한다. 대화는 다음과 같이 이어진다.

> 그(교황)는 대답했다. "나는 당신이 나에게 충고하기를 부탁하지 않았소. 이 일에 대해서 하느님의 뜻이 무엇인지 내게 말해주시오." 그러나 그녀가 자신의 미천함을 들어 사양하자 그는 이 일에 있어서 당신이 알고 있는 하느님의 뜻을 분명히 말해달라고 명령한다. 그러자 그녀는 겸손하게 고개를 숙이며 말했다. "누가 교황 성하보다 더 잘 알겠습니까. 당신이 하려는 일을 하느님께 [맹세]할 사람이 누구이겠습니까?" 교황은 이 말을 듣고 감동하여 할 말을 잃은 듯했다. 그러고는 하느님 이외에 살아 있는 어느 누구도 이를 알고 있는 사람은 없다고 말했다. 이때부터 그는 길을 택하고 이를 실행하여 해결하였다.[21]

카타리나는 자신을 미천한 여자로 낮춤으로써 교황에게 직접 충고할 때 생길 수 있는 위험을 피한다. 동시에 "누가 교황 성하보다 더 잘 알겠습니까"라고 답하며 결정의 책임을 교황이 스스로 떠맡으면서도 교황이 자신의 결정에 자부심을 갖도록 유도한다. 만약 카타리나가 교황에게 로마로 가야 한다고 직언했다면 교황은 그 조언이 옳다고 판단하더라도 그것을 따르는 과정에서 자신의 권위가 훼손되었다고 느꼈을 수 있다. 반대파 역시 한 여성 신비가에게 휘둘린 결정이라며 정당성을 공격했을 것이다. 완전히 솔직해질 수도, 그렇다고 설득하지 않을 수도 없는 진퇴양난의 상황에서 노련하게 상황을 돌파한 카타리나의 정치력이 돋보이는 대화다.

다시 세 사람의 이야기로 되돌아가, 직접 쓰는 대신 (여성은 문맹이어야 했기 때문에) 남성 사제와 협력해 그들로 하여금 자신의 비전을 기록하게 했다는 것 역시 이들의 공통점이다. 힐데가르트의 비전을 기록한 폴마르 수사, 안젤라의 비전을 세상에 전한 A 형제, 카타리나의 전기를 쓴 카푸아의 라이몬도는 성녀들의 고해신부였다. 공식적으로는 이들의 영적 지도자였지만 실제로 이들은 성녀를 존경하는 수사들이었던 한편, 성녀를 보호하기도 감시하기도 하면서 자신들이 직접 경험할 수 없는 종교적 일치의 순간을 성녀를 통해 듣고 기록하며 협력한 동반자였다.

거의 모든 신비가 성녀들이 '그리스도와의 신비한 결혼' 비전을 보았다는 사실, 이를 묘사한 글과 그림이 무척 에로틱하다는 사실도 흥미롭다. 폴리뇨의 안젤라가 경험한 신비 체험이 유독 그렇다. 스테인드글라스로 그려진 「프란체스코를 안고 있는 그리스도와 아기 예수를 안고 있는 마리아」를 보면서 그는 "왜 프란체스코는 그렇게 안아주면서 나는 안아주지 않느냐"라고 외친다. 그리고 그리스도로부터 "나는 네가 육체의 눈으로 볼 수 있는 것보다 더 가까이 너를 안아주겠다"라는 답을 듣는다. 그는 십자가 앞에서 기도하다가, 그리스도가 자신의 모든 것을 원한다고 느껴 옷을 벗고 벌거벗은 채 기도를 이어간다. 거의 광적이라 할 만큼 격렬한 하느님과의 합일 체험은 집으로 돌아온 뒤에도 여드레 동안 이어져, 그는 꼼짝하지 못한 채 누워 지내야 했다.[22]

『중세의 침묵을 깬 여성들』의 저자는 감탄과 놀라움, 혼란스러움을 숨기지 않고, 그것이 이 책에 매력을 더해준다. 그는

1000년 전 여성 신비가들이 남긴 기록을 직접 읽어 내려가고, 그 과정에서 뜻밖에 교회가 오랫동안 성녀에게 씌워온 이미지를 벗겨낸다. 시공간을 초월해 이루어지는 살아 있는 대화다.

잔 로렌초 베르니니, 「성 테레사의 법열 L'Estasi di Santa Teresa」, 성 테레사 부분, 1647~1652

고전을 읽으라는 얘기를 많이 한다. 어떤 책은 2년만 지나도 시시하지만 어떤 책은 2000년이 지나도 재미있다. 인간이 만들어 낸 수많은 이야기 중 시대를 초월하는 보편과 도저히 봐줄 수 없는 구태를 가르는 기준은 무엇일까?

전에는 주로 죽은 작가들이 쓴 책을 읽었다. 대학에 들어가서 가장 활발히 활동한 동아리는 '고전 연구회'였다. 그곳에는 어린 나이에 새치가 잔뜩 나선 문어체로 대화하는 스무 살이 들어오곤 했다. 전공인 지구과학에서는 최신 과학 이론을 주로 배웠으나 복수전공이던 철학에서는 플라톤, 데카르트, 칸트 등을 읽었다. 그러자 내 글투는 유럽 중산층 중년 백인 남성의 것을 닮아갔다. 코리안 걸 주제에 서구의 주류 문학 정전을 탐독한 결과였다.

정신을 차리게 된 건 대학에서 교수들에게 성추행을 당한 뒤였다. 한둘이 아니었다. 그들의 말과 행동은 교묘하며 혼란스러웠는데, 정작 내게는 조언을 구하거나 부당함을 호소할 곳이 없었다. 자칫하면 불명예스러운 소문을 퍼뜨리는 학생 취급을 받을 터였다. 나는 이제껏 그래왔던 대로 책에서 답을 구하려고 했다.

    여제자와 나이 많은 남자 선생 간의 관계에 대해 묻자, 책 속의 선생들은 시궁창 같은 답변만을 내놓았다. 블라디미르 나보코프의 『롤리타』. 중년의 문학 교수 험버트 험버트는 열두 살 소녀 돌로레스(롤리타)를 만지기 위해 그의 엄마와 결혼하고 훗날 돌로레스의 딸까지 성노예로 삼는 상상을 한다. 탈락. 존 윌리엄스의 『스토너』. 주인공 윌리엄 스토너의 아내는 문학적 감성을 교류할 수 없는 악처로 그려지고, 외로운 문학 교수 스토너는 제자인 대학원생과 사랑에 빠진다. 탈락. 레프 톨스토이. 열세 명의 자녀를 두고 말년에 사유재산을 부정, 이를 반대했던 아내 소피야 안드레예브나 톨스타야를 역사적 악처로 만든다. 탈락. 가브리엘 가르시아 마르케스의 『내 슬픈 창녀들의 추억』. 아흔 살 노인이 열네 살 처녀를 '생일 선물'로 얻어 하룻밤을 보내려 한다. 제목부터 음침한 이 로맨스물을 보며 무슨 깨달음을 얻을 수 있을까? 탈락.

    책 속에 등장하는 나이 많은 남성과 어린 여성의 관계는 내가 겪은 현실을 전혀 설명해 주지 못했다. 내가 느낀 것은 분명 모멸감이었는데, 책들은 이를 로맨스라고 했다. 아는 것과 느끼는 것이 달랐다. 그때부터 나는 점차 경험을 더 신뢰하게 되었다. 내게 거의 신성불가침의 영역이었던 책의 권위를 최초로 의심하게 된 순간이다. 이후부터는 아무리 권위가 있는 말일지라도 반드시 발화자의 위치가 어디인지 확인하게 되었다. 말이 나온 맥락과 발화자의 시각을 묻기 시작한 거다.

문학만 그럴까? 고전에 대한 환상을 좀 더 깨보기 위해, 이번에는 과학사를 들여다보자. 과학사 연구들은 철학 수업에서는 배우지 못했던 고대 철학자의 또 다른 면모를 보여주었다. 고대에는 철학과 과학의 경계가 불분명했다. 흔히 과학의 시작을 기원전 6세기 그리스 철학자 탈레스에게서 찾곤 한다.*
어쨌든 고대 그리스 철학자들은 실험이 아닌 사유를 통해 자연의 변화무쌍한 여러 현상을 이해하려 애썼다. 플라톤과 그의 제자 아리스토텔레스도 마찬가지로 몸을 탐구했다.

플라톤은 현실 세계를 이데아의 불완전한 복제품으로 보았다. 이데아란 영원불변하고 완전한 세계, 기하학적 조화 원리가 지배하는 세계로서 모든 것의 원인이자 본질이다. 현실의 사물은 그 본질이 이데아에 있기에, 플라톤은 감각 경험보다는 이성을 통해 진리에 도달할 수 있다고 보았다.

반면 아리스토텔레스는 관찰의 중요성을 좀 더 아는 자였다. 그는 사물의 본질이 현실에 내재한다고 보고, 직접 관찰을 통해 만물을 분류하고 고유한 속성을 확인함으로써 자연계 전체의 작동 질서를 밝혀낼 수 있다고 여겼다. 요컨대 플라톤은 이성적 사유를, 아리스토텔레스는 경험적 관찰을 중시했다.

이렇듯 스승과 제자는 자연철학에서 상반된 관점을

---

* 그런데 왜 시작이 하필 또 유럽 백인 남성일까? 과학의 역사는 중국이나 이슬람권을 중심으로 다시 쓰일 수도 있다. 실제로 고대 중국과 중세 이슬람 세계에서도 인상적인 과학 발전이 있었다는 것을 역사학자 조지프 니덤 등의 연구가 보여준다. 혹은 애초에 서구 근대의 발명품인 '과학'이라는 개념으로 타 문화권을 보려는 시도가 부당한 건지도 모른다. 파스타를 기준으로 국수를 설명하려는 시도처럼······.

펼쳤지만, 만물의 조화와 질서를 강조하는 세계관을 공유했다는 점에서는 같았다. 만물의 질서. 거기에는 여성과 남성의 위계도 포함된다. 둘은 여성이 남성의 불완전한 버전이라고 보았다. 질적으로는 같지만 완전성의 정도에서 차이가 난다는 것이다. 왜? 아리스토텔레스에 따르면 여성은 남성보다 '열기'의 정도가 낮았다.

    아리스토텔레스는 세계를 이루는 물질로 4원소설을 제시했는데, 이는 지상계의 네 원소(흙·물·공기·불)가 무게에 따라 본연의 위치를 향해 운동한다는 설명이었다. 예컨대 흙(땅)은 물보다 더 무거우니 호수에 돌멩이를 던지면 가라앉는다. 공기는 물보다 더 가벼우니 물속의 공기 방울은 수면 위로 떠오른다. 불은 공기보다 더 가볍기에 불꽃은 위로 타오른다. 또한 4원소는 각각 고유한 성질을 지닌다. 불은 뜨겁고 건조하고, 공기는 뜨겁고 습하며, 물은 차갑고 습하고, 흙은 차갑고 건조하다. 꽤 그럴싸하지 않은가? 나름 정합적인 이 체계 안에는 위계도 있다. 열기는 이 중에서도 생명의 원리가 담긴 특별한 물질이었다. 아리스토텔레스는 여성보다 남성에게 열기가 더 많다고 여겼으며, 여성은 남성보다 차갑고 습하기에 열등하다고 판단했다. 다시 말해 열기가 충분하지 못해 완전한 남성으로 태어나지 못하고 여성이 되었다는 논리다.

    아리스토텔레스의 자연철학은 서구 세계에서 자연을 설명하는 정통 학설로 2000년 동안 군림했다. 이는 그의 자연철학이 꽤 많은 자연현상에 상식적이면서도 탁월한 설명을 제공했기 때문이기도 했으나, 한편으론 그가 고대 철학자로서 지닌 권위 덕이기도 했다. 게다가 그의 자연철학은 대단히 체계적이고 일관되어, 하나의 변칙 사례로 전체 이론을 수정하기에는 너무 많은 걸 들어내야 했다.

나는 20대 초반 여성의 몸으로 강의실에 앉아 이 모든 이야기를 들을 때마다 한때 내가 너무나 사랑했고 너무나 추앙했으며 어떤 시기에는 나를 살아가게 만든 학문으로부터 배신당하는 것만 같았다. 이들 사상의 탁월한 아름다움과 그 속에서 나와 같은 존재가 갈수록 배제되고 소외되는 현상 간의 부조리를 어떻게 해소해야 할지 알 수 없어 혼란했다.

미국의 역사학자 토머스 W. 라큐어는 아리스토텔레스가 제시한 것과 같은 사고방식을 '한 가지 성 모델one-sex model'이라고 이름 붙였다. 한 가지 성 모델이란 남성만을 기준 성으로 상정함으로써, 여성을 이에 미치지 못하는 불완전한 버전으로 보는 사고 모델이다. 이 모델에서는 여남 신체의 기본 구조에 차이가 없다고 본다. 몸 안에 있는 여러 체액도 질적으로 다른 것이 아니며, 피·정액·모유·월경혈 등은 모두 하나의 연속선상에 있다. 여성만의 독자적인 체액은 없고 여남 체액의 뚜렷한 경계도 없다. 그런 점에서 남성의 정액과 월경혈은 같은 종류다. 다만 정액 쪽이 더 많은 열기를 품은 상위 형태일 뿐이다.

한 가지 성 모델에서는 임신도 비슷하게 설명된다. 아리스토텔레스는 정액을 통해 운반되는 스페르마σπέρμα (sperma, 정자의 형상 내지 생명의 원리)가 태아에게 핵심적인 본질을 부여하여 아이를 만든다고 보았다. 스페르마는 순식간에 작품을 완성하는 장인처럼 기능한다. 목수가 나무 책상에 흡수되지 않듯, 여성의 자궁에서 태아가 만들어지는 동안 생명의 불꽃인 스페르마는 질에서 사라지거나 소모되지 않고 자기 역할을 수행할 뿐이라는 것. 곧 인간을 이루는 원리는 남성의 정액 속에 있고, 여성은 그저 재료만 제공할 따름이라는 설명이다.

‡

갈레노스는 히포크라테스 이후 고대 의학의 최고 권위자로 당대 의학을 집대성한 인물이기도 하다. 2세기 갈레노스는 여성과 남성은 근본적으로 같지만 생명의 열기, 혹은 완전성의 결핍 때문에 남성에게선 드러나 있는 구조가 여성에게선 내부에 갇혀 있다고 보았다. 그는 여성의 질을 몸 안에 들어 있는 음경으로 보았고, 여성의 음순이 음경의 포피에 해당되며, 자궁은 음낭, 난소는 고환에 해당된다고 여겼다. 실제로 난소는 오랫동안 '여성의 고환testis muliebris'으로 불리다, 17세기 후반에 난포가 발견되면서 남성의 고환과 구분되는 별도의 기관으로 인식되며 '난소ovarium'라는 해부학적 명칭을 갖게 되었다. 자궁은 이름이 없었던 것은 아니지만, 독립된 기관이라기보다는 남성 생식기의 내부 대칭물, 즉 열등한 음낭으로 여겨졌다. †

음경은 자궁경부와 질이 되고, 포피는 여성의 외음이 된다.

† 발생학적으로는 정반대다. 배아의 성 분화 과정에서 기본이 되는 형태는 여성형이며, 남성 생식기는 이 구조가 바깥으로 돌출되어 분화된 형태다. 초기 인간 배아는 성별 구분 없이 생식기의 기원이 되는 뮐러관과 울프관을 모두 지니고 있다. 이때 특별한 호르몬 신호가 없으면 뮐러관이 발달해 여성 생식기를 이루고, 울프관은 퇴화한다. 반면 뮐러관 억제인자Müllerian Inhibiting Factor, MIF와 테스토스테론이 분비되면 뮐러관은 퇴화하고, 울프관이 발달하여 남성 생식기로 분화된다. 즉, 과학적 사실에 비춰 보면 여성의 몸이 인간 형성의 원형적 구조이며 남성의 몸이 그로부터 변형된 파생형인 셈이다.

이와 같은 해부학적 대칭은 여러 관과 혈관에도 이어진다. 이러한 위치상의 대응 관계는 그 반대의 경우도 가능하다는 논리를 낳았는데, 즉 여자의 몸에서 남자를 '짜내듯이' 만들어 낼 수도 있다는 것이다.[23]

갈레노스는 남성 성기의 모든 부분이 위치만 바뀌면 여성 성기가 된다고 보았다. 그에 의하면 여성의 성기는 남성의 성기가 안으로 뒤집혀 들어가 함몰된 형태에 불과하며, 따라서 여성은 불완전한 남성이다. 여성은 남성과 똑같은 기관을 가지고 있지만 열기가 부족해 이것들이 부적절한 위치에 존재하게 되었을 뿐이다. 여성의 생식기는 '두더지의 눈'처럼 '발달하지 못한' 상태다. 인체에서 가장 고귀한 부분은 머리나 심장이 아니라 피를 덥히는 고환이다. 인간은 가장 완전한 동물이고, 그중에서도 남자는 여자보다 더 완전하다.

한 가지 성 모델은 17~18세기에 이르러 여남을 질적으로 다르게 보는 '두 가지 성 모델two-sex model'이 등장하기까지 오랜 기간 서구 세계를 지배했다. 참고로 두 가지 성 모델이라고 해서 더 평등한 관점은 아니었다. 그때까지와 다른 방식으로 또다시 차별을 정당화했을 뿐이다. 한 가지 성 모델이든 두 가지 성 모델이든 남성이 기준이 된다는 점에서는 동일했다. 여성과 남성을 같다고 보든, 다르다고 보든 여전히 차별의 기제는 작동할 수 있다는 얘기다.

흥미로운 것은 갈레노스가 생전 해부를 경험한 사람이라는 점이다. 해부까지 했는데 어째서? 동물만을 해부해 보았기 때문일까? 그러나 한 가지 성 모델은 갈레노스가 활동한

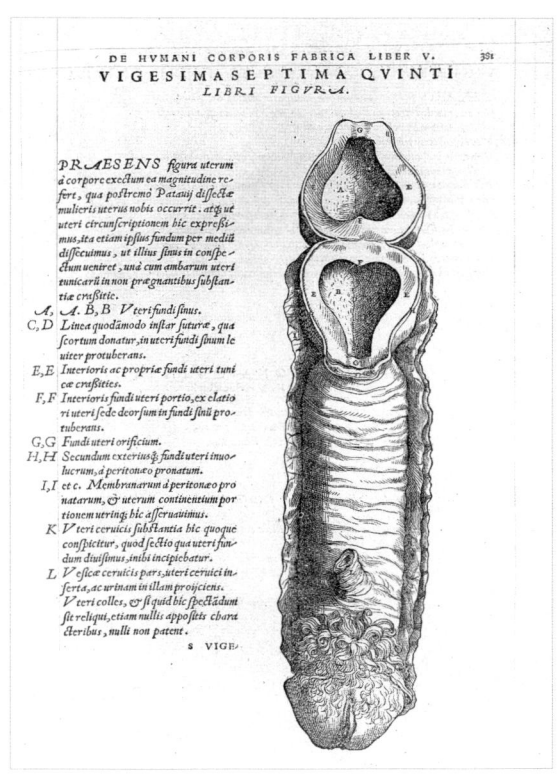

질과 자궁을 음경과 같은 형태로 묘사한 안드레아스 베살리우스의 해부도는 당대 주류를 이루던 '한 가지 성 모델'의 관념을 시각적으로 드러낸다. 베살리우스, 『인체의 구조에 관하여 De Humani Corporis Fabrica』(1543) 중 여성 생식기 부분.

2~3세기를 지나 병원과 대학에서 인체 해부가 매우 흔해진 16세기까지도 공고했다. 해부학자들은 손에 피를 묻혀가며 직접 시신을 만지고 관찰하면서도 여성의 성기가 남성의 성기를 뒤집어 넣은 모양이라 생각했다. 대표적으로 근대 해부학의 아버지로 불리는 16세기 안드레아스 베살리우스는 여성의 음핵이 해부학적으로 분명히 존재함에도 불구하고 그것을 "쓸모없는 부분"이라 깎아내렸고 건강한 여성에게는 없는 부분이라고까지 주장했다.[24] 여성에게 남성과 다른 새로운 기관이 있을 리 없다는, 생식과 무관하게 쾌락만을 위해 존재하는 기관이 있을 리 없다는 고정관념 때문이었다.

『사회계약론』『에밀』 등의 저서를 남긴 프랑스의
교육학자이자 철학자 장자크 루소는 인간의 자유와 평등을 주장해
프랑스혁명과 민주주의 발전에 큰 영향을 준 인물로 알려졌다.
그가 대단한 성차별주의자였다는 사실은 그다지 알려지지 않은 것
같지만. (우리가 아는 대부분의 철학자가 여성혐오자여서일까?)

    루소는 모든 인류는 평등하다고 말했지만, 그 '모든 인류'에
여성은 포함되지 않았다. 그가 말한 자유와 평등 개념은 오직
남성에게만 적용되었다. 루소가 보기에 여성에게는 추상적이고
이론적인 진리를 파헤칠 재능이 없었다. 그는 여성의 자리를
가정으로 제한하면서, 남성이 공직에 나가 일할 수 있도록
여성은 옷을 짓고 음식을 만드는 등 집안일을 도맡아야 한다고
주장했다. 여성을 애정은 많지만 지적으로 열등한 존재로 간주했던
루소는, 남성('에밀')에게는 이성과 덕성을 기르는 교육을 강조한

반면 여성('소피')에게는 남성을 보조하는 아내이자 어머니로서의 역할만을 부여했다.[25]

이처럼 루소가 활동한 18세기에 들어 정치적 변화와 함께 여성과 남성의 차이가 중요한 쟁점이 되면서 새로운 인식이 형성되었다. 이를 뒷받침한 것이 '성적 상보성 이론'이다. 루소는 대표적인 상보주의자로, 여성과 남성이 생물학적으로 타고난 차이가 있으며 서로 부족한 부분을 보충하는 관계라고 주장했다. 이때 여성에게 주어진 '보충하는 역할'이란 곧 출산과 육아였다. 여성은 수동적이고 재생산에 적합하기에 학습과 추론이 필요한 일에는 남성보다 유능하지 않다는 것이 성적 상보성 이론의 요지였다. 곧 여성은 과학 연구나 정치와 같은 공적 활동에는 어울리지 않으니 가정에 충실해야 한다는 것. 실제로 루소를 비롯한 계몽 시대 사상가들은, 여성이란 자고로 가정에서 아내이자 어머니로 머물고 남성만 사회의 시민으로서 공적 영역을 담당해야 한다고 보았다.

고대 자연철학이 대놓고 여성을 열등한 존재로 그렸다면, 이렇듯 근대에 성립된 성적 상보성 이론은 좀 더 교묘한 형태를 띠었다. 여성은 남성보다 더 열등한 존재가 아니라 남성과 근본적으로 달라 비교할 수 없는 존재이며, 공적이고 이성적인 남성과는 달리 사적이고 다정한 존재라는 게 그 요지다. 어딘가 익숙한 이야기 아닌지? 오늘날에도 이와 같은 주장을 쉽게 접할 수 있다. 이를테면, "남성과 여성은 서로 다릅니다. 다르니 그것을 인정하고 사이좋게 지냅시다. 페미니즘 말고 이퀄리즘!"

론다 L. 시빈저를 비롯해 젠더와 과학사를 연구하는 많은 학자는, 상보성 이론의 진짜 목적이 여성으로 하여금 공직이나 사회 활동에 참여하지 못하게 함으로써 공적인 분야에서 여성이 남성과 경쟁하지 않게끔 만드는 데 있었다고 분석한다.[26] 이 이론은 겉으로는 여성과 남성의 차이를 인정하자는 듯 말했으나, 결과적으로 여성에게서 교육, 정치 참여, 지식 생산의 기회를 앗아 갔다. 이전 시대에는 여성이 남성에 비해 열등하고 불완전하다며 기회를 주지 않았다면, 그다음엔 두 성이 다르다고 말하며 여성에게 동등한 기회를 주지 않은 것이다.

성적 상보성 이론은 자유민주주의 사상에 모순되지 않으면서도 여남 불평등을 당연한 것으로 만들 논리를 제공했고, 동시에 여성이 벗어나서는 안 되는 사회적 위치까지 지정했다.

여성에게 걸맞은 사회적 위치란? 바로 가정이다. 18세기 유럽 사회에서 여성에게 요구된 최고의 미덕은 모성애를 발휘하며 가정이라는 울타리 안에 머무르는 것이었다. 이 때문에 여성은 민주주의가 도래한 이후에도 여전히 어머니이자 양육자의 역할을 떠맡아야 했다. 당시 유행했던 골상학†도 여성에 대해서는 거의 관심을 기울이지 않았고, 여성을 오로지 아내이자 어머니로만 취급하는 경향이 있었다. 이에 따르면, 성차를 구분하는 최초의 기준은 골격이다. 18세기 중엽 여성의 골격을 남성의 골격과 다르게 그린 해부학 교과서가 등장했는데, 당시 해부도를 보면 여성은 남성에 비해 작은 머리, 좁은 어깨, 넓은 골반을 가진 것으로 그려졌다. 학자들은 이러한 그림을 해석하며 여성이 남성과 아동의 중간 단계에 있는 존재라고 주장했다. 여성 골격의 많은 부분이 아이들이나 '열등한' 인종의 골격과 유사하다는

† 두개골의 형태로 성격과 정신 능력을 판단하는 유사 과학 이론으로 성별, 인종, 계급에 의한 차별을 정당화하고 조장했다.

설명도 자주 등장했다.[27] 과학이라는 이름을 빌려 인간으로서 여성의 다양한 가능성을 지워버린 것이다.

당대 많은 과학자가 성적 상보성 이론을 뒷받침하기 위해 여남의 생물학적 차이를 강조하는 해부학·생리학 연구 결과를 쏟아 냈다. 영국 인류학자 제임스 맥그리거 앨런은 1869년 논문 「남녀 정신의 진정한 차이에 대하여On the Real Differences in the Minds of Men and Women」에서 여성의 뇌는 동물의 뇌와 유사하고 내부 감각기관이 정상적인 뇌를 침식하면서 과도하게 발달했다고 지적했다. 그리고 이러한 생물학적 차이가 여성이 남성보다 이성적이지 못하고, 감각적이고 감정적인 이유를 보여준다고 믿었다. 앨런은 남자는 지성의 존재, 여자는 본능의 존재라고 단언하며, 여성은 선천적으로 추론 능력이 부족하고 주로 직관과 감정에 의존한다고 주장했다. 이처럼 성차에 관한 과학 담론은 여성의 지적 능력이 부족하다는 믿음을 객관적이고도 과학적인 사실로 포장하며 공공연히 떠돌았다.

골격을 통해 열등성을 입증하려 한 연구의 대상은 여성에게만 국한되지 않았다. 당시에는 백인과 흑인의 두개골을 비교하는 연구 역시 활발했다. 턱의 모양, 안면 각도, 두개골과 척추 사이의 각도, 골격의 모양 등 두뇌에 관련된 지표는 18~19세기 내내 엄청나게 증가했다. 인류학자들은 두개골학과 뇌 측정 수치에서 자신들의 사회정치적 입장을 정당화할 증거를 얻을 수 있으리라 생각했다. 여성운동이 노예제 반대운동과 마찬가지로 불합리하다고 생각했기 때문이다.

가령 여성 골격을 처음으로 그린 학자 중 한 명인 자무엘 토마스 폰 조에머링은 흑인과 유럽인에 대한 비교해부학

「스케그니스를 떠나기 전, J. A. 스티븐슨 교수를 방문하세요.」 19세기 영국의 한 골상학회에서 발행했을 걸로 추정되는 이 광고는 두 여성 피검자를 대상으로 한 골상학 검사 결과를 적고 있다. 광고에 따르면 왼쪽 여성은 "경박하고, 변덕스럽고, 쉽게 흥분하며, 쾌활하고, 야심 차고, 허영심이 많고, 씀씀이가 헤프며, 야박하고, 지혜와 품위가 부족한" 인물이며, 오른쪽 여성은 "사교성이 떨어지고, 노처녀스러우며, 모성애가 없고, 내성적이고, 차갑고, 거리감이 느껴지며, 성마르나, 성실하고 규칙을 잘 지키는 한편, 동반자이자 아내, 어머니가 될 자질은 부족하다".

저서 『흑인과 유럽인의 신체적 차이 Über die körperliche Verschiedenheit des Negres vom Europäer』에서 여성과 남성의 차이를 정의한 것과 매우 유사한 방식으로 인종 차이를 정의했다. 몸의 기초 골격이 다른 모든 차이를 끌어내는 근원이라고 본 것이다.

흥미롭게도 그는 이 같은 연구 결과를 발표하면서 자기는 인종차별주의자가 아니라고 강조했다. 노예제도에 강력하게 반대하며 인종적 우수성을 묻는 질문에 중립적 태도로 답하기도 했다. "혹여 연구 결과 흑인이 아닌 백인이 원숭이에 가깝다고 판명 났더라도 그대로 발표했을 것"이라며. 그는 성별과 인종에 따른 불평등을 만들어 내는 것은 인간의 편견이 아닌 자연이라고 믿었다.[28]

대다수가 유럽 남성이었던 과학자 집단은 성과 인종의 차이를 연구하면서 유럽 남성을 우수함의 척도로 설명했다. 이러한 설명은 18세기 중반에 나타나 20세기 초까지 이어지며 학계에서 적극적으로 채택되다가 점차 비과학적이라 판명되어 마치 과학사에서 애초에 존재한 적조차 없었던 듯이 사라졌다. 당시 과학자들은 말했다. '우리는 편견을 가진 것이 아니며, 단지 과학적으로 밝혀진 객관적 사실만을 이야기하는 것뿐'이라고. 과학은 지나간 역사를 배우지 않는 학문이다. 그러나 역사의 뒤안길로 사라진 과학을 되돌아보면, 오늘날 과학의 합리성, 객관성과 같은 가치를 비판적으로 성찰할 수 있게 된다.

만약 누군가 사회적 성취가 적다는 이유로 여성이 남성보다 특정 영역에 있어 생물학적으로 뒤떨어진다는 주장을 오늘날까지도 하고 있다면, 같은 논리로 비백인도 백인보다

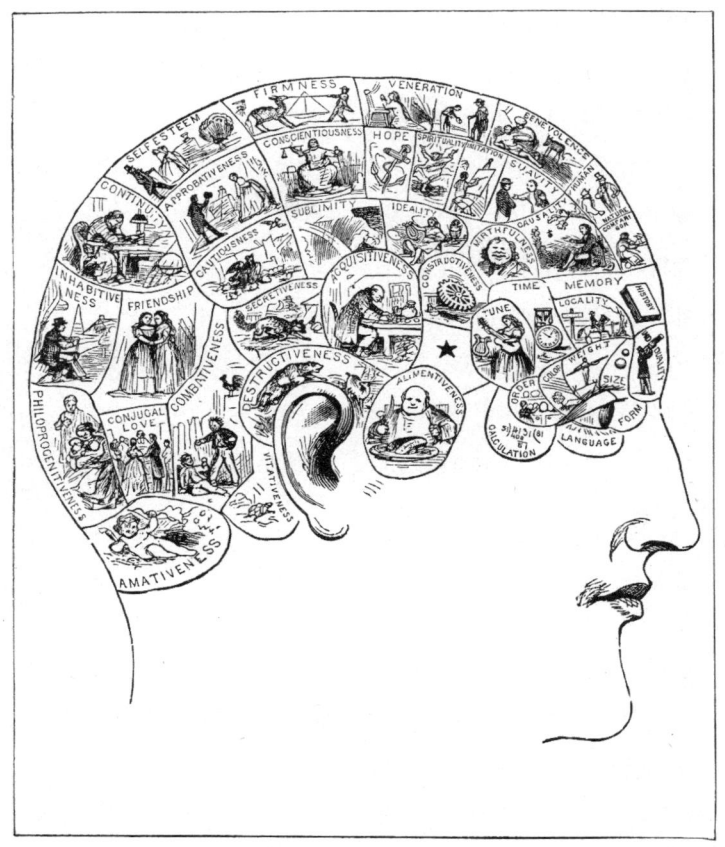

Phrenological Chart of the Faculties.

19세기 말 미국에서 출간된 대중 백과사전("*The People's Cyclopedia of Universa Knowledge*")에 실린 골상학 차트. 당시 골상학자들이 주장한 다양한 정신적·정서적 특성과 관련된 부위를 보여주는 이 그림은 백인 남성의 두개골 구조를 잘 발달된 골상骨相의 표본으로 상정했다.

열등하다고 말할 수 있느냐고 따져 물을 일이다. 역사적으로 굵직한 자리를 차지한 이들은 압도적으로 백인 남성이 대다수였으니까. 그러나 이러한 주장은 다분히 인종차별적으로 들린다. 그런데 왜 같은 논리가 여성에게 적용될 때는 '자연스럽게' 들리는지 되돌아볼 필요가 있다.

여성과 남성의 생물학적 차이를 강조하는 연구 결과가 오늘날에도 미디어에 자주 등장한다면, 왜 이런 주장이 계속 부각되는지 곱씹어 보아야 한다. 어쩌면 이는 그러한 주장이 사회의 기존 고정관념에 들어맞기 때문은 아닐까? 이를테면 남성은 성적으로 더 활발하고 공격적이며 분노하기 쉬운 반면 수학, 과학에 뛰어나달지, 여성은 상냥하고 다정하고 조심스러우며 수학이나 과학보다는 공감과 소통에 더 뛰어나달지 하는 이야기 말이다.

‡

차이에 관한 연구는 그 차이가 집단 간 힘의 격차와 관계있을 때 유독 열렬히 탐구된다. 한 집단이 다른 집단에 비해 더 우월하다고 믿는 사회에서는, 집단 간 생물학적 차이가 흥미로운 문제가 된다. 역사적으로 인간 사이의 생물학적 차이에 관한 연구가 가장 활발했던 사회는 나치 정권 치하의 독일이었다. 나치에 부역한 학자들은 유대인 등 소수민족을 대상으로 두개골을 측정하고 골상학 컬렉션을 만들어 인종적 열등함을 증명하려 했다. 나치는 유대인을 비롯한 여러 소수 집단을 별개의 열등한 인종으로 규정했고, 자국민인 이른바 아리아인의 우월성을 뒷받침할 과학적 증거를 얻고자 이들을 대상으로 잔혹한 실험을 일삼기까지 했다. 예컨대 독일의 한 인류학자는 유대인 수용소 희생자들의 골격을 조직적으로 수집·전시하면서, 유대인의 신체가 생물학적으로 열등하다는 주장을 과학관에 증명 자료로 내걸려는 계획을 세우기도 했다.[29]

이렇듯 차이를 강조하는 주장을 맞닥뜨릴 때면 우리는 자문해야 한다. 이것이 왜 중요한가? 저쪽과 이쪽을 구분 짓기 위해서? 그렇게 우리와 그들을 구분 지어 하고자 하는 것은 무엇인가?

성차별주의자들은 성차별적인 과학 이론을 앞세워 여성에게는 원래 능력이 부족하고 따라서 여성은 공적인 자리에 어울리지 않으며 궁극적으로 남성보다 열등하다고 끊임없이 주장한다. 지금도 여전히 여성 우울증의 원인을 사회·경제적 환경보다 여성호르몬에서 찾는 사람들, 컴퓨터공학이나 금융업 같은 고임금 직종에 여성이 적은 건 여성의 능력이 해당 직무와 맞지 않기 때문이라고 주장하는 이들을 쉽게 접할 수 있다. 그러나 현실에서 여성은 이미 여러 공적 분야에서 뛰어난 능력을 입증하는 중이며, 실상은 오히려 제도가 그 성취를 제대로 뒷받침해 주지 못하고 있다.

여성과 소수자 집단을 향한 편견을 강화하는 우월과 열등에 관한 연구는 객관의 탈을 쓴 채 앞으로도 다양한 방식으로 반복될 것이다. 그러나 더 큰 문제는 이것이다. 여성도, 비백인도 모두 사회적 존재라는 점에서, 이들은 사회의 뿌리 깊은 고정관념과 편견을 내재화한 사람들이다. 자기 자신의 열등성을 믿게 돼버린 이들은 그 잘못된 믿음으로부터 어떻게 스스로를 보호할 수 있을까? 자신의 과거와 현재가 보여주는 미래보다 더 무한한 잠재력이 자기 앞에 놓여 있음을, 어떻게 누구보다 먼저 믿을 수 있을까?

그것이 여성과 소수자 앞에 첫 번째로 놓인 과제다.

선진 지식을 다룰 것 같지만 학계는 세상의 변화를 느리게 받아들이는 곳이었다. 2015년 이후 몇 년 동안 페미니즘의 물결이 거세게 한국을 휩쓸었지만 내가 대학원에 머물며 지켜본 학계에서 여성의 삶과 목소리를 반영하는 지식은 너무 더디게 생산되고 있었다. 언론과 출판 시장을 비롯한 각종 매체와 미디어에서 시대의 변화에 반응해 페미니스트의 글이나 여성이 중심이 된 콘텐츠를 부족하게나마 활발히 생산하는 것과 대조적이었다. (그것마저도 그 세계의 여자들이 고군분투한 결과였지만.)

학계에서 여성으로서 살아남기란 쉽지 않다. 더 어려운 일은 학계에서 페미니스트로서 살아남는 일이다. 만약 당신이 속한 학문 분야가 심각한 남초 집단이거나 페미니즘에 무척 적대적인 곳이라면? 공대라면? 페미니스트임을 밝히는 순간 지옥문이 열릴지도 모른다.

기실 오늘날 한국에서 페미니스트를 환영하는 학문 분야가 있을까? 여성학을 비롯한 관련 학문 외에는 딱히 떠오르지 않는다. 사회학, 역사학에서도 살아남기가 쉽지 않은데 자연과학과 공학에서는 오죽할까.

페미니즘은 기존 지식의 남성 중심성을 비판하는 데서 나아가 가부장적이지 않은 연구가 무엇인지를 보여줄 필요가 있다. 그러기 위해서는 멀리서 비판하고, 싫어서 떠나기보다 머물며 고치는 선택을 해야 한다. 더 어렵고 위대한 일이다.

‡

여기에 내 경험에 빗대어 학계에서 페미니스트 연구자 앞에 놓인 함정과 그들이 현장에서 겪는 어려움을 기록해 두고자 한다. 나는 대학원에서 과학사를 공부하고 우울증을 주제로 석사 논문을 썼다. 원래 논문의 주제는 그냥 우울증이 아니라 여성 우울증에 대한 것이었으나 졸업으로 향하는 여정에서 여성 이야기는 결국 빠지게 됐다. 지도교수와의 상의 끝에 막판에 여성 문제를 다룬 절 하나를 통째로 날리게 되었는데, 나로서는 기나긴 대학원 생활을 마치고 졸업을 하려면 이러한 의견을 수용할 수밖에 없었다.

원래는 과학철학 꿈나무였다. 고등학교 때 이 분야를 처음 알게 된 이후 대학원에 가서 공부하리라 마음을 먹고 학부 전공으로 지구환경과학을, 복수전공으론 철학을 택했다. 이 분야와 관련된 모든 학부 수업을 들었고, 성적도 좋았고, 졸업 때 쓴 과학철학 논문으로 최우수 논문상도 받았다. 지도교수가 될

분을 미리 찾아가 여쭙기도 했다. 제가 뭘 더 공부하면 좋을까요? 제2외국어로 독일어나 프랑스어를 해볼까요? 나는 이 학문을 사랑했고 평생의 업으로 삼고 싶었으며 그러기 위해 내가 준비할 수 있는 모든 걸 했다.

막상 대학원에 들어와선 인생이 잘 안 풀렸다. 첫째는 돈 때문이었고 둘째는 페미니즘 연구 때문이었다. 일단 돈이 없어서 여러 번 휴학을 거듭했고, 학기 중에도 학비와 생활비를 동시에 버느라 공부 시간을 충분히 확보하기 어려웠다. '내가 더 열심히 하면 되겠지'로 만회할 수 있던 시기가 저물어 가던 무렵이었다.

대학원은 내게 공부하는 공간이기보다 끊임없는 가스라이팅과 수치심 속에서 자기 증명을 반복해야 하는 곳이었다. 열심히 한다고 하는데도 석사 논문은 여러 차례 심사에 오르지 못했다. 심사가 미뤄지는 이유를 납득하기도, 어떤 점을 고쳐야 하는지도 알기 어려웠다. 질문이 뭔지를 알지 못하는 채로 끊임없이 답안을 제출하고 그것이 반려되는 일이 반복되는 상황이었다. 어쩌면 대학원에 다니면서 페미니스트 활동가 일을 했던 것, 같은 학교 교수였던 사람을 상대로 성폭력 재판을 길게 이어가야 했던 것, '나'를 삭제해야 하는 공간에서 끊임없이 나의 이야기를 했던 것이 문제였는지도 모른다. 나는 여성에 관한 절 하나를 통째로 삭제한 뒤에도 석사 논문으로서는 이례적으로 100페이지가 넘는 글을 썼다. 여기서 빠진 내용은 이듬해에 출간된 단행본에 실렸다. 그리고 어쨌든, 동기와 후배가 예사로이 졸업하는 것을 지켜보며 5년의 시간을 들여 석사를 졸업했다.

대학원에서 와서 처음 연구하려던 것은 성차性差였다. 여성과 남성의 성차는 진정 있는가? 있다면 어떻게 다루어야 하는가? 이런 문제들을 다루고 싶었고, 생물학-철학에서 섹스·젠더와 관련된 연구를 하고 싶었다. 그러나 과학철학은 꽤 보수적인 학문이어서, 과학의 본성을 상당히 내재적이고 언어적인 관점으로 탐구하는 듯했다. 예를 들자면 이런 식이다. '유전자' '에너지' '적합도'와 같은 이론 용어는 과학 이론에 자주 등장한다. 이러한 용어는 경험세계와 어떻게 연결되는가? 과학 이론 속 용어들이 실제 세계에 적절히 대응한다고 어떻게 신뢰할 수 있는가?

이런 문제를 푸는 것이 재미있게 느껴지기도 했다. 스도쿠 같았다. 스도쿠 퀴즈를 풀면 머리를 굴리며 해답을 찾아나가는 기쁨을 느낄 수 있다. 할수록 똑똑해지는 기분도 든다. 그러나 스도쿠는 스도쿠일 뿐, 스도쿠 바깥세상에 어떤 영향도 끼치지 못한다. 오직 스도쿠 안에서 전능한 기분을 느낄 뿐이다. 2016년 강남역 살인사건 이후 나는 스도쿠 같은 공부는 앞으로 하지 않겠다고 마음을 먹었다. 앎과 삶을 더 이상 분리할 수 없었다.

과학은 오랫동안 지식 생산의 정점에 있었고, 객관성과 보편성을 표방하며 독점적이고 우월한 지위를 누려왔다. 그러나 그 이면에는 여성과 비서구 세계를 지속적으로 배제하고 주변화해 온 오랜 역사가 존재한다. 여성은 과학 담론 속에서 조력자나 실험 대상에 머물렀고, 비서구 지역의 지식은 토착적이거나 비합리적인 것으로 취급되며 지식의 세계지도에서 지워졌다. 이러한 역사적 맥락에 대한 고려 없이, 과학적 합리성의 본질을 오직 언어적·논리적 차원에서 논하는 것은, 이미 편향된 구조를 중립과 보편이라는 이름으로 정당화하는 일처럼 느껴졌다. 나는 더 이상 그런 방식의 논의에 참여하고 싶지 않았다.

전공을 과학철학에서 과학사로 옮겼다. 과학사 수업에는 그래도 여성 과학자나 젠더에 관한 글을 읽는 주차가 있었기 때문이다. 그러나 과학사 내에서도 여전히 페미니즘 연구는 소수였고, 무엇보다 이 분야를 지도해 줄 교수가 없었다. 내가 다니던 대학원 내에는 여자 교수조차 없었다.

분명 페미니스트 과학학에 관심을 가진 분들이 있었을 텐데 모두 어디로 간 걸까? 관심 분야와 유사한 논문을 발견해서 반가워 해당 연구자가 어디에 자리를 잡았는지 찾아볼 때마다 절망스러웠다. 온라인으로 검색조차 잘 되지 않았다. 건너 건너 소식을 접하기도 했다. "박사 학위를 땄는데 자리를 계속 못 잡다가 학계를 떠나셨대." "이 분야에 돌아오지 않는 조건으로 박사 학위를 10년 만에 겨우 받았대." "요즘 공무원 시험 준비하신대." "잠적하셨대." "미치셨대." "자살하셨대."

‡

여성학은 학계에서나 대중 사이에서나 학문으로서의 전문성을 자주 의심받는다. 당연하게도 다른 분야와 마찬가지로 꾸준한 훈련이 필요한 학문인데 여성이면 다 여성학을 할 수 있다고 착각하는 사람도 꽤 많다. 타 학문 분야 내에서 페미니즘 연구를 하는 사람들도 전문성을 제대로 인정받지 못하고 '편파적인' 연구를 하는 사람들로 여겨진다. 더 높은 학위를 받으려고 할수록, 더 높은 자리에 채용되려 할수록 문제는 더 심해진다. 차별은 교묘하게, 배제는 조직적으로 작동한다. 페미니스트 학자가 학계에서 마주하게 되는 문제를 나열해 보자면 다음과 같다.

첫째, 학위를 받기 위해서는 게이트키퍼(지도교수)의 승인이 필요하다. 이들의 승인 없이는 논문을 심사에 올릴 수조차 없다. 문제는 그 게이트 앞에 서 있는 이들이 대부분 남성이라는 점이다. 그들은 여성의 삶에 대해 잘 모르고, 페미니즘 연구에 대해서는 더더욱 무지하다. 관심도 없다. 여성은 자주 '특수한 경우'로 분류되고, 여성의 목소리를 담은 연구는 보편적이지 않거나 정치적으로 불편한 것으로 치부된다. 대놓고 적대감을 드러내지 않으면 다행인 수준이다.

둘째, 페미니즘 연구를 한다고 밝히는 순간 편향된 연구를 하는 사람으로 취급받는다. 정치적인 주제를 다루는 사람, 객관성을 잃은 사람, 운동권, 피해의식이 있는 사람이라는 말이 따라온다. 그 결과 연구자는 다른 사람들보다 더 높은 기준에 의해 평가받게 된다. 설명해야 할 것도, 설득해야 할 것도 많아진다.

셋째, 동료를 찾기 어렵다. 페미니즘 연구자는 같은 연구 분야 안에서 학술적 연대망을 찾기 어렵고, 연구에 필요한 정보나 조언을 구할 때조차 홀로 헤매게 된다. 논문 아이디어를 편하게 나눌 사람, 관련 문헌을 같이 뒤적여 줄 사람, 막막할 때 기댈 수 있는 동료 등이 있는 공동체가 없으면 연구자는 쉽게 지치고 고립된다.

넷째, 해당 분야에 축적된 페미니즘 연구가 적거나, 있더라도 단단하게 무르익은 단계가 아니어서 연구에 인용하기 어려운 경우가 잦다. 이를 감안하고 인용해도 게이트키퍼로부터 신뢰할 수 없는 출처로 여겨질 때가 많다.

다섯째, 이 모든 어려움을 겪는 와중에 같은 분야에서

시시때때로 시비를 거는 안티페미니스트와 싸워야 한다. 연구 주제를 놓고 시비를 걸거나, 여성주의적 문제의식 자체에 의문을 제기하거나, 학회나 발표 자리에서 조롱 섞인 질문을 던지는 등 안티페미니스트는 다양한 방식으로 연구자의 심리적 건강과 사회적 안정을 위협한다.

가장 중요한 여섯째, 이 모든 차별과 어려움과 억울함과 배제가 보이지 않거나 은폐된다. 모든 것이 은근하고, 교묘하게, 또 그럴듯하게 개인의 책임으로 포장된다. 만약 어떤 연구자가 계속해서 학위를 받거나 자리를 잡는 데 실패한다면? 그는 매번 만병통치약처럼 쓰이는 답을 들을 것이다. '당신이 부족해서.'

당신이 부족해서. 이 말은 앞에서 열거한 모든 어려움을 가리는 동시에 연구자로 하여금 자기 능력을 끊임없이 의심하게 만든다. 이 말은 노력으로 극복할 수 없는 문제를 노력으로 극복 가능한 것처럼 가장해 문제의 원인을 개인화하고 연구자에게 책임을 전가한다.

차별은 노골적으로 일어난다기보다는 조용하게, 어딘지 모르게 찜찜하게 일어난다. 그게 사람을 더 미치게 만든다. 짐작은 가능하지만 누구도 입 밖으로 꺼내지 않은 이유로 여러 번 실패를 반복하다 보면, 누가 됐든 얼마나 잘났든 연구자는 점차 자신감과 자기 확신을 잃게 마련이다. 반복된 실패와 억울함이 층층이 쌓여 악에 받친 여자를 사람들은 얼마나 쉽게 미친년 취급해 왔나.

'좀 더 열심히 하면 극복할 수 있을 거야.' 이런 생각이야말로 똑똑한 여자들이 반복하는 실수다. 여태까지는 좀 불리해도 자기 능력으로 커버할 수 있었을 테니까. 하지만 세상은 여성이 진짜로 유능해질수록, 강해질수록, 그래서 위협적인 인물이 되어갈수록 그의 존재를 쉽게 용납하지 않는다. 능력주의와 개인주의는 성차별을 직접 경험해도 이를 구조적인 불평등으로 인식하지 못하게 막고 문제를 탈정치화한다. 낮은 계급의 여성을 논의에서 배제할 위험도 있다.

그러므로 나는 이렇게 말하고 싶다. 여성에게 필요한 것은 한 명 한 명이 '슈퍼우먼'이 되는 게 아니라 '작당모의'를 하는 것이라고. 똑똑하고 출중한 여성뿐 아니라 어딘지 좀 어수룩하고 모자란 여자도 어엿하게 자리를 잡는 시대여야 안심할 수 있겠다고 말이다. 수많은 백인 남성이 세상에서 자리를 차지하고 살아가듯이.

한번은 온라인 글쓰기 수업 개설을 위해 젊은 남성 PD를 만나 영상을 촬영한 적이 있다. 2020년 한국에도 코로나 바이러스가 유행하면서 생계를 위해 하고 있던 오프라인 글쓰기 수업을 중단해야 했고, 궁여지책으로 방법을 찾은 게 한 취미 플랫폼 사이트에 온라인 글쓰기 수업을 납품하는 것이었다. 수업료의 절반을 플랫폼과 나누고 영상 촬영과 제작 비용은 모두 내가 지불하는 조건이었다. 나는 프리랜서 구인구직 사이트에서 영상을 촬영해 주고 제작해 줄 사람을 찾던 중 그를 발견했고, 발견 즉시 계약했다. 압도적으로 저렴한 가격 때문이었다.

그는 큰 방송국에서 일하다 퇴사해 홀로서기를 하는 과정 중에 있었고 나 역시 언론사 기자로 일하다 퇴사해 작가로서의 여정을 막 시작하던 참이었다. 두 사람 다 들어오는 일이라면 닥치는 대로 잡아 몸을 갈아 넣어 일하던 시기였다. 퀭한 눈과

넘치는 의욕, 부푼 꿈과 불안을 동시에 가졌다는 게 우리 둘의 공통점이었다. 서로 그것을 알아보고 약간 동지애를 느꼈던 것 같다.

열여덟 시간의 촬영을 서로 불평 하나 없이 마치고 우리는 아침때 국밥집으로 들어갔다. 그는 촬영하며 들은 내 강의와 내가 강의에서 소개한 글이 꽤 마음에 든 모양이었다. 국밥을 먹으며 이런저런 질문을 하던 그는 갑자기 주위를 한 번 둘러보더니 목소리를 낮추며 말했다. "저 작가님…… 그런데 그거 있잖아요, 그…… (손으로 입을 가리고 속닥이며) 페미니스트……."

나는 이 상황이 시트콤 같아서 듣자마자 퐈하하 하고 크게 웃었다. 그는 방금까지 자기와 긴 시간 고생하며 작업한 젊은 작가와 페미니스트라는 무시무시한 정체성 사이에서 혼란을 겪는 듯 보였다. 평소 페미니즘에 대해 가지고 있던 궁금증과 편견을 있는 그대로 질문하는 그에게 나는 성심껏 답했다.

언제부터 페미니즘이 이토록 무서운 단어가 된 것일까? 또래 남성 집단에 내재한 강력한 반페미니즘 정서가 갈수록 공고해지는 것을 피부로 느낀다. 이들 중 84.1퍼센트는 "페미니즘에 거부감이 든다"라고 말하고, 78.9퍼센트는 "페미니즘이 여성 우월주의를 주장한다"라고 생각한다. 기묘한 것은 "페미니즘은 한국 여성의 지위 향상에 기여해 왔다"라는 문장에 동의하지 않는 사람의 비율도 64.8퍼센트나 된다는 점이다. 마치 페미니즘은 그 어떤 긍정적인 가치와도 연결될 수 없다는 듯이.[30]

당혹스러운 순간은 이들이 페미니스트가 일구어 낸 성과와 문화를 긍정하면서 동시에 페미니스트를 혐오하는 걸 볼 때다. 권력형 성폭력이나 낙태죄 폐지, 가정폭력 등 다양한 페미니즘

이슈에 공감하고 분노하는 남자들을 자주 본다. 그런 이들조차 페미니즘이라는 단어에는 진저리를 친다. 이 문제들도 그토록 싫어하는 페미니스트들이 다 하나씩 싸워서 바꾸어 가는 중인데.

　페미니스트가 일구어 낸 성과와 문화를 긍정하거나 최소한 필요로 하면서, 동시에 페미니즘을 거부하는 모습은 여성에게서도 나타난다. 당연한 이야기이지만 모든 여성이 페미니스트인 것은 아니다. 페미니즘을 정의하는 방법은 다양하지만, 어쨌든 자신의 경험 뒤에 집단의 경험이 있음을 알고 역사적·사회적 맥락에 스스로를 위치시킬 때에야 페미니스트의 관점을 가졌다고 말할 수 있다.

‡

　미국 UC 어바인 범죄학, 법과 사회 학부 교수이자 사회학자인 캐럴 세런 등은 2003년부터 2007년까지 미국 내 네 개 공과대학에 재학 중인 여성 공학도에게 일기를 쓰게 한 뒤 4년 동안 모인 3000여 편의 일기를 분석해 공학 분야에서 이들이 자신의 지위를 어떻게 해석하는지 연구했다.[31]

　연구진은 여성 공학도가 공학 분야의 핵심 가치인 실력주의와 개인주의를 깊이 내재화하면서, 동시에 페미니즘을 거부하고 있다고 보았다. 이들은 해당 논문의 제목이기도 한 "저는 페미니스트는 아니지만……"이라는 표현을 앞세우면서 성차별을 직접 경험해도 이를 구조적인 불평등으로 인식하지 못했고, 자기 경험을 공학 분야 자체에 대한 비판으로 확장하지 않았다.

　그 이유는 첫째, 공학 분야 내 핵심 가치 중 하나가

실력주의인데 페미니즘이 특별 대우를 요구하는 것이라고 보기 때문이었고 둘째, 페미니스트로서 인식되는 순간 자신이 성취한 재능과 경험을 주변에서 객관적으로 평가해 주지 않을 것임을 우려하기 때문이었다.

예를 들어 연구에 참여한 '켈시'는 다음과 같이 쓴다.

> 남자인 내 친구 중 한 명은 매사추세츠공과대학MIT에서 여성들이 직장에 다닐 때 마주하는 걸림돌을 논의하는 패널을 조직하기도 했다. 그의 노력은 존경스러웠지만, 나는 이 패널에 참석할 필요성을 느끼지 못했다. 내 생각에, 여성은 성공하고자 한다면 성공할 것이다. 어쩌면 지나치게 이상화된 생각일 수 있지만, 나는 그렇게 생각하고 살 것이다…….
> 모든 직장이 50퍼센트는 여성, 50퍼센트는 남성으로 구성되도록 하는 정책[적극적 우대 조치(할당제)]이 도입되어야 할까? (…) 내 생각에 그런 방식은 옳지 않다. (…) 나는 성별과 무관하게 최고의 적임자가 자리를 얻어야 한다고 생각한다. 나는 적극적 우대 조치에 동의하지 않는다. 백인 여성으로서, 할당량을 채우기 위해 나보다 자격 미달인 아프리카계 미국인 남성을 뽑느라 내가 거절당할 수도 있다는 두려움이 있기 때문이다. 여성인 나는 직장에서 할당제의 대상이 될 것이다. (…) 그러면 나는 사용자가 정말로 자격이 있다고 생각해서 나를 쓰는지를 늘 의심하게 될 것 같다. 나는 동정으로 고용되고 싶지 않다.[32]

그러면 이들은 성차별을 직간접적으로 경험할 때 어떻게 대처할까? 연구진은 응답자의 특징으로 다음과 같은 점을 꼽았다. 이들은 성차별적 발언을 직접 들을 때에도 자신은 예외일 것이라 생각했다. 또 자기 확신이 부족한 상태에서 자기 능력을 향한 의심을 내면화하여 부정적인 피드백에 적절히 대처하지 못했다.

실력주의는 개인의 능력과 업적에 따라 사회적 지위와 보상이 결정되어야 한다는 태도를 말한다. 성공이나 실패는 집단적 특성(성별, 인종, 계급, 성적 지향 등)과 상관없이 개인이 가진 능력과 노력의 결과로 여겨진다. 이에 따라 공학 분야에서 여성의 낮은 대표성은 안타깝지만 자연스러운 현상으로 간주된다. 공학 분야의 제도적, 구조적인 문제에 주목하기보다는 이러한 현상에 대한 개인의 책임을 강조하면서 변혁적 비판이나 집단 행동의 가능성을 제한하게 되는 것이다.

연구진은 실력주의('실력으로 극복할 수 있어'), 예외주의('나는 다를 거야'), 젠더 본질주의('공학 분야에 여성이 없는 것은 당연해') 등 공학 분야 내에서 지속적으로 작동하는 이데올로기가 여성 공학도의 가치관에 큰 영향을 끼치고, 여성 공학도가 이를 수용하면서 공학 분야에서의 불평등이 탈정치화한다고 지적한다. (논문은 2018년에 나왔지만 연구진이 수집한 데이터는 2003년부터 2007년까지의 것이니 현재 미국 사회 여성 공학도의 생각은 그때와 또 달라졌을 것이다. 물론 좋은 쪽으로 바뀌었으리라 장담할 순 없지만…….)

이러한 연구는 '20대 남성 현상'을 이해하는 데도 도움을 준다. 이들은 자신이 경험하는 가난과 불평등을 구조적으로 인식하지 못하고 맥락 없는 공정에 집착한다. 신자유주의의 가장 큰 피해자이면서 여전히 실력주의를 외치고 비트코인이나 주식처럼 반드시 누군가는 실패하고야 마는 고위험 자산에 투자하며 '자신은 예외'일 거라 생각한다. 청년 문제가 실력주의의 얼굴을 하고 탈정치화되고 또 다른 약자를 혐오하는 방식으로 표출될 때 변화는 더디게 올 것이다. 내 옆에 있는 사람을 적으로 만들어 싸울수록 우리는 더 가난해지고 오래 불행할 것이다.

‡

어느 분야이건 전문가가 되기 위해서는 무엇보다 해당 업계의 동료에게 인정받아야 한다. 전문성이란 곧 멤버십의 문제이기 때문이다. 그들만의 리그에 나를 끼워줄 것인가? 끈끈한 남성 연대는 여기서 강력한 힘을 발휘한다. 이 리그에 끼고 싶은 사람은 내가 당신들의 규칙을 잘 숙지하고 있고 당신들과 잘 어울리며 당신의 언어로 말하는 사람이라는 걸 상대에게 증명해내야 한다.

과학 분야 역시 마찬가지다. 다른 어떤 분야보다 유독 과학 분야에 페미니스트가 진입하기 더 어려웠던 것은 페미니즘을 가치편향적인 것으로, 과학은 가치중립적인 것으로 보며 과학을 정치와 무관한 것으로 취급해 온 과학 문화 때문이었다. 이는 여성 과학자들에게도 마찬가지여서, 이들에게도 과학은 오랫동안 공정한 것으로, 과학적 방법론은 인간의 편견과 고정관념에서 자유로운 가치중립적인 것으로 여겨져 왔다. (그러나 과학이 정치와 무관한 것으로 여겨질 때 역설적이게도 과학은 정치적으로 가장 이용하기 쉬운 상태가 된다.)

이런 상황에서 페미니스트가 과학계에서 할 수 있는 일은 과학 지식의 남성 중심성을 비판하는 것, 그리고 과학자로 커리어를 시작하는 여성들을 돕는 것으로 양분된다. 그러나 이 둘은 분리되어 있지 않다. 과학 분야에서 활동하는 여성의 수가 많아질수록 이러한 배치가 여성의 과학 지식 생산에도 영향을 미칠 수밖에 없다. 모든 지식은 그 지식을 생산한 사람의 위치를 반영하니까.

페미니스트 과학학은 1970년대 이후로 과학의 남성 중심성을 비판하며 이에 대한 문제의식을 바탕으로 과학적 객관성을 새롭게 사유해 왔다. 여기에 더해 실제로 페미니즘이 어떻게 더 나은 과학을 만들어 내고 있는지를 보여주고 있고, 이미 많은 연구자가 남성 중심성을 교정하는 탁월한 결과물을 내놓고 있다.

미국 스탠퍼드대학 과학사학자 론다 L. 시빈저가 이끄는 '젠더 혁신Gendered Innovations' 프로젝트는 페미니스트 과학학의 고민과 연구 결과를 종합하면서 좀 더 실천적인 방식으로 과학기술계를 설득하는 프로젝트다. 이 프로젝트는 이제까지와 다른 지식과 기술을 만들어 내기 위해 성·젠더 분석을 모든 종류의 기초, 응용 연구에 적용하는 것을 목표로 삼는다. 프로젝트는 연구자들에게 페미니즘이 윤리적으로 얼마나 중요한지 혹은 논리적으로 얼마나 타당한지 말하기보다는 프로젝트가 제안하는 바를 따르면 연구의 비용과 시행착오를 줄일 수 있다고, 혁신을 이룰 수 있다고 제안한다. 곧 더 '옳은' 과학이 아니라 더 '탁월한' 과학을 할 수 있다고 설득한다. 공식 홈페이지에는 연구자가 참고할 수 있도록 과학, 보건, 의학,

약학, 공학 등 다양한 분야의 사례가 소개되어 있다.[33] 각각의 사례는 모두 직·간접적으로 페미니즘운동의 영향을 받아 탄생한 것으로, 여성 과학자들이 고군분투하며 방법론과 개념을 재정립해 나간 흔적이다. 그러나 홈페이지 어디에서도 '페미니즘'이나 '페미니스트'라는 단어는 찾을 수 없다.

시빈저는 1980년대부터 페미니스트로서 과학사를 비판적으로 검토하고 분석하는 연구를 해왔다. 나는 젠더 혁신 프로젝트에서 그가 과학자 사회를 설득하기 위해 과학의 언어를 쓰면서 전략적으로 이 단어를 사용하지 않기로 했다고 생각한다.

페미니즘을 말하되 '페미니즘'이라고 말하지 않기. 이런 방식으로 페미니스트는 또 한 번 지워진다. 내가 나의 발자취를 지우는 격이다. 이것은 '저는 페미니스트는 아니지만……' 시대의 반복이 아닌가? 이렇게라도 하면 설득할 수 있을까? 20대 남성과 나 사이에 징검다리를 놓을 수 있을까? 기억되거나 알려지려는 욕심을 버릴 수 있다면 더 멀리 갈 수 있을까?

한국은 경제협력개발기구OECD 회원국 중 여남 임금 격차가 가장 크다. 2023년 통계에 따르면 남성이 100만 원을 벌 때 여성은 약 70만 원을 번다.[34] 같은 직종에서 같은 노동을 해도 여성은 적게 번다. 매사추세츠공과대학 연구진이 한국 자료를 분석한 결과, 미혼의 무자녀 여성조차 동일 산업 동일 직무에서 동일 연차 남성보다 평균 약 20퍼센트 더 낮은 임금을 받았다.[35]

    여성이 많은 직종이 저평가되는 경향도 있다. 교사, 편집자, 간호사 등 여성이 높은 비율을 차지하는 직종을 떠올려 보라. 그 분야는 남성 비율이 높은 동종 업계의 다른 직종에 비해 저임금일 가능성이 높다. 반대로 연봉이 높은 직종에 여성이 대거 진입하기 시작하면 해당 분야의 평균 임금이 떨어지는 현상도 나타난다. 경제학자들은 이를 '평판-재평가 효과'로 설명하는데, 특정 업무가 여성의 일로 인식되는 순간 사회적 가치가 낮아지면서 임금

수준까지 동반 하락한다는 것이다.[36]

여성이 많은 분야가 저임금인 이유는 그 직업이 실제로 중요하지 않아서가 아니라, 여성의 노동이 저평가되어 있기 때문이다. 특정 직종이 '돈이 되기' 시작하면 남성이 진출하여 여성을 밀어내고 자리를 차지한 과정은 역사적으로 자주 반복되어 왔다. 출산이라는 전문성의 영역에서 여성이 밀려난 역사도 그 단적인 예다.

‡

산파 혹은 조산사의 역사는 인류의 역사와 함께한다. 여성 건강에 대단히 큰 영향을 미치는 재생산 분야에서 산파는 오랜 기간 기술을 개발하고 혁신하며 전문성을 독점해 왔다. 산파를 뜻하는 영단어 midwife는 함께(with)를 뜻하는 mid와 여성(woman)을 의미하는 wife가 합쳐진 단어로, 산파란 with-woman, 즉 함께 있는 여성이라는 뜻을 담고 있다.

이름에서 알 수 있듯 산파는 역사적으로 여성이었다. 이들은 출산에 관련된 폭넓은 지식을 갖춘 전문인으로서 가족 구성원이나 이웃 주민이 출산할 때 함께 있으며 도움을 주었다. 무엇보다 산파 일은 여성이 결혼한 뒤에도, 나이를 먹은 뒤에도, 과부가 된 이후에도 할 수 있는, 얼마 되지 않는 돈벌이 중 하나였다. 이러한 사회적 필요 속에서 산파술은 여성의 독자적 전문 분야로 오랫동안 존중받아 왔다.

17세기 이전까지 유럽 사회에서 출산은 거의 전적으로 여성 산파들의 영역이었다. 평범한 가정은 물론 왕실에서 후계자가 태어날 때도 경험 많고 노련한 여성 산파가 이를 도왔다. 당시 다른 의료계 종사자들과 마찬가지로 산파는 글을 읽을 줄 알았으며 공식 교육기관은 없었지만 직업상 필요한 지식과 기술을 독학이나 도제 생활을 통해 익혔다고 전해진다.

그러다 상황이 변하기 시작했다. 전통적으로 여성이 담당해 온 산파술 분야에 일부 남성 의사들이 진출하기 시작한 것이다. 원래 여성의 분만에 남성이 참여하는 것은 부끄럽고 무례한 일로 여겨져 왔으나, 프랑스에서 한 남성 의사가 귀족 부인의 출산을 성공적으로 돕는 선례가 만들어지면서 그러한 금기가 점차 깨지기 시작했다. 16세기 프랑스 외과의사 앙브루아즈 파레 등은 "난산 등의 긴급한 경우에 한해 남성의 출산 참여"를 제안했고, 점차 산과술에 관심을 갖는 남성들이 나타나면서 '맨-미드와이프man-midwife'라는 새로운 역할이 생겨났다.[37]

초기에는 남성 의사들이 정말 위급한 경우에만 부름을 받았지만, 시간이 지나면서 남성 조산사는 상류층 부인들의 선택이자 새로운 유행으로 떠올랐다. 사실 18세기경부터 부유한 가문 사이에서는 남성 조산사를 부르는 것이 높은 신분의 상징처럼 간주되었고, 심지어 일부 중산층 가정에서도 남성 산파를 찾는 풍조가 생겼다. 1720년대 이후 영국 등지에서 남성 산파들이 출산에 참여하며 두각을 나타내기 시작했고, 그들은 언론 광고, 공개 강연, 자선 사업 등을 통해 전문성을 홍보하며 권위를 쌓아갔다.[38] 이렇게 산파 역할에 나서면서 남성 의사들과 여성 산파들 사이에선 누가 아이를 받는 일을 주도할지를 놓고 약 200년에 걸친 경쟁과 갈등이 빚어졌다.

한편 17~18세기에 걸쳐 유럽에서는 전통적인 수공업

직능들이 전문직으로 재편되는 변화가 일어났다. 의료 분야의 남성들은 각종 협회와 길드를 조직해 자신의 사회적 지위를 높이고 전문 지식을 제도화했다. 가령 1731년 프랑스에서는 왕립외과아카데미가, 1800년 영국에서는 런던 왕립외과대학이 설립되면서 외과의사의 위상은 대학 교육을 받은 내과의사에 버금갈 만큼 높아졌다. 약사, 치과의사, 수의사 등도 18세기를 거치며 속속 전문직으로 거듭났다. 이들이 지닌 전문성이란 처음부터 주어진 것이 아니라 적극적으로 쟁취해 낸 것이라는 이야기다.

그러나 산파는 다른 길을 걷는다. 왜? 첫째로 여성 산파는 자율적으로 조직을 만들 수 없었다. 여성이라는 이유로 조직을 구성할 권리를 갖지 못했고 대학에 들어갈 수도, 대학을 세울 수도 없었으며 심지어 국가나 교회에 속한 남성 관료의 통제를 받아야 했다.

둘째로 이 분야에 남성이 진출하기 시작했다. 여성들만의 영역이었던 출산에 남성이 개입하는 데 대한 거부감과 사회적 논란이 있었지만 경제적 동기가 이런 장벽을 허물었다. 실제로 부유한 여성들의 출산을 돕는 일은 의료인들에게 상당히 수익성 높은 새로운 시장으로 부각되었고, 이는 남성 의사들이 산파술에 관심을 갖는 주요 요인이었다. 1760년대에 활동한 영국의 여성 산파 엘리자베스 니헬은 남성 의사들이 상류층과 중산층 환자를 빠르게 자기들 쪽으로 끌어들이는 반면 빈곤층 여성들의 출산을 돕는 일에는 거의 관여하지 않았다고 비판했다. 이들에게 산파술은 돈벌이가 되는 사업이었던 것이다.

시간이 흐르며 남성 산파들은 자신들만의 도구와 과학

지식을 내세워 여성 산파들보다 자신들이 우월하다는 주장을 펼쳤다. 여성 산파들은 이에 대응해 출산은 자연이 정한 여성 고유의 영역이라고 답하며 입지를 지키려 애썼지만, 전문 조직이나 제도적 뒷받침 없이 대세에 맞서기에는 역부족이었다. 결국 18세기 후반에 접어들며 여성 산파들은 오랫동안 누려온 독점적 지위를 잃고, 자신들이 한때 주도했던 출산 현장에서 보조적인 역할을 하는 데 머무르게 된다.

    1820년대쯤에는 남성 산파가 산과술을 거의 완전히 장악하기에 이른다. 이 무렵 대학 교육을 받은 남성 산파들은 산과의사obstetrician라는 새로운 명칭으로 불리기 시작한다. 한 세기 전만 해도 여성들의 지식과 손끝에 맡겨졌던 출산 영역이 이제는 의과대학을 나온 남성 의사들의 의학적 처치 대상이 되어버린 것이다.

‡

    17~18세기 남성 산파들은 겸자forceps를 사용하기 시작했다. 가위처럼 생겼지만 날이 없는 이 겸자는 난산 시 산도에 넣어 아기 머리를 잡아당기는 도구로, 영국의 체임벌린 가문이 17세기 초에 발명한 것이었다. 체임벌린 가문은 이 겸자를 한동안 철저히 비밀에 부쳐 독점적으로 활용했는데, 이에 따라 난산이 있을 때마다 여성 산파들도 할 수 없이 체임벌린 가문 사람들을 불러야 했다. 이들은 커다란 상자에 든 비밀 도구인 겸자를 사용해 아이를 받아내며 명성과 부를 쌓았다. 체임벌린 가문은 자신들을 여성 산파들보다 더 나은 과학적 지식과 정교한 도구를

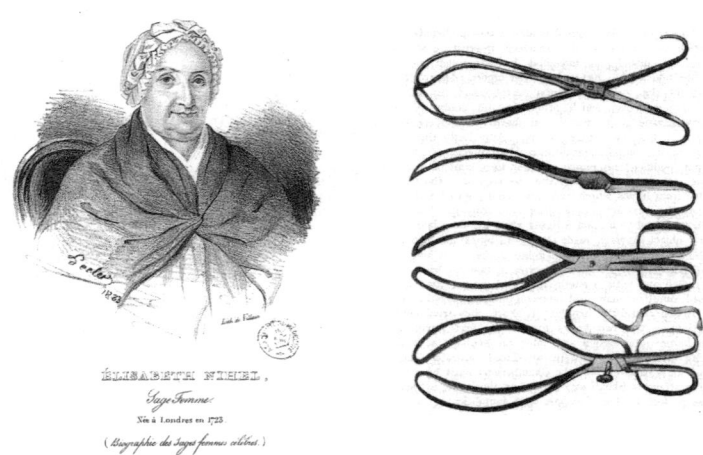

엘리자베스 니헬은 당대 여성에게는 거의 허용되지 않았던 전문 산과 훈련을 받은 산파로, 1760년 『산파술에 관한 논고 A Treatise on the Art of Midwifery』를 써서 산과의 의료화, 남성 독점화 흐름에 맞섰다. 오른쪽 그림은 당시 체임벌린 가문에서 사용한 겸자. 니헬은 남성 의사들의 겸자 사용도 강하게 비판했다.

갖춘 전문가라고 홍보하며 입지를 다졌고, 겸자를 통한 신속한 분만으로 평판을 높였다. 그런가 하면 겸자는 잘못 사용할 시 산모나 아기에게 심각한 손상을 줄 수 있어서 "모든 산과 도구 중에서도 가장 피비린내 나는 술기"라는 악명을 떨치기도 했다.[39]

그럼에도 겸자는 여성을 산파술에서 내모는 데 있어 큰 요인이 됐다. 당시 외과 수술 도구는 공식 면허를 가진 외과의사만 사용할 수 있었고, 여성은 그런 외과 길드에 가입조차 할 수 없었다. 이처럼 새로운 의학 지식과 기술이 남성들에게만 공유되면서 여성 산파들은 상대적으로 정체된 전통 방식에 머물 수밖에 없게끔 배제되었고, 세상에는 이들이 전문성 면에서 뒤처진다는 인식이 퍼지게 되었다. 18세기 중엽이 되면 상류층뿐 아니라 중산층에서도 여성 산파보다 남성 의사를 부르는 경향이 두드러졌는데, 특히 겸자를 통한 분만이 하나의 의학적 진보로 여겨지면서 이러한 경향이 가속화되었다.[40]

‡

여성 산파의 쇠락은 단지 여성의 일자리 상실만을 의미하지 않았다. 이는 곧 여성들이 자신의 몸과 출산 과정에 대해 행사하던 통제권을 잃게 되었다는 의미이기도 했다. 엘리자베스 니헬은 남성 의사가 산과 분야를 장악하면서 여성들이 산부인과 영역에서 자기 몸을 스스로 돌볼 권리를 박탈당했다고 비판했다. 니헬은 특히 피임법과 같은 산아 제한에 관한 지식이 여성들 사이에서 더 이상 전해지기 어려워졌음을 개탄했다. 실제로 전통적으로 산파들이 공유하던 피임이나 임신 중단에 대한 지식은 남성

의학이 득세하면서 점차 음지로 사라져 갔다.

근대 국가들은 낙태와 피임을 불법화하고 전통 산파를 남성 의사로 대체하는 법과 정책을 펼쳤는데, 이것은 여성의 성과 출산을 국가와 남성이 통제하려는 흐름의 일부였다. 역사학자 실비아 페데리치는 『캘리번과 마녀』에서 이러한 변화를 여성의 신체를 노동력 재생산을 위한 기계로 전환하는 과정으로 묘사하면서, 16~17세기 유럽에서 벌어진 마녀사냥과 여성에 대한 폭력의 맥락 속에서 해석한다. 마녀사냥 시기에는 여성 치료자들과 산파들이 대거 마녀로 지목되어 박해받았는데, 악명 높은 마녀사냥 안내서 『말레우스 말레피카룸 *Malleus Maleficarum*』(마녀 잡는 망치, 1487)도 "교회에 해를 끼치는 자 중에 산파보다 더한 이는 없다"라고 선언했을 정도로 당대 교권은 산파를 잠재적 위협으로 여겼다. 이는 당시 교회가 산고의 고통을 신이 준 섭리로 보아, 산파들이 통증을 완화하는 행위를 금기시했기 때문이었다.[41]

나아가 중세 말에서 근세에 이르는 동안 교회는 의료 교육을 엄격히 통제하여 공인된 남성 의사만을 합법화했고, 그 틀 밖에서 민간 치료를 행하던 많은 여성이 마녀로 낙인찍혀 처벌되었다. 이러한 사회 분위기 속에서 남성 의사들은 경쟁자인 여성 산파를 고발하여 배척했고, 여성들의 전통적인 의료 지식망은 그 과정에서 급속히 붕괴되었다. 일부 연구자들은 유럽과 식민지 뉴잉글랜드의 마녀재판 기록에서 전체 피고인 중 최대 20~25퍼센트가 산파 혹은 여성 치유자였다고 추정하는데, 정확한 수치는 불분명하더라도 여성 산파와 치유사가 마녀사냥의 주된 희생양 중 하나였다는 점은 많은 학자가 공통적으로

1487년 독일 신부 하인리히 크라머와 야코프 슈프렝어가 집필한 마녀재판 지침서인
『말레우스 말레피카룸』은 중세 후기 마녀사냥을 정당화·제도화하는 데 큰 영향을 끼쳤다.
이 책은 산파들을 마녀로 의심되는 주요 집단으로 꼽으며 사산이나 유산을 산파의
책임으로 돌렸는가 하면, 산파들이 임신과 출산을 조작하거나 마법을 써서 통제하고
심지어 세례받지 못한 아이의 영혼을 악마에게 넘긴다고 주장했다.[42]

지적하는 사항이다.[43]

실비아 페데리치를 비롯한 학자들이 지적하듯, 여성 산파의 몰락과 남성 의사의 부상은 초기 자본주의사회가 여성의 재생산 영역을 조직적으로 통제해 간 과정과 궤를 같이한다.[44] 여성들의 오랜 지식이자 힘의 원천이었던 산파술이 남성 중심의 과학기술과 결합한 의료 권력으로 흡수됨으로써, 여성은 제 몸과 재생산권을 통제할 수 있는 주도권을 상당 부분 잃게 되었고, 동시에 오랜 세월 이어져 내려오던 여성들만의 연대와 지식 전승의 맥락 역시 단절되었다. 산파가 주도하던 출산이 사라지고 병원 분만이 보편화된 오늘날, 역사 속 여성 산파들이 일구어 냈던 전문성의 몰락은 몸의 주권과 의료화의 관계를 보여주는 중요한 사례다.

‡

유럽 산파의 역사를 내가 이토록 자세히 서술할 수 있는 이유는 한국 대학원에서 배운 것이 이것이기 때문이다. 또한 책과 논문, 온라인상에 업로드된 공신력 있는 대부분의 자료도 유럽 산파의 역사에 대한 것이다. 한국 사례를 정리하는 과정에서 나는 두 가지 문제에 봉착하는데, 하나는 내가 제도 내에서 이를 배운 적이 없다는 것이고(여성에 관한 이야기를 찾기 어려웠던 것과 마찬가지로 한국 또는 아시아권 산파에 관한 이야기를 찾기도 어렵다), 둘째로는 독학으로나마 참고할 만한 연구가 빈약하다는 점이다. 논문이나 단행본처럼 정리된 2차 문헌 자료도 서구 사례에 비해 한참 부족하지만, 연구의 시작점이 되는 아카이브와 사료 역시 제대로 정리되어 있지 않은 것이 현실이다. 그럼에도 몇 안 되는 연구자가 인내심을 발휘하고 고립감과 싸우며 쌓아둔 소수의 연구를 참고하여 한국의 사례를 정리하자면 다음과 같다.

한국에서도 여성들이 오랫동안 지켜온 산파의 자리가 제도와 기술, 정책을 통해 천천히 그러나 확실하게 사라져 갔다. 다만 유럽과는 시차가 있다. 유럽에서 18세기부터 본격적으로 남성 산과의사에 의해 산파의 권한이 축소되었다면, 한국에서 그 변화는 20세기 중반 이후 본격화되었다.

유럽 산파들이 쇠락하기 시작하던 시기는, 이 나라가 조선 중기에서 후기로 접어들던 시기다. 조선에서도 출산은 여성의 영역이었고, 산파는 가정이나 마을 단위에서 경험 많은 여성들이 맡는 비공식적이지만 실질적인 전문직이었다. 그들은 출산이라는 생의 의식이자 의례를 주관하는 사회적 관계망의 전문가였다. 당시에는 관청이나 의녀 체계 밖에서 활동하는 민간 산파가 많았으며, 이들은 부인병, 출산, 유산 처치 등의 경험적 지식을 구전으로 이어받아 현장에서 활용했다.

한편 공적 의료 체계 내에서의 의료 행위가 여성에게 완전히 제한되었던 유럽과는 달리 조선에는 의녀 제도가 있었다. 조선은 15세기 말부터 의녀 제도를 운영하며 일부 여성에게 의학 교육을 시켰는데, 의녀는 현대의 간호사처럼 의사의 권위 아래에서 진료를 보조하는 역할을 했던 게 아니다. 여성을 진료하고 출산을 돕는 일을 도맡은 이, 곧 여성을 온전히 돌보고 치료하는 여성이 바로 의녀였다. 그러나 개화기를 거치며 서구 의학과 의사-간호사라는 시스템이 도입되면서 의녀는 사라지고 그 자리에 의사를 보조하고 돌봄을 전담하는 간호사만이 남게 되었다. 이러한 역사적 맥락에서 환자를 치유하는 일로부터 치료와 돌봄이 분리되었고 치료cure는 의사의 영역으로, 돌봄care은 간호사의 영역으로 분업되었다. 이 분업은 단순히 효율을 위한 분업 차원에 머물지 않고 위계를 만들어 냈다.⁴⁵

민간 영역에서 활동하던 산파는 오랫동안 여성의 재생산을 돌보아 온 전문가였다. 이들은 단순한 조력자가 아니라 사회적으로 존경받고 경제적으로 자립을 이루었던 전문직 여성이었다. 산파는 결혼 여부나 연령에 관계없이 활동할 수 있었기에, 여성이 가질 수 있는 최고의 직업 중 하나로 간주되었다. 일제강점기에도 산파의 위상은 유지되었다. 여성운동가 정종명도 자유로운 생활과 '여성의 경제 독립을 위하여' 산파 면허를 땄다.⁴⁶

해방 이후 1951년 제정된 국민의료법이 '산파'라는 명칭을 '조산원'(이후 '조산사')으로 변경하면서 산파라는 용어는 공식적으로 폐기되었다. 원로 산파 허영순 선생은 그 이유가 파婆 자가 주는 '할머니'라는 어감이 좋지 않아서였다고 회고한다.⁴⁷ 국민의료법은 조산사의 의료 행위에 대한 제약을 강화한 법적 전환점이 되기도 했다. 일제강점기의 산파 규칙에서는 이상이 있을 경우 의사의 진단을 받되 임시 구급처치는 허용되었으나, 국민의료법에서는 조산사가 의사 없이 치료 기기나 의약품을 사용할 수 없도록 규정했기 때문이다.⁴⁸ 이는 여성 의료인의 자율성을 제도적으로 축소시킨 조치였다.

그럼에도 조산사는 1960년대에 출산 호황기를 누리며 상당히 안정적인 지위를 누렸다. 규모가 큰 조산원에서 조산사가 산부인과전문의를 직접 고용할 정도였고, 이들은 상당한 수입을 올리며 자녀 교육과 생계를 책임지기도 했다.⁴⁹ 그러나 변화는 빠르게 찾아왔다. 1962년부터 본격화된 국가의 가족계획사업이 출산 억제 정책을 추진하면서 루프 삽입, 피임약 처방, 불임 시술 등 피임 수단은 모두 의사의 권한으로 집중되었다. 이 과정에서 조산사가 단순 보조 인력으로 밀려나면서, 여성의 피임과 출산 계획을 조산사가 아닌 의사가 결정하는 구조가 형성되었다.[50]

또 유럽에서 남성 산과의사가 겸자의 사용을 독점했던 것처럼 이 땅에서도 조산사는 의료도구와 약품 사용을 통제받았다. 조산사는 산부인과의사와 달리 흡입 분만기구나 초음파 기기 등을 사용할 수 없었다.[51] 이러한 규제는 조산사의 응급 시 대처 능력을 떨어뜨렸을 뿐 아니라 이들로부터 의료시장에서의 경쟁력을 빼앗는 결과를 가져왔다.

특히 1989년 국민건강보험 전면 시행이 결정적 전환점이었다. 병원에서의 분만에 보험이 적용되면서 병원 출산이 가격 경쟁력과 안전성을 모두 갖춘 선택지로 인식되었고, 상대적으로 조산원의 경쟁력이 크게 떨어지게 된 것이다. 1980년대 후반부터 출산은 병원에서 이루어지는 것이 표준처럼 간주되기 시작했다.

새로 개정된 의료법은 정상분만과 이상분만의 경계를 지어 조산사가 정상분만 때만 출산을 도울 수 있게 했다. 그러나 현실적으로 그 경계가 모호하고 이상분만이라 하더라도 분만 과정을 멈출 수가 없었다. 이러한 규정은 조산사가 언제든지 무면허 의료 행위자가 될 수 있게 해 그 위치를 불완전하게 만들었다.[52] 연구에 따르면 2021년 한국의 전체 출산 중 조산원에서 분만하는 비율은 0.2퍼센트에 불과했다.[53]

조산사의 쇠퇴는 단순히 한 직업군의 소멸을 의미하지

않는다. 이는 여성의 전문성과 재생산권이 의료화 과정에서 어떻게 소외되었는지를 보여주는 사례다. 의료화된 출산에서 산모는 환자로, 출산은 병처럼 다루어진다. 산모는 출산 과정에서 산부인과의사를 산파의 어원처럼 '함께 있는 사람'으로 느낄까? 출산 담론의 초점이 여성보다 태어날 아기에게 더 집중되어 있고, 여성의 주체적인 판단과 결정권, 그리고 건강권이 자주 무시되는 지금의 현상은 한때 이 분야를 지배했던 여성 전문가가 자리를 잃은 것과 무관하지 않을 것이다.

다음과 같은 교훈을 생각해 봤다. 여성이 돈을 적게 받는다면 그건 여성이 하는 일이 중요하지 않아서가 아니라 단지 그렇게 믿겨왔기 때문이다. 어떤 분야의 권위와 전문성은 그냥 주어지는 것이 아닌 쟁취해야 하는 것이며, 그러기 위해서는 개인이 아니라 집단이 필요하다. 권위와 전문성은 집단 내에서 서로 지식과 정보를 공유해야만 간신히 유지하거나 얻어낼 수 있으며 자칫하다가는 빼앗길 수도 있다. 혼자서 잘하는 것만으로는 부족하다. 무엇보다 전문성이 설득의 영역이라면 우리는 타인뿐만 아니라 스스로를 설득할 수 있어야 한다.

2015~2016년 한국 사회에 페미니즘 리부트가 일며 다양한 콘텐츠와 강연, 모임이 활발히 등장했지만, 이러한 움직임은 대부분 서울에 집중되어 있었다. 지방에 위치한 과학기술 중점 대학은 상황이 달랐다. 이들 대학은 도시 외곽에 떨어져 있다는 지리적 특성과 캠퍼스의 폐쇄성으로 인해 다른 대학이나 지역 청년 커뮤니티와 연결되기 어려웠고, 여기에 더해 여학생 수가 적고 페미니즘에 대한 반감이 팽배해 교내 페미니스트 학생이 고립되기 쉬운 환경이었다. 이런 상황에서 출범한 이공계 페미니즘 연합 모임 페미회로는 2017년 이공계 내 성희롱·성차별 사례를 수집하는 프로젝트를 시작했다. 프로젝트를 통해 총 146개의 사례가 익명으로 수집되었는데, 이 가운데 제3자에 의해 수정 이용과 재배포가 허용된 사례를 골라 소개한다.[54]

× ○○영재원

초등학생 때 지역 교육청 수학과학영재교육원을 다녔어요. 우리 학년 스무 명 중 다섯 명이 여자였는데, 로봇 코딩을 할 때 선생님이 그러더라고요. "너희는 다섯 명 다 함께 코딩해. 그래야 남자애 한 명만큼 할까 말까 할 테지." 어린 나이여서 그게 차별 발언이라고 생각하기보다 원래 여자는 프로그래밍을 잘 못하나 보다 했어요. 그 이후로 이과는 여자의 길이 아니라고 생각하게 됐었죠. 혼자만의 편견을 이겨내는 데 오래 걸렸지만, 지금은 전산과 여자로 잘 살고 있어요!

× ○○영재학교

학교에서는 매일 아침 일찍 다 같이 식당 또는 강당에서 점호 출석 체크를 해야 했는데, 그때는 거의 모든 학생이 일어나자마자 나오기 때문에 잠옷 차림일 때가 많았습니다. 저도 친구도 잠옷 차림으로 나오는데, 뒤에서 남학생들이 우리를 보며 속옷을 입었네, 가슴이 크네 작네, 꼴리네 등의 소리를 했습니다. 그 이후로는 절대 점호에 편하게 입고 나가지 못했습니다.

× 교내 교무실

과학고에 재학 중인 여학생입니다. 요즘 한창 수시 원서를 쓰는 시기인데, 저희 학교는 네 명의 학생이 서울대에 지원하였습니다. 그중 세 명은 여학생, 한 명은 남학생이고 성적순으로 따지자면 남학생은 네 명 중 3등입니다. 그런데 학교 선생님께서 여학생 세 명만 모아두고 너희는 여자이기 때문에 이 대학 이공계열은 어렵다며 다른 남학생들에게 기회를 양보하라고 하셨습니다. 여자라는 이유로 본인이 가고 싶은 대학과 학과에 지원조차 못 하게 막는 선생님이 아직도 있다는 것이 안타깝습니다.

× ○○영재학교

누군가가 남자친구와 제가 성행위 하는 것을 봤다고 소문을 냈습니다. 저는 성행위 한 적도 없는데 말입니다. 오히려 남자친구 쪽이 아직 하고 싶지 않은 저에게 자꾸 요구하고 억지로 하려고 해서 많은 상처를 입었던 시기였습니다. 그러나 남자친구는 저보다 한 학년 위였고, 그 누군가도 남자친구와 같은 학년이었기 때문에 저는 그 소문을 들을 수도, 막을 수도 없었습니다. 그런 소문은 남자들끼리 수군수군하거든요. 남자친구가 심각하게 저한테 와서 이런 소문이 퍼졌다 조심해라, 하고 말하기 전까지 저는 몰랐습니다. 학교가 워낙 좁아서 제 학년으로까지 퍼지는 데는 이틀도 채 걸리지 않았습니다. 저는 그 학기 내내 대인기피증이 걸릴 정도로 위축됐고 남자인 학생들과는 눈도 마주치지 못했습니다. 남자인 학생들이 저를 볼 때마다 그 소문에 대해 생각할까 봐 너무 괴로웠습니다. 그러나 저에게는 그 소문에 대해 해명할 기회도 막을 방법도 없었습니다. 저의 잘못은 아무것도 없는데……

× **기숙사**

주말 새벽에 여자 기숙사 안에 멋대로 침입한 남자(기숙사 구역 바깥으로 나가는 장면이 CCTV에 찍히지 않은 것으로 보아 학생으로 추정됨)가 몰래 문을 따려는 시도를 함. 다행히 실패했지만 학교에서 별다른 조치를 하지 않았고, 잡히지도 않았음.

× **교실**

물리올림피아드를 준비하던 나는 교실 안에서 유일한 여학생이었음. 쉬는 시간에 남학생들은 내 앞에서 모든 음담패설을 쏟아 냄. 남선배들은 같은 기수 여학생들에게 무지개색 라벨을 달아줬다 함. 외모 기준으로 빨강(예쁨)부터 보라(못생김)까지 나눠서 지나갈 때마다 자기들끼리 낄낄댐.

× **○○영재학교**

아침에 남자 여자 학생이 모두 한자리에 모여서 점호를 함. 여학생들이 반바지를 입고 나오면 남학생들이 흥분해서 공부에 집중을 못 하니까 남녀 점호를 나눠서 하든지, 여학생들 복장을 주의시키라는 말이 학부모 사이에서 나왔다고 함.

× **입시 결과가 나온 후의 대화**

입시에서 좋은 결과가 있는 여학생은 입시에서 '여학생'이라는 특혜를 받아서, '여학생 TO'가 있어서 실력이 상대적으로 낮지만 합격한 것 같다는 직간접적 발언 및 분위기. 입학 후 실제 학교 생활에서도 이러한 분위기는 유지되며, 코스워크, 수행평가, 학점, 연구, 대외활동 등 다양한 상황에 적용됨.

× **입학 후**

정원 150명 중 여자는 15명 내외인 공대. 매년 신입생 여자애들 이름을 소셜네트워크에 검색해 얼굴을 확인하고 외모 줄 세우기를 함. OT에 가면 실물 평가도 하고 남자친구가 있는지도 조사함. 남자친구도 없고 외모도 맘에 들면 과 행사 때 일부러 옆자리에 앉을 수 있게 학생회 차원에서 자리와 조까지 조작함. 새내기 때는 몰랐는데 그다음 해부터 동기들이며 선배들이며 매년 하는 걸 보니 나도 당했겠구나 하는 생각에 기분 더럽지만 아무도 목소리를 내진 못함. 프로불편러가 될 테니까.

× **공과대학 오리엔테이션, 학내 홀**

공과대학 OT에서 돌아가며 학부 소개를 할 때의 일입니다. 모 학부의 소개를 맡은 해당 학부 소속 교수님이 열 명 내외의 교수진을 한 분 한 분 소개하셨는데, 그중 두 분이 여자 교수님이었습니다. 남자 교수님을 소개할 때는 연구 분야와 개설 수업, 최근 실적을 이야기하던 교수님은 여자 교수님을 소개할 때는 두 분 모두 "○○대 공대의 꽃"이라는 말로 소개하셨고, 그래서 두 분의 연구 실적이나 담당 수업에 대해서는 자세한 설명을 듣지 못했습니다. 여성이라는 이유로 공식적인 자리에서도 '꽃'이라 불리며 남자 동료들에 비해 경력과 실적을 알릴 기회를 적게 얻는다는 사실이 절망스러웠습니다.

× **대학교 신입생 오리엔테이션 강의실**

OT 조장을 맡은 남자 선배가 신입 여학생들 얼굴 및 인기 평가를 같은 조 남학생에게 시켰습니다. 정원 30명 내외의 같은 교실 안에서 여학생들은 평가당해야 했고 남학생들도 물론 자의는 아니었겠지만 거수 투표를 하였습니다. 여학생들에게 고개를 들지 말고 손 드는 걸

쳐다보지 말라 하였고 투표하는 와중에 표가 적은 여학생을 대상으로 조장들이 불쌍하다 너무하다며 킥킥거리고 웃고는 이런 분위기를 조장한 본인들이 오히려 남학생들을 나무랐습니다. 직접적인 가해자는 남자 조장들인데 선배가 시킨 투표를 한 남학생들마저 가해자로 만들어 버렸습니다.

× **연구실**

화장 안 하고 가니까 "이제 여자이길 포기했네 드디어"라는 40대 박사 선배. 남자는 35세부터 시작이고 여자는 20대에 박사 따도 결혼 시장 퇴물이라는 박사 선배. 후배가 성적 잘 받는 법을 묻자, 그건 교수님께 잘 웃고 예쁨받는 걸 잘하는 여자 선배에게 문의하라는 박사 선배.

× **○○대학교**

홈커밍데이라고 졸업한 선배들에게 전화해서 학교에 놀러 오라 하는 과 동아리 행사가 있었습니다. 과 특성 그리고 과 동아리 특성상 남성이 여성보다 더 많음에도 불구하고 전화는 여자만 돌려야 했습니다. 80학번 후반대까지 거슬러 올라가기 때문에 그 양도 상당한데, 여성만 전화를 해야 했습니다. 남자 후배가 전화를 하고 남자 선배가 전화를 받았을 때 왜 남자가 전화하냐고 여자 후배가 다시 걸게 시킨 경우도 있습니다.

× **○○대학교 캠퍼스**

저와 같은 새터반 새내기였던 남자친구는 제가 같이 자주지 않는다고 거의 매일같이 떼를 썼어요. "내가 너한테 이렇게 잘해주는데, 내가 너를 이렇게나 사랑해 주는데, 왜 너는 나에게 사랑을 보여주지 않니……." 이런 말을 매일같이 했어요.

어느 날은 우리 새터반 지도 선배가 한 말을 전하더라고요. "ㄱ(남)도 ㄴ(여)이랑 잤고 ㄷ(남)도 ㄹ(여)이랑 잤는데, 너만 ㅁ(=저)이랑 못 잤네. ㄱ이랑 ㄷ은 너보다 훨씬 짧게 사귀고도 잤는데"라고 했대요. 새터반 선배가, 새내기 후배한테요. 언급된 커플의 여자는 모두 새내기였고요.

정말 충격이었어요. 남자들은 이렇게 자기가 누구랑 잤다는 얘기를 아무렇지도 않게 하는구나, 그게 구전되고 구전되어서 나한테까지 들어오는구나. (…) 그때는 그들이 후진 거라는 걸 몰라서 참 마음고생을 많이 했네요.

× **단톡방**

2학기 개강 후 선배들 단톡방에 내 사진이 올라왔다는 걸 전해 들었다. 강의실 앞에 나와 문제를 풀던 뒷모습과 문제 설명하는 앞모습 여러 장. 누구냐고 예쁘냐고 물던 그 선배는 그게 몰카란 걸 알았을까?

× **○○대학교 캠퍼스**

너무 화가 나는 일이지만, 저는 좁은 이공계 대학 내의 여학생이기 때문에 그동안 아무 말도 못 했네요……. 아침에 수업을 가는 길에 캠퍼스 내에 떡하니 "아 XX하고 싶다 여친 구함(외모 봄)"이라는 내용의 현수막이 걸려 있었습니다. 기숙사 쪽에 붙어 있던 다른 현수막에는 "오늘 오빠 생일이다. 오빠 보면 해준다. 뽀뽀. 세 번. 진하게"라고 쓰여 있었습니다.

한 학우의 생일을 축하해 주기 위한 목적이었다고 하는데 그 현수막들을 보자마자 정말 기분이 나빴고, 이건 명백히 학교 내 여학우들을 대상으로 한 성희롱이라고 생각했습니다. XX가 섹스인 건 누구나 아는 거고, 그 뒤의 "여친 구함 외모 봄"이라는 문구가 성희롱이 아니면 무엇인가요? 그 현수막들은 당연히 논란이 되어 철거되었고 페이스북에 생일 당사자의 사과문이 올라오기는 했지만, 댓글에서는 이게 왜 성희롱이냐부터 시작해서 공개적인 곳에 저렇게 게시하는 건 잘못됐지만 톡방에서는 저런 얘기 정도는 다들 하지 않냐까지 성희롱에 대한 학생들의 인식 수준이 다 드러나더군요. 그 후에 현수막 제작자의 사과문은 페이스북에 '친구 공개'로 올라왔다고 들었고, 자기도 피해자라고 주장하던 생일 당사자는 알고 보니 "아 XX하고 싶다"라는 말을 대놓고 쓰던 사람이었더라고요. 그런 현수막을 만들어서 캠퍼스 내에 떡하니 붙일 생각을 한 현수막 제작자들이나, 평소에 그런

말들을 공개적인 장소에서까지
아무렇지 않게 쓰고 다니고
현수막이 게시되었다는 걸
새벽부터 알았으면서 말리지도
않고 자신도 피해자라고
주장하는 생일 당사자나 똑같은
가해자들 아닌가요? 결정적으로
이런 일이 학교 내에서 제대로
공론화되지 않고 어영부영
넘어간다는 사실에 너무 화가
납니다.

× 수업 중

본인은 수업 시간에 성실하게
임하였으며, 중간 시험을 어렵지
않게 보았으며, 좋은 성적을 얻음.
성적 확인 이후 여학우들 앞에서
담당 교과 교수가 "예쁜 애들이
공부도 더 잘한다. 배우라"라고
하며 평균보다 살집이 있어
보이는 여학우들을 둘러봄.
본인은 노력하여 마지막까지 좋은
성적을 냈지만, 다른 여학우들은
실력이 아니라 외모로 얻은
결과라고 뒤에서 수군거렸다.

× 물리과 전공 수업

교수님께서 만유인력에 대해
설명하시던 중 여자가 태양처럼
무겁고 중심을 잘 잡아줘야
남자가 다른 데로 새지 않고
밖에서 돈을 잘 번다, 하고
말하셨습니다.

× 과 주점

2학년이 다 같이 참여하는
과 주점인데 여자애들 서빙에
몰아넣고 남선배들 올 때마다
한 명씩 데려가서 술 친구를
시켰다. 가서 앉아 있으니 이제
너 말고 다른 '여자애' 데리고
오라고 하는 게 꼴 보기 싫었다.
요리하다가도 '남선배'님이
찾으신다고 가야 하고…….

× ○○과 과실

과실에서 잠깐 잠들었는데
누군가 와서 머리, 팔, 귀 등을
만졌고 내 친구가 들어와서 뭐
하냐고 하니까 얼버무리면서
도망쳤다고 함. 이후 친구에게
들으니까 내가 얼굴만 알고 있던
남자 선배였고 그 후로도 사과는
듣지 못했다.

× MT

MT에서 한 남자 후배가
새벽에 여자 방에 들어가려다가
저지당함. 절대 잘못 들어갈
수 없는 구조였고, 그 후배는

만취한 상태도 아니었으며 다른 사람들에게 다른 이유를 둘러대고 갈 정도로 제정신이었음. 하지만 그 자리에 있던 모두가 쉬쉬했고 당시 그 방에서 자던 여자애들은 그런 일이 있었는지도 모름. 그 후 그 후배는 어떤 조치도 처벌도 받지 않고 군대 감.

× MT
단체 내 선배가 술을 마시고 의도적으로 옆으로 와 겉옷 안으로 팔을 두르고 옆구리를 만짐.

× 교내
"여자가 학생회장이나 과대를 하면 여왕벌이 돼서 그해 학생회가 망한다."

"우리 과는 이전까지 단결력이 굉장히 좋았는데 올해 ○○학번 신입생들은 여자애들 비율이 높아져서 그런지 개인 행동이 너무 많고 이기적이다."

"야 여자애들 말고 남자애들로 데려오라니까."

"(술자리에서) 여자애가 이 시간쯤 되면 적당히 눈치껏 가지 눈치도 없이 계속 앉아 있는다."

× 교내
연구실 동기가 회식 자리에서 성추행을 했다. 가슴과 옆구리를 만졌는데 너무 놀라서 아무 대응도 못 했다. 누구에게 말도 못 했다. 그 이후에도 회식 끝나면 자기가 데려다준다며 따라와서 집에 들어오려 하기도 했다. 연구실 동기라서 거의 하루 종일 보는 사이였다. 참을 수 없어서 다른 동기들에게 말하고, 부딪힐 일이 없게 도와달라고 했다. 그런데 그중 한 아이가 선배에게 이 사실을 다 말했다. 선배는 중간 관리자인 연구교수에게 말했고, 연구교수는 가해자를 먼저 불러서 사실 확인을 했다. 당연히 가해자는 부인했다. 내가 자기를 왕따시키려고 누명을 씌운다고 했다. 나는 학교 상담센터에 신고를 했다. 그사이 가해자가 여기저기에 자기 유리한 대로 소문을 냈다. 작은 학교라서 소문이 금방 퍼졌다. 친하다고 생각했던 친구들마저 내 행실이 가벼워서 그렇다는 둥, 둘이 갈 데까지 간 거 아니냐는 둥, 자기도 만져보고 싶다는 둥 뒷소리를 했다.

연구실 연구교수는 가해자와 나, 선배 한 명을 불러서 사실관계를 토론해 보라고 했다. 그러더니 자기는 둘 다 믿기에 둘이서 해결을 보라고 했다. 그렇지만 '조용히' 해결하지 못하고 소문을 내서 연구실 분위기를 흐렸다고, 일을 '크게' 만든 내가 제일 잘못이 크다고 했다. 학교 상담센터에서는 증거가 없으니 처벌이 불가능하다 했고, 빠른 해결을 위해 가해자와 내가 대면한 상태에서 상담을 진행할 것을 추천했다. 상담을 하다가 내가 구토를 하고 호흡곤란이 왔으나 상담사는 '중립'을 지켜야 한다며 지켜보기만 했다. 결국 그냥 형식적인 사과만 받고 끝났다. 연구실 사람들은 나를 투명인간 취급했다. 지도교수님이 없는 자리에서는 인사도 받아주지 않고 대화도 하지 않았다. 지도교수님에게 말하면 내가 쫓겨날 거라며 입 다물고 있으라 했다. 주변 친구들은 몇 명 제외하고 나에 대해 성적인 뒷소리를 해댔다. 상담 센터에서는 케이스를 완료했다며 추가적인 상담이 필요하면 사설 기관으로 가라고

했다. 나는 극심한 우울증으로 자살 시도를 여러 번 하다가 결국 자퇴를 하고 취직했다. 사정을 모르는 사람들은 내가 대학원 생활이 힘들어서 나간 줄 알고 있다. 부끄럽고 자존심 상해서 억지로 괜찮은 척, 웃고 다녔으니까. 임신한 것 아니냐는 말도 들었다. 오랜 시간이 흐른 지금도 우울증은 지속되고 있으나, 이제는 이 이야기를 말할 수 있다. 나는 사회적으로 어느 정도 성공했고 학교에서는 나를 자랑스러운 선배라고 부른다. 인생은 참, 재미있다.

× **술자리, 합숙, 카톡방 등 남자만 속해 있는 그룹이라면 어디서나(여자가 섞여 있어도 뭐…… 별반 다르지 않음)**

신입생 여자들은 입학하자마자 외모로 1, 2, 3 순위가 매겨진다. 동아리, 학회 등 신입생을 뽑는 모임에서는 그 순위권 애들을 데려가려고 기싸움을 한다. 실제 선배가 "쟤는 꼭 뽑아"라고 압박을 주고 뽑지 못하면 회장을 불러 혼내기도. 순위권 여자를 데려가는 모임은 의기양양해진다. 여자가 품평되고 전리품으로

취급되는 이 모든 순간 동안 여자의 입장은 단 한 번도 논의되지 않는다.

동아리 합숙을 하면 밤에 남자들끼리 모여서 각자 동아리 내에서 여자 순위를 정하고 빙 둘러앉아 그것을 이야기하는 시간을 갖는다. 마치 좋아하는 마음인 양 포장되어서 이런 소름끼치는 일이 가장 가까운 동기, 선배, 후배 사이에서 일어난다. 그다음 날 "너 순위권에 많이 들더라" 하고 (직접 와서) 귀띔해 주며 그게 칭찬해 주는 줄 아는 게 진정 소름.

× **대학 생활 중**

전공이 특수해서 같은 전공 제 학번에는 여학생이 저밖에 없습니다. 전필[전공필수] 급의 과목을 듣는데 남학생들끼리만 톡방을 파서 자료를 공유하고 있더라고요. 보고서 작성을 위한 자료도 (시험이 족보 거의 그대로 나오고, 수업 내용과 시험이 완전 딴판인데) 남자애들만 가지고 있었습니다.

시험 직전 밤이 되어서야 어쩌다 그 톡방의 존재를 알게 되었고 너무 서러웠습니다. 톡방 존재가 드러난 뒤에도 끝까지 남자애들은 저를 초대하지 않았어요.

× **컴퓨터 기술 관련 대회**

당시 저는 해당 기술을 공부한 지 얼마 안 되었을 때이기 때문에, 대회에 참여한 것은 그때가 처음이었습니다. 해당 대회는 꼬박 하루 넘게 진행되는 대회인 데다가, 이 분야가 좁기 때문에 대회에 참여한 팀끼리도 다 알고 있으므로 중간에 가벼운 스몰 토크 정도는 흔한 일입니다. 구면인 우리 팀 A와 다른 팀 B가 잠시 이야기를 하다가, 자연스럽게 B가 팀원 A에게 우리 팀에 처음 참여한 사람들에 대해 물었습니다. 당시 우리 팀에는 저 말고도 대회에 처음 참여한 사람이 한 명 더 있었습니다(그 사람은 남성). B는 A에게 저를 가리키며 "저분은 누구시냐? 혹시 팀원 스팀팩[§]이냐?"라고 물었고 두 사람을 비롯해 다른

---

§ 주로 게임에서 사용되는 용어로, 전투 효율을 높이기 위해 사용하는 각성제, 흥분제 등의 약물.

팀원들은 재밌게 웃었습니다. 저는 그때 스팀팩이 뭔지 몰랐기 때문에 그냥 웃고 넘어갔어요(지금 생각해도 부끄럽고 화가 나네요). 그리고 나중에 스팀팩이 무슨 뜻인지 알고 나서 매우 화가 났습니다. 저는 정당하게 그 대회에 나가기 위해 다른 사람들과 똑같이 경쟁해서 팀원으로 합류한 건데 고작 스팀팩 취급을 받은 게 억울했어요. 왠지 모르게 그 이후로도 다른 대회에서 저를 스팀팩 취급할 것만 같아서, 오프라인 대회에 잘 참여하지 않게 되었습니다.

× **술집**

술에 많이 취한 선배가 저에게 강제로 뽀뽀를 했고 큰 소리 내지 않고 그 상황을 끝내고 싶었던 저는 하지 말라 조용히 말씀드렸지만 통하지 않았습니다. 결국 자리에 있던 대부분의 사람이 그 장면을 봤지만 다들 모른 척 외면했고 저에게 괜찮냐고 묻는 사람도 한 명 없었습니다. (…) 여자 혼자 술자리에 나간 것이 잘못이라는 동기의 말도 저에게 수치스럽게 느껴졌습니다.

× **술자리**

동기 남학생이 고백해 왔지만 남자친구가 있었기 때문에 술자리에서 거절. 자리 파하고 나서 집에 가는데 길에서 억지로 붙잡고 뽀뽀함. 싫다고 뿌리치고 화냈지만 술에 취한 상태라 별 반응이 없었고 그다음 날 본인이 한 짓을 기억 못 함. 이후 과에 내가 어장을 치고 다녔으며 그 남자애는 피해자라는 소문이 번짐.

× **회식 자리**

교수가 술 마시고는 노래방에 가서 여학우를 옆에 앉혀놓고 손을 만지고, 귓불을 만지고 머리를 쓰다듬었으며, 허벅지를 쓸어내렸음. 남학우들의 손도 만지고, 어깨동무를 하기도 했는데, 친근함의 표시라고 주장함.

× **연구실 내 교수님 사무실**

한 학생(여성)이 본인이 실험에 어려움이 있어 관련 논문의 저자들에게 메일을 보내 사정을 설명하고 조언을 구했습니다. 그 결과 여러 의미 있는 답변을 들었고, 랩 미팅에서 교수님께 그 사실을 말씀드렸습니다. 그러자 교수님은 놀라며 "그런 팁은 잘 안 알려주는데, 아마 여자인 걸 알았나 보다"라고 말했고, 학생들은 웃으며 "나도 이름을 바꿔서 보내야겠다" "내 이름은 ○○라서 완전 남자인 걸 알겠네" 등등 비슷한 요지의 말을 첨언하였습니다. 여성 석·박사생이 있는 자리였음에도 논문 저자=남성=여자면 잘 대해줄 것이라는 논리가 성립하는 것이 불편했고, 전혀 우스운 농담으로 느껴지지 않았습니다.

× 연구실 내 컬처룸

석사 1년 차에서 2년 차로 넘어가던 시기로 기억합니다. 연차 차이가 10년 정도로 많이 나던 박사과정 선배한테 셀 컬처[1]를 배우는 중이었는데요. 클린 벤치에 앉으면서 선배가 그러더라고요. "여자들은 말야, 유산균 때문에 셀 컨탐[**]이 남자보다 잘되니까 손 소독을 더 잘해야 돼. 알았어?"

그때는 그래 남자한텐 없는 기관이 여자한텐 있지, 유산균 많지, 그럴 수도 있지라며 애써 대수롭지 않게 넘겼는데, 해가 갈수록 그건 성차별/성희롱이었구나라는 생각이 강해집니다. 여성의 생식기에, 그러니까 질 내에 유산균이 많긴 하지만, 굳이 질 속에 내 맨손을 넣어 만지지도 않거니와, 용변 후에 손 안 씻고 다니는 게 아니잖아요?

통계적으로 보면 용변 후에 손 안 씻는 비율은 남성이 월등히 높은데, 그렇다고 남성 후배들에게 "남자들은 화장실 다녀와서 손 잘 안 씻으니까 오염되기 쉬워. 손 소독 꼼꼼히 하고 조심해" 이런 얘기하면서 가르치진 않았거든요.

¶ cell culture, 생물의 세포를 인공적인 환경에서 길러 유지하고 증식시키는 과정.

** cell contamination, 배양 중인 세포에 미생물이나 다른 세포가 섞여 오염되는 현상.

× **인턴 자리**
　여자인 친구와 선배 오빠가 인턴을 수행하다 정규 전환에서 친구는 붙고 선배는 떨어졌는데 다른 남선배들이 대부분 그 친구가 붙은 건 실력이 아니라 외모가 예뻐서 뽑힌 거라고 생각하더군요. 둘 다 공부 잘하고 능력 있었고 선배가 학점이 더 높긴 했지만 친구도 붙어도 이상하지 않은 상황이었는데, 여자라고 예쁘니까 뽑았다고 많은 사람이 그렇게 생각하는 것에 충격받았습니다. (…) 남자 학부생들은 몇 없는 여자 학부생들이 교수님 편애를 받아 학점을 더 받아간다고 생각하고 있습니다.

× **IT 스타트업 회사**
　대표가 한 여직원이 여자이고 학력도 낮은데 담배를 피웠다는 이유로 폭행을 가했습니다. 회사 여직원들에게는 "날것으로 표현한다"라는 미명하에 성적인 말을 자주 했습니다. "너희는 보X들의 습성을 버려야 돼"라고도 했으며, '보X, 자X, 강간, 성폭행'이라는 단어를 자주 써서 수치심을 느끼게 했습니다.

× **○○ 대기업**
　공대 학부 졸업 후 대기업에 입사하였습니다. 입사 후 선호하던 연구개발 직군과 많이 다른 일을 하는 곳에 배치되었는데 부서 분위기 자체는 좋았지만 입사하자마자 (단 한마디 얘기해 보지도 않고) 저의 의지와는 관계없이 저를 다니다가 결혼하면 그만둘 사람, 그래서 업무를 줄 때도 그냥 되는 대로 줘도 되는 사람으로 보고 있었습니다. 개인적으로 성취욕이 큰 편인데, 배치도 나의 의견과 관계없이 강제 배치받고, 그 안에서 기회조차 주어지지 않는 것을 보고 몇 달 만에 빠르게 분위기 파악 후 바로 유학 준비를 시작하였습니다.

회상해 본다. 어려서 더 좋아했던 것은 글쓰기보다 만들기였다. 색종이와 빈 박스, 폐건전지, 휴지 심 같은 것을 오리고 붙여서 바닷속 상상의 세계를 만들곤 했다. 집에 혼자 남으면 은밀히 실험을 진행하기도 했다. 욕조 물속에서 전화를 받으면 어떻게 될까? 초에 불을 붙여 냉동실에 넣으면 어떻게 될까? 풍선껌을 잔뜩 씹고 뱉어서 국자에 녹이면 어떻게 될까?

돋보기로 검은 비닐봉지를 태워보기도 하고, 단단한 기반암이 나올 때까지 텃밭을 계속해서 파보기도 하고, 개구리를 잡아 뒷다리를 실로 묶어 두었다가 다음 날 개미 떼가 녀석의 몸을 온통 뒤덮은 것을 보고 경악하기도 했다. 인형 놀이도 좋아했지만 시크릿 쥬쥬 인형보다 스포이드, 자석, 철 가루, 꼬마전구와 전선 등이 들어 있는 과학 상자를 얻었을 때 더 신났다.

초등학교를 지나면서도 여전히 과학이 재미있었다. 자연스러

이공계를 택했다. 내가 고등학교를 다니던 시기에는 물리, 화학, 생물학, 지구과학 네 영역 중 두 영역을 심화 과목으로 택해 공부해야 했다. 나는 물리와 화학을 택했다. 물리를 심화 과목으로 택한 반의 여학생 수는 40명 정원에 다섯 명 내외였던 것으로 기억한다. 이후 자연과학대학에 입학해서 지질학을 공부했고 학부를 졸업한 뒤 대학원에서는 과학사를 공부했다. 그 후론 글을 쓰는 작가로 살고 있으니 이제 전통적인 의미의 과학 연구를 한다고 보기는 어렵고 앞으로도 할 생각이 없다.

되돌아본다. 과학자가 되고 싶은 마음은 언제부터 차츰 사라진 걸까? 과학 공부를 그만하라고 명시적으로 강요한 사람이 있었던 것도 아닌데 어째서 과학 연구의 중심보다는 언저리에 머물러 있는 걸까. 왜 직업으로 과학이나 공학을 택하지 않았을까.

‡

한국여성과학기술인육성재단WISET이 발간한 「여성과학기술인력 통계」에 따르면 2023년 기준 이공계 대학생 성별 비율은 공학 계열에서 남성이 76.3퍼센트, 여성이 23.7퍼센트로 남성 비율이 압도적으로 높다.[55] 한편 자연계열에서는 2013년부터 2023년까지 비슷한 성비가 이어지는데 여성이 52.5퍼센트, 남성이 47.5퍼센트로 오히려 여학생 비율이 더 높다. 눈여겨볼 것은 대학 졸업 이후다. 과학기술 연구개발기관의 성별 비율은 신규 채용 과정에서 비등하다가 재직자, 승진자, 관리자, 책임자로 올라갈수록 격차가 급격히 벌어진다. 연구기관에 채용되는 신규 연구원

중 여성 비율은 31.6퍼센트에 불과하고 전체 재직자 중에선 23.1퍼센트만이 여성이다. 승진자의 18.8퍼센트, 관리자의 12.8퍼센트, 10억 이상 대형 과제의 책임자 중에서는 고작 9.1퍼센트만이 여성이다. 말하자면 내 경우에서 보듯 대학에서 이공계열 전공을 선택한 여성은 남성만큼 많지만 이 전공을 살려 과학자가 된 여성은, 또 과학자로서 직업을 유지하는 여성은 경력이 쌓이고 직급이 높아질수록 급격히 적어진다.

    왜 여성 과학자의 수가 적은가? 이 질문에 명확히 답할 수 있는 사람은 아마도 없을 것이다. 가장 흔한 이야기는 이런 것일 테다. 여자는 (남자에 비해) 과학, 공학, 수학에 적성이 맞지 않기 때문에. 하지만 통계 수치가 보여주듯 대학 입학 시에는 많은 여성이 자연과학 혹은 공학 계열을 전공으로 택한다. 나 역시 분명 과학을 좋아했고 또 잘했다. 그러나 어느 순간 다른 진로를 택했다. 이 공백을 이해하기 위해서 기억을 더듬어 가며 다음과 같은 세상을 한번 상상해 보았다.

    초등학교 고학년이나 중학생 정도가 되면 여자애들은 대체로 PC방에서 논다. 거친 욕설을 경쟁하듯 뱉어 내며 게임을 한다. 그들 중 몇몇은 컴퓨터를 무척 좋아하고 잘 다룬다. 또 다른 여자 친구는 어려서부터 과학 영재 소리를 들으며 자랐고 학교 내에서 천재로 통한다. 부모님은 물론 학교 선생님, 학급 친구들 모두 그의 재능에 자주 감탄한다. 미디어에 등장하는 과학자나 공학자는 대부분 여자다. 그들의 외모는 딱히 매력적이지 않다. 하지만 전문성을 인정받고 사회적으로 존경받는다. 이들의 전문성 혹은 사회적 지위는 이들의 성적 매력과 연결된다. 과학 분야 중에서도 특히 물리학, 기계공학, 컴퓨터과학은 여성들의 리그다. 여성들은 논리력과 추리력이 뛰어나고 이성적이며 수학과 과학에 소질이 있지만, 의사소통 능력이 부족하고 섬세하지 못하다는 소리를 듣는다. 영화나 드라마엔 세상과는 담을 쌓고 자신의 연구에만 몰두하는 더벅머리의 괴짜 여성 과학자가 나온다.

과학에 소질을 보이던 여학생은 과학고 혹은 영재고에 진학한다. 공부를 잘하는 남학생은 과학고보다는 외국어고를 택하는 경향이 있다. 과학고 학생의 대다수는 여자다. 똑똑하고 죽이 잘 맞는 여학생들은 자기들끼리 또래 문화를 형성한다. 게임도 하고 프로그래밍 실력을 키워 학교 시스템 해킹을 시도하며 일탈의 즐거움을 느끼다 징계를 받기도 한다. 악동으로서의 경험이 쌓일수록 유대감도 커진다. 이들은 쉽게 용서받는다. 재능 있는 괴짜들이니까.

남학생 수가 적기 때문에 여학생들은 전교의 모든 남학생을 잘 알고 있다. 여학생들은 자기네들끼리 모이면 남학생의 외모를 품평하고 등급을 매긴다. 그건 암컷 동물로서의 자연스러운 본능이다. 여학생 중 누군가가 매력적인 남학생과 연애를 시작하면 그는 거의 영웅이 된다. 친구들에게서 질문 세례를 받는다. 그는 남학생과 자신이 무엇을 했는지 어디까지 갔는지 은근히 자랑스럽게 뽐내며 말한다. 여자 사회의 거친 분위기에 남학생들은 섞여 들기 힘들어한다. 모멸감을 느낄 때마다 남학생은 속으로 다짐한다. 내가 더 열심히 하면 돼. 더 똑똑하면 돼. 실력으로 증명하겠어.

그렇게 대학에 진학한 뒤에도 여자가 압도적 대다수다. 남자가 공대에 다닌다고 하면 늘 질문을 받는다. 그 학과에 남학생 몇 명이나 돼? 너 정말 인기 많겠다? 과제 대신 해주겠다고 호구 자처하는 여자들 엄청 많겠다. 진짜 부럽다. 너 MT 올 거지? 뒤풀이 올 거지? 우리 운동 동아리 들어올래? 매니저 자리가 비었거든.

여자가 공대에 다닌다고 하면 사람들은 으레 떠올린다. 컴퓨터 앞에서 코딩만 하느라 며칠 감지 않은 머리. 체크무늬 남방. 맨발에 슬리퍼 질질. 뿔테 안경. 심각한 거북목. ET 배. 사회성 떨어지는 성격. 누가 물어보지도 않았는데 설명하고 싶어 안달이 난 얼굴. 그래서 때와 장소를 가리지 않고 갑자기 걸어 다니는 위키백과가 되는 애. 누군가 중간에 끊지 않으면 말을 멈추지 않는 여자.

세상은 그런 여자를 두고 너드라고 부른다. 인터넷에서 이들을 희화화하는 밈을 쉽게 찾을 수 있다. 안경 쓴 여자 너드의 부족한 사회성을 웃음거리로 소비하는 시트콤이 있고 그곳엔 여자들보다 똑똑하진 않지만 섹시하고 매력적인 남성 캐릭터가 등장한다. 남성 캐릭터는 주로 노출이 있는 옷을 입고 등장하는데 탄탄한 가슴 근육이 무엇보다 눈에 띈다. 시트콤의 웃음 포인트는 여자 너드가 섹시한 남성 캐릭터에게 어쭙잖게 플러팅하는 장면이다. 나이 차이가 많이 난다면 더욱 좋다.

여남 간 진짜 격차는 학부를 졸업하고 나서부터 벌어지기 시작한다. 여자들은 그다지 능력이 출중한 것 같지도 않은데 자신의 야망을 드러내는 데 주저함이 없다. 그들 중 몇몇은 창업을 하거나, 대학원에 진학하거나, 취업한다. 남자들은 취업 시장에서 선호되지 않는 편이다. 대학원에서도 진정한 연구자 취급을 받지 못할 때가 잦다. 아무래도 여성이 가장의 역할을 하는 시대이고 책임이 막중하니까. 아이에게는 아버지의 사랑이 필수적이니까. 어떻게 아버지이면서 훌륭한 과학자일 수 있을까? 남자는 아버지와 과학자 중 하나를 반드시 택해야만 한다…….

남자들은 면접 자리에서 듣는다. 우리 연구실은 무거운 것도 많이 들어야 하고 거친 일도 많아서 남자가 들어오면 내가 마음 편히 못 시키겠던데. 결혼 계획이 있으신가요? 아이는 갖고 싶으신가요?

와중에 여자들은 출산 이후에도 회사 일에 집중하여 착실히 경력을 쌓아간다. 그들이 일에 집중할 수 있는 건 집에서 애를 보고 집안일을 도맡는 남편이 있기 때문이다. 남편 주변 사람들은 말한다. 집에서 애만 보니 얼마나 편하고 좋니. 잘나가는 아내도 두고 장가 잘 갔다. 역시 남자는 결혼을 잘해야 한다. 애는 역시 아빠가 키워야지. 남편의 외조 덕에 너드 같던 아내는 빛도 좀 나고 세련되어졌다. 자기들끼리 기싸움하고 온갖 뒷소리를 해대는 폭력적인 여초 사회를 버티고 버텨서 간신히 공대를 졸업한 남자. 하지만 대학원에 들어가니 성차별은 더욱 교묘해진다. 존경하던 여교수의 연구실에 들어갔는데 남자를 대하는 태도가 어딘가 찜찜하다. 성희롱인지 아닌지 긴가민가한 발언을 듣고 고민이 돼 이를 동료에게 털어놓았는데, 연구실 내에 제비라는 소문이 퍼진다. 제대로 학위를 마치지 못하고 도망치듯 학계를 떠난다. 뒤늦게 취업을 하려 했지만 어렵다. 나이 많은 남자를 뽑으려는 회사가 많지 않다. 그렇게 전공과는 거리가 좀 있지만 그나마 남자가 많은 직종을 택해 취업한다. 남자가 많으니 반가웠지만 곧 깨닫는다. 남자가 많은 직종은 대체로 사회적으로 저평가받으며 임금도 적다는 것을……. 그러나 달리 선택의 여지가 없다.

어느 날 여느 때와 같은 출근 길, 남자는 별안간 깨닫는다. 이것은 내가 애초에 이길 수 없는 게임이었다는 것을. 더 열심히 공부한다고, 더 똑똑해진다고 달라지지 않는다는 것을. 왜냐하면, 여자들은 그들만의 리그, '진짜 전문가'의 세계에서 한 번도 남성을 진지하게 구성원으로 생각하지 않았기 때문이다. 여자들에게 그는 대등한 동료, 똑똑한 친구, 번뜩이는 천재가 아니라 그저 '공대 우람이'였음을.

머릿속에 컴퓨터공학을 전공하는 한 사람을 떠올려 보자. 그는 남자인가, 아니면 여자인가? 사회성이 좋은가, 아니면 썩 좋지 않은가? 세련되었는가, 아니면 촌스러운가? 그가 남자라면 그는 여성을 어떻게 대하는가?

컴퓨터공학을 전공하는 사람은 미국 시트콤 「빅뱅 이론」의 셸던처럼 곧잘 '너드nerd' 혹은 '긱geek'의 이미지를 갖는다(물론 「빅뱅 이론」의 셸던은 프로그래머가 아닌 이론물리학자이지만). 이때 너드나 긱은 보통 남자다. 「빅뱅 이론」이 시트콤인 데서 알 수 있듯 이들의 이미지는 사회성이 부족하고, 여성 앞에서 허둥대고, 자신을 꾸미는 데 관심이 없는, 그렇지만 전문성은 탁월한 모습으로 그려지며 웃음거리로 소비된다. 그 모습은 극 중 비중 있는 여성 캐릭터인 페니와 대조된다. 페니는 금발의 배우 지망생이며 「빅뱅 이론」의 너드들에게 진지한 동료이기보다는 성적 대상으로 인식되곤 한다.

딱히 근거를 찾을 길 없는 너드 이미지는 일견 부정적인 것 같지만 직업의 전문성 획득이라는 측면에서 보면 남성에게 유리하게 작동한다. 미국 인디애나대학 정보학 교수 네이선 엔스멩거의 연구는 너드 혹은 긱의 이미지가 실제로 컴퓨터과학을 공부하는 사람들의 이미지를 재현한다기보다는 고정관념에 불과하며, 더불어 이러한 이미지가 컴퓨터와 관련된 직업 세계가 만들어져 온 역사에서 남성에게 중요한 자원이 되었다는 것을 보여준다.[56]

곧 사회적이지 않고, 섹시하지 않고, 논리 정연하며, 좁고 깊은 전문성을 보이는 너드와 긱의 이미지는 단순히 실제 개발자를 묘사하는 게 아니라 개발자가 어떤 사람이 되어야 하는지를 암시하는 특정한 지향을 담지한다는 것이다. 이 그림에 여성의 자리는 없다.

‡

컴퓨팅의 기원은 그와 정반대다. 세계 최초의 프로그래머로 흔히 지목되는 인물은 영국의 에이다 러브레이스다. 영국 시인 조지 고든 바이런의 딸이기도 한 그는 19세기 중엽 찰스 배비지의 기계식 계산기인 해석기관 analytical engine을 위해 베르누이 수 계산 알고리즘을 작성했고, 후대 연구자들은 이것을 역사상 최초의 컴퓨터 프로그램으로 간주한다. 수학자이자 시인이었던 러브레이스는 마치 오늘날 창작에 적극 활용되는 인공지능 AI을 내다보듯, 컴퓨터가 단순 계산을 넘어 앞으로 음악

앙투안 클로데가 촬영한 에이다 러브레이스의 초상(1943년경).

작품을 작곡하는 일과 같이 다양한 창의적 작업을 수행할 수 있을 것이라고 예견했다.[57]

러브레이스 이후에도 초창기 프로그래머는 다수가 여성이었다. 제2차 세계대전 당시 대규모 계산이 필요해진 미국과 영국에서는 수학에 능한 여성이 대거 이러한 작업에 투입되었다. 가령 블레츨리 파크의 콜로서스 암호 해독 팀에서는 300명에 가까운 여성 인력이 암호 해독용 컴퓨터 운용을 담당했고,[58] 영화 「히든 피겨스」에서 보듯 미 항공우주국NASA에선 흑인 여성을 포함한 수십 명의 여성 수학자가 일명 '인간 컴퓨터'로 활약했다.[59] 실제로 컴퓨터computer라는 명칭은 '계산하다'를 뜻하는 동사 compute에서 온 것으로, 과거 기계의 도움 없이 수학 계산을 하는 사람을 가리켰다. 1930년대까지 이 인간 컴퓨터 직군은 대부분 여성으로 구성되었다.

‡

1940년대 미 육군의 비밀 프로젝트로 개발된 세계 최초의 전자식 컴퓨터 에니악ENIAC의 사례는 여성들의 기여를 잘 보여준다. 에니악의 하드웨어 설계와 구축은 남성 공학자들이 주도했지만, 정작 이 거대한 컴퓨터를 프로그래밍하여 작동시킨 이는 여섯 명의 여성 수학자였다. 이들의 이름은 진 바틱, 캐슬린 안토넬리, 말린 멜처, 베티 홀버턴, 프랜시스 스펜스, 루스 타이텔바움으로 모두 수학을 전공한 젊은 여성이었다. 이들은 원래 탄도 계산을 수행하던 인간 컴퓨터였는데, 에니악이 완성된 이후에는 프로그램 설계와 배선 연결을 통해 에니악에

계산 절차를 가르치는 작업을 맡게 되었다. 이들이 작성한
프로그램 덕분에 에니악은 포탄 탄도 궤적을 수 초 내에 계산해
낼 수 있었고, 1946년 에니악의 첫 공개 시연도 여성들이 짠
프로그램으로 이루어졌다.[60]

 그러나 이들 여성 프로그래머의 공헌은 제대로 인정받지
못했다. 에니악 완성 후 열린 공식 축하 만찬에도 여섯 여성은
초대받지 못했다.[61] 당대 시선에서 컴퓨터 하드웨어의 발명은 남성
공학자의 업적으로 부각되었던 반면, 소프트웨어 프로그램 작업은
보조적인 것으로 취급되면서 여성들의 기여가 오랜 시간 잊혔던
것이다.

 당시 이들은 프로그래머programmer라는
이름으로 불리지 않았다. 대신 기계를 다루는
운용자(오퍼레이터operator) 또는 코드를 짜는
사람(코더coder)으로 여겨졌는데, 이는 에니악의 프로그래밍
작업이 마치 전화교환기를 연결하는 배선 작업처럼 보였기
때문이다. 실제로 케이블을 꽂아 회로를 세팅하고 스위치를
조작하는 에니악 프로그래밍 방식은 일종의 수공예처럼
여겨졌고, 고도의 지적 작업으로 인정받지 못했다. 이 같은 인식
때문에 프로그래밍은 한동안 여성이 잘하는 세심한 작업 정도로
간주되었고, 여성 인력이 주로 맡는 분야로 자리잡게 된다.

 이러한 성별 분업은 1947년 미국의 법률학자 허먼
골드스타인과 수학자 존 폰 노이만이 에니악 프로젝트에서의
경험을 바탕으로 쓴 최초의 컴퓨터 프로그래밍 매뉴얼 책에서도
잘 드러난다. 이 문서에서 저자들은 컴퓨팅 작업의 분업을 명확히
구분했는데, 문제를 분석하고 해결 방법을 설계하는 '머리 쓰는

일head-work'과 그것을 기계가 이해하도록 코드로 옮기는
'손 쓰는 일hand-work'로 나눈 것이다. 골드스타인과 폰
노이만은 전자를 주로 남성 과학자(설계자)의 몫으로, 후자를 여성
조력자(코더)의 몫으로 암묵적으로 가정했다. 즉, 프로그래머를
문제 해결을 지휘하는 분석가로, 코더를 지시에 따라 코드를
작성하는 서기로 구별한 셈이다. 이 매뉴얼은 코딩 작업을 정적인
기계 번역 업무로 묘사하면서 고도의 지성이 요구되는 일이 아닌
단조롭고 수준 낮은 기술로 여겼고, 코딩을 설명하며 특별한
창의력 없이도 익힌 절차를 따르기만 하면 되는 작업이라는
뉘앙스를 풍겼다.[62]

이렇듯 초기 컴퓨팅 문헌이 코딩을 하급 업무로 규정하면서
자연스럽게 '코더=여성'이라는 이미지가 형성되었다. 이에 더해
20세기 초반부터 사무 보조나 타이핑과 같은 사무직 노동이
여성화되는feminized 경향이 있었는데, 초창기 코딩 작업도
그런 여성 사무직의 연장선으로 인식된 면이 있었다.

노동의 가치가 저평가된 일을 여성에게 떠맡기는 풍조는
컴퓨터과학 분야에만 국한되지 않았다. 산업화는 '고도의 기술'을
필요로 하지 않는 저임금 노동에 의존했고, 이러한 일을 주로
담당한 이들은 여성이었다. 1960~1970년대 한국에서 '시다'와
'미싱사'로 불리며 장시간 저임금 공장 노동을 감당한 여성
노동자들도 한국 산업화의 핵심적인 역할을 한 사람들이지만,
'공순이'로 불리며 노동의 가치를 제대로 인정받지 못하고 차별과
멸시를 당하곤 했다.

컴퓨터과학의 역사에서 여성 코더는 없어서는 안 될
필수적인 역할을 해왔다. 그러나 코더의 몸값이 오르면서부터,

여성 코더와 남성 설계자의 구분이 조금씩 무너지고 남성 코더가
등장하기 시작했다.

‡

1940~1950년대까지만 하더라도 컴퓨터 프로그래밍은
여성들에게 비교적 개방된 분야였다. 전자식 계산기의 급속한
발전으로 인력이 태부족이었던 데다 처음에는 프로그래머들이
높은 사회적 지위를 갖지 못했기 때문이다.

그러나 1960년대 중반 이후부터 프로그래밍이 빠르게
전문화·고액화되면서 이 직업이 남성들의 영역으로 재편되기
시작했다. 기존 여성 프로그래머가 남성 프로그래머에게 점차
자리를 빼앗기게 된 원인과 그에 관한 해석은 다양하지만, 주요
계기는 학계와 산업계에서 프로그래밍을 전문화하려는 움직임이
생겼던 것, 그리고 프로그래밍을 남성성과 연결하는 사회문화적
편견이 강화된 것과 관련이 있다고 볼 수 있다.

1960년대 중반부터 대학에 컴퓨터과학과가 신설되고,
프로그래밍 관련 직종에 종사하기 위한 조건으로 학위가
요구되기 시작하면서 독학 프로그래머들의 취업이 어려워졌다.
이는 1960년대에 활동하던 여성, 그중에서도 출산과 육아로
휴학했을지 모르는 여성들에게 불리한 조건이었다. 초기 최고
수준의 컴퓨터과학 프로그램을 운영했던 프린스턴대학은
오랫동안 정규 학부 과정에 여학생을 아예 받지 않았다.[63] 이처럼
컴퓨터 교육의 장이 대학으로 옮겨 가면서 여성들은 진입부터
제한을 받았다. 기업들도 대학에서 정규 교육을 이수한 남성을

선호하며 채용 기준을 높였고, 프로그래머 선발을 위한 적성 검사에 남성들이 유리하도록 설계된 요소들이 있었다는 지적도 있다.[64] 곧, 경험을 기반으로 일하던 여성들을 배제하고 공식 자격을 갖춘 남성 중심의 인력 풀을 만들려는 움직임이 나타난 것이다.

이렇게 컴퓨팅이 돈과 권력이 따르는 분야로 인식되면서 남성이 대거 유입되고, 여성은 주변으로 밀려났다. 기술사학자 마 힉스는 이것이 우연이 아닌 구조적 결과라고 지적한다. 컴퓨터 프로그래밍이 급여도 지위도 낮을 때는 여성의 영역이었지만 고숙련 고임금의 전문직이 되자 남성의 영역으로 재정의되었다는 것이다.

특히 영국에서는 정부가 의도적으로 컴퓨팅 분야를 남성의 전문직으로 바꾸는 정책을 폈다. 힉스의 연구에 따르면, 영국 정부는 컴퓨터 업무가 초기의 사무 보조 수준을 넘어서 전략적 중요성을 띠게 되자 신입 직원을 관리자 지위를 꿈꾸는 야망 있는 젊은 남성 위주로 채용하도록 내부 지침을 바꾸었다. 심지어 공공기관에서 고위직 직무는 여성에게 적합하지 않다고 보아 고도로 훈련받은 여성 후보자를 의도적으로 제치는 일도 있었다. 이러한 정책적 배제 때문에 영국에서 한때 컴퓨팅 인력의 다수를 차지하던 여성들은 1970년대 이후 급격히 줄어들게 되었다. 이는 결과적으로 국가 경쟁력에도 해가 되었다는 평가를 받는다.[65]

영국처럼 노골적인 정책이 있었던 것은 아니지만, 미국에서도 시장과 문화의 변화가 여성을 이 분야에서 퇴장하게 만들었다. 1970년대 개인용 컴퓨터PC가 등장하면서 초기 PC 마케팅이 남성 고객에게 집중된 것이 결정적인 예다.

1980년대 초반까지 PC는 주로 남자아이들의 장난감처럼
광고되었고, 이로써 '컴퓨터는 남자아이들의 전유물'이라는
내러티브가 굳어졌다. 자연스레 어릴 때부터 컴퓨터를 익힌
남성이 많아졌고, 이는 대학 입학이나 취업 과정에서 경험의
차이로 작용해 남성들에게 유리한 조건이 되었다. 수치로 보면
미국에서 컴퓨터공학을 전공한 여성 비율은 1983년 정점(전체의
37퍼센트가량)을 찍었다가, 1984년 이후 급속히 하락한 것으로
나타난다.[66] 이는 PC가 대중적으로 보급되고 남성 해커 영웅담이
유행한 시기와 정확히 일치한다.

    1960~1980년대 대학과 연구 기관의 컴퓨터 센터들은
이러한 남성화 추세의 한 축을 담당했다. MIT나 스탠퍼드대학
등의 컴퓨터 연구실은 연구진 대부분이 남성으로 꾸려졌고,
여기서 오늘날까지 이어지는 이른바 해커 문화, 너드 문화가
태동했다. 밤새워 코딩하고 기술에 몰두하는 남성 중심의
공동체가 만들어지면서, 컴퓨터를 다루는 사람들의 정체성도
남성적인 색채를 띠게 된다. 엔스맹거는 이러한 컴퓨터 센터의
문화에서 너드라는 스테레오타입이 형성되었고, 이 너드 정체성이
여성을 배제하는 결과를 가져왔다고 설명한다.

    이러한 문화에서는 사회성보다는 기술 실력이 중요시되고,
때로는 위계질서보다 실력지상주의가 강조되는 한편, 동질적인
남성 집단 내의 은어, 유머, 생활 방식이 비공식 규범으로 자리
잡기도 했다. 컴퓨터 센터의 남학생들은 자기만들의 괴짜(긱)
연대 의식을 키워나갔고, 여성은 극소수이다 보니 이런 문화에
자연스럽게 끼기 어려웠다. 1970년대 언론은 컴퓨터 천재 소년을
영웅시하기 시작했다. 『롤링 스톤』 등에서는 컴퓨터 해커들을

혁신의 영웅으로 묘사하곤 했는데, 이들은 대부분 남성이었고 기술에 미친 괴짜 이미지로 그려졌다.[67]

    1980년대 대중매체도 이러한 남성 너드 문화를 미화하며 확산하는 데 일조한다. 1983년 영화 「위험한 게임WarGames」에서는 고등학생 남자 해커가 정부 컴퓨터를 해킹하는 모습이 그려지고, 1984년 영화 「기숙사 대소동Revenge of the Nerd」이나 1985년 영화 「신비의 체험Weird Science」 등의 할리우드 영화도 여성과 어울리지 못하는 남성 괴짜들이 기술로 성공을 거두고 여자친구를 얻는다는 비슷한 줄거리를 반복한다. 이들 영화에서 컴퓨터를 잘 다루는 너드 캐릭터는 어김없이 젊은 남성이다. 이 같은 문화적 서사는 컴퓨터 프로그래밍은 남성의 것이라는 고정관념을 사회 전반에 더욱 각인시켰다. 그 결과 소년들은 너드 문화에 동경을 품고 컴퓨터 분야에 뛰어들었던 반면, 여성들은 자신을 그 세계와 동떨어졌다고 느끼며 거리를 두었다. 그렇게 또 하나의 장벽이 만들어졌다.

‡

    1980년대 들어서는 프로그래머 집단 내부에서 '진짜 프로그래머'라는 용어와 이에 따른 이미지가 회자되기 시작했다. '진짜 프로그래머'란, '진짜 남자'에 빗대어 오직 특정한 (남성적) 방식으로 일하는 개발자만이 진정한 프로그래머로 인정받는 풍조를 말했다. 1983년에 업계 잡지 『데이터메이션Datamation』에 실린 에세이 「진짜 프로그래머는 파스칼을 쓰지 않는다Real Programmers Don't Use Pascal」는 이런 문화를 상징적으로 보여준다.**68** 해당 에세이는 농담조로 진짜 프로그래머는 펀치카드와 어셈블리어로 밤새워 코딩하고, 현대적 편의 따위는 거부하는 괴짜라고 묘사한다. 또 이들을 기계와 혼연일체가 되어 균형 잡힌 삶과는 거리가 먼 삶을 사는 인물로 그렸는데, 이는 남성에게조차 매우 좁은 기준이었고, 여성에게는 더욱 진입장벽이 되는 서사였다.

초창기 코더라는 용어가 여성스럽다고 여겨졌던 까닭에, 남성 개발자들은 스스로를 프로그래머라 부르며 격을 달리하려 했다. '단순 코더는 진짜 프로그래머가 아니다'라는 식의 말은 곧 '여성들은 진짜가 아니다'라는 암시로 이어졌다. 1950~1960년대에 남성 소프트웨어 관리자들은 프로그래머로서 목소리를 내기 시작한 여성들을 그저 코더일 뿐이라며 깎아내렸다. 코더라는 단어에 내포된 낮은 지위와 여성성을 이용해, 여성 프로그래머들이 내세운 전문성을 묵살한 것이다.**69**

백인 남성 괴짜 개발자를 전형으로 삼은 '진짜 프로그래머'라는 문화적 이미지는 근거 없는 것이었지만, 결과적으로 효과를 발휘해 자기실현적 예언처럼 여성의 참여를 위축시켰다.

'진짜 프로그래머'의 세계에서, 자기들끼리의 우정을 돈독히 하는 남성 개발자 집단에서 활동하던 너드 내지 괴짜 들은 사회성이 떨어지는 사람들이 아니라 대단히 뿌리 깊게 사회적인 사람들이었다. 다만 호모소셜homosocial(동성끼리만 교류하는 사람)이었을 뿐이다.

이 이야기에서 내게 흥미로운 점은, 일견 부정적으로 보이는 이미지(너드와 긱)가 전문성을 암시하는 특성이 되어, 남성 프로그래머가 업계에서 자리를 확보하는 데 도움이 되었다는 점이다. 지우고 싶을 만한 단점이 정체성이 되어 오히려 소속 분야의 진입장벽을 높이는 데 사용된 것이다.

그렇다면 오늘날 컴퓨터과학 분야에 종사 중이거나 이를 새로 배우려는 여성들은 이들이 세워놓은 세계에 어떻게 균열을 낼 수 있을까? IT 기업과 정부가 '가성비'를 위해(남성보다 돈을 적게 줘도 되므로) 여성을 지원하고 있는 것은 아닐까? 이 분야에서 여성은 자신의 노동 가치를 충분히 인정받을 수 있을까? 나아가 여성들은 자신에게 붙은 부정적인 이미지를 다시 자원으로 활용할 수 있을까?

서구의 여성들에게 맡겨졌던 IT 업계의 저임금 노동은 이제 인도, 말레이시아, 필리핀 등지의 저소득층 여성에게 넘어갔다. 첨단 기술 산업의 성공 뒤에는 늘 유령이 되어 노동하는 사람들이 있어왔고, 이러한 비가시화는 오늘날에도 현재 진행형이다.

2018년 노벨 물리학상 수상자로는 아서 애슈킨 전 미국 벨 연구소 연구원과 제라르 무루 프랑스 에콜폴리테크니크 명예교수, 도나 스트리클런드 캐나다 워털루대학 교수가 선정됐다.
무루와 스트리클런드는 동일 연구에 대한 공동 수상자로, 수십 펨토초fs(1펨토초는 1000조분의 1초) 이하의 짧은 순간에 높은 에너지를 내는 고에너지 극초단파 레이저 펄스를 개발한 공로를 인정받았다. 수상자가 발표되던 10월 2일, 나는 과학기자들이 한자리에 모인 곳에서 노트북 앞에 앉아 귀를 쫑긋 세우고 노벨상 위원회의 발표를 생중계로 듣고 있었다. 과학기자로 일할 때였다.

"올해의 노벨 물리학상 수상자는 아서 애슈킨, 제라르 무루, 그리고 도나 스트리클런드입니다."

발표를 듣자마자 현장에 있던 기자들은 단신으로 속보를 내기 위해 이들의 신상 정보를 온라인으로 빠르게 검색했다.

이상한 일이었다. 여느 노벨상 수상자처럼 애슈킨, 무루 교수는 기본 인적 사항부터 인생사, 연구 업적 등을 온라인에서 쉽게 찾을 수 있었지만 스트리클런드 교수의 신상 정보와 연구 업적에 관해서는 자세한 내용을 찾기가 어려웠다. 노벨상을 받을 정도인 인물에게 세상이 이 정도로 무관심했다고? 알 수 있는 건 그가 물리학 분야에서는 매우 드문 여성 학자이고, 예순의 나이에 여전히 부교수 신분이라는 것뿐이었다.

현장에 대기 중이던 한국 물리학자에게 질문이 들어갔다.

"무루 교수와 스트리클런드 교수가 공동 연구로 상을 받았는데, 이들은 각각 어떤 역할을 했나요?"

물리학자는 웃으며 대답했다.

"스트리클런드 교수요? 지도교수가 시키는 대로 했겠죠, 하하하!"

좌중에 떠들썩하게 웃음이 퍼졌지만 나는 웃을 수 없었다.

'55년 만에 탄생한 여성 노벨 물리학상 수상자'라는 사실을 제외하면, 스트리클런드는 말 그대로 무명인이었다. 수상자 발표 이튿날, 영국 일간 『가디언』은 이에 대해 몇 달 전 위키백과 사용자가 도나 스트리클런드의 인물 정보 문서를 만들려고 했지만 '저명성' 등재 조건에 부합하지 않는다는 이유로 관리자에 의해 거부되었던 사실을 밝히며 위키백과의 젠더 편향을 꼬집기도 했다.[70]

위키백과의 젠더 편향은 이전에도 꾸준히 제기된 문제였다. 사용 언어와 무관하게 위키백과에 등재된 인물 중 여성은 대체로 20퍼센트를 넘기지 못한다. 가장 큰 원인으로 지목되는 건 위키백과에 자발적으로 참여하는 편집자 대부분이 남성이라는 점이다. 2018년 위키미디어재단의 조사에 따르면 위키백과 편집자 중 여성은 9퍼센트에 불과하다. 이에 더해 위키백과는 서구 중심적이다. 참여자의 지역 분포는 서유럽이 50퍼센트, 아시아가 20퍼센트, 아프리카는 5퍼센트에도 못 미친다. 위키백과로 보는 세상은 있는 그대로의 세상이라기보다 백인, 남성, 중산층이 보는 세상에 가깝다.

☦

2021년 한국 대중문화에서 가장 즐거웠던 콘텐츠는 단연코 엠넷에서 방영한 「스트릿 우먼 파이터」(이하 「스우파」)였다. 한국의 여성 스트리트댄서가 대거 출연해 경쟁하는 리얼리티 서바이벌 프로그램이었던 「스우파」의 메인 캐치프레이즈는 "여자들의 춤 싸움—2021년 여름, 춤으로 패는 여자들이 온다!"였다. 처음 프로그램의 콘셉트를 듣고 나는 생각했다. 싸움이라니 너무 호전적인 것 아니야? 꼭 싸워야만 해? 1화를 보면서 어느새 나는 속으로 외치고 있었다. 더 싸워! 더! 격렬하게!

「스우파」의 여성 댄서들이 산뜻하게 싸워서 좋다. 이들은 거침없이 말한다. "이기고 싶어요." "당연히 제가 더 잘하죠." "제가 중학교 때 하던 거던데요." "예쁘니까 춤은 못 췄으면 좋겠어요." 나는 내 바람이나 평가를 이렇게 확신을 가지고 세상에 드러낸 적이 있었나? 까마득했다.

댄서들은 각자의 개성대로 자신을 한껏 꾸민다. 이들의 몸짓은 아양이나 교태와는 거리가 멀다. 여성 댄서들은 그런 모습을 지루하게 여긴다. 이들은 귀엽거나 예쁘다기보다는 멋지다. 정말 멋지다. 열정을 다해 자신을 뽐내며 경쟁하고 결과에 승복하는 모습도 멋지다.

여자들은 잘 싸우는 법을 배울 기회를 좀체 갖지 못한다. 여자들의 공격이 말이나 암시 등 수동 공격의 형태로 주로 발휘되는 것은, 세상이 여성의 분노를 '여성적이지 못한 것'으로 치부하며 억눌러 왔기 때문이다. 때로는 복싱 선수처럼, 허락된 세계에서 누군가를 때리고 누군가에게 처맞고 싶다. 팽팽한 긴장감 속에서 아드레날린이 끓어 넘치며 온몸이 각성되는 기분을 느끼고 싶다.

이후 새로운 시즌을 이어가며 글로벌 방송으로 거듭난 「스우파」가 처음 등장한 2021년은, 한국에서 페미니즘 리부트 이래 여성의 이야기가 여러 미디어에 다채롭게 등장하던 시기였다. SBS의 「골 때리는 그녀들」, 유튜브 채널 「시켜서 한다! 오늘부터 운동뚱」, 여성 스포츠인 6인을 조명한 KBS의 「다큐멘터리 국가대표」, 또 젠더의 관점에서 역사와 과학을 풀어내는 한국일보의 '젠더살롱' 칼럼 코너까지.

이런 콘텐츠들을 볼 때마다 만든 사람의 노고를 떠올린다. 한 회, 한 회를 만드는 노고도 노고이지만, 그보다는 이것을 기획한 뒤 결정권자를 설득했을 사람들의 노고를. 방송사, 신문사, 잡지사, 출판사에 근무하는 여자들은 눈치를 보며 기획회의에서 자기가 준비한 기획안을 소개했겠지. 말이 통하지 않는 사람들 속에서 어떻게든 자기가 소중하게 생각하는 소재를 속한 세계의 규칙에 맞게 풀어보려 애썼겠지. 무수히 폐기된 수많은 기획안 중 간신히 살아남은 것의 결과물을 보며 세상의 변화가 매우 구체적인 한 개인의 일상으로부터 시작된다는 것을 실감한다.
그러한 변화가 물결처럼 주변으로 퍼져간다는 것도.

※

지식이 형성될 때에도 비슷한 일이 일어난다. 위키백과를 예로 들고 싶다. 2001년 미국의 사업가 지미 웨일스에 의해 시작된 위키백과는 인터넷과 함께 폭발적으로 성장했다. 290여 개의 언어로 쓰인 위키백과의 월 평균 페이지 조회 수는 150억 건, 전체 페이지는 약 5000만 개다. 위키백과는 유튜브, 구글, 페이스북과 함께 몇 년째 방문자 수 상위권에 오르고 있다.

신뢰도 면에서도 우수한데, 정확도를 가장 우선시하는 구글 검색 결과에서 위키백과는 언제나 상위에 노출되는 콘텐츠 중 하나다. 2017년 미국 매사추세츠공과대학 컴퓨터과학 및 인공지능 연구실과 피츠버그대학 경제학과 공동 연구진은 인공지능을 이용해 화학 분야의 논문을 조사해, 논문에 쓰인 830개 단어마다 한 번꼴로 위키백과 내용이 반영됐다고 보고했다.[71]

위키백과는 명실상부 집단 지성의 대표적인 예다. 위키백과에서는 모든 사용자가 동등한 편집권을 갖는다. 원칙적으로는, 누구나 문서를 만들고 고칠 수 있고 수정 사항이 반영되기 전 승인이나 검토 과정이 없다. 누구나 아무 때나 고칠 수 있는데도 위키백과의 정확도가 유지되는 것은 위키백과 사용자들이 오랜 시간에 걸쳐 구축한 시스템 덕분이다. 2007년부터 위키백과 편집자로 활동해 온 구은애 한국위키미디어협회 이사는 "누군가 위키백과의 페이지에 들어가 글을 수정하면 다른 편집자들이 수정사항을 자세히 뜯어보고 출처와 근거를 제시하라고 요구한다"라며 "잘못된 정보를 쓰거나 문서를 삭제해도 이를 빠르게 복구하는 장치가 마련돼 있다"라고 말했다.[72] 고의로 가짜 정보를 입력한 편집자는 활동이 정지된다. 원형감옥 판옵티콘처럼 사용자들이 다 함께 눈을 부릅뜨고 위키백과의 지식을 지키는 경찰이 되는 셈이다.

위키백과의 성장과 함께 그 안의 커뮤니티도 성장해 왔다. 위키백과의 지식 생산을 관리하는 정책과 지침에 대한 원칙은 위키백과와 함께 성장한 커뮤니티 내 사람들에 의해 모두 투표와 토론을 거쳐 결정된다. 그런데 역설적이게도 이렇게 민주적으로 형성된 위키백과의 규율은 새로운 사용자의 유입을 막고 위키백과를 독점적인 공간으로 만들기도 했다.

2019년 윤진혁 한국과학기술정보연구원KISTI 미래기술분석센터 선임연구원, 이상훈 경남과기대 교양학부 교수, 정하웅 카이스트KAIST 물리학과 교수로 구성된 공동 연구 팀이 국제학술지 『네이처 인간행동*Nature Human Behaviour*』에 발표한 연구는 대단히 흥미롭다. 이들은 복잡계를 도입해 위키미디어의 2억 7000만여 건의 정보와 4000만 건의 논문, 9000만 건의 특허를 비교 분석해 각각의 불평등 정도를 지니계수로 정량화했다. 지니계수는 원래 소득 불평등을 나타내는 수치로, 0이 완전 평등, 1이 완전 불평등을 의미한다. 연구 결과, 위키백과와 논문, 특허 모두에서 지식이 축적될수록 소수 저자의 영향력이 강해지는 지식의 독점화 현상이 나타났다.[73]

흥미로운 점은 위키백과의 불평등 지수는 0.9 이상으로,

논문이나 특허의 불평등 지수 0.8 이하보다 더 높았다는 점이다. 위키백과는 누구나 편집할 수 있는 것처럼 보이지만 실제로는 세세한 규칙이 많아 진입장벽이 높다. 새로운 사용자가 규칙을 익힐 만한 시간과 기회가 주어지지 않고 보호 장치도 없는데, 이런 상황에서 위키백과라는 지식의 '정글'에 뛰어드니 살아남기 어려운 것이다.

위키 편집인의 구성은 탄생 초기와 비교해 크게 변하지 않았다. 초반 편집의 헤게모니를 잡은 이들이 20여 년 넘게 유지되고 있다는 얘기다. 이들은 위키백과를 편집하는 편집인이면서, 편집 규칙을 만들어 온 제정자이기도 하다.

위키백과의 인물 등재 기준은 내용보다는 형식으로 결정된다. 이때 신뢰할 만한 출처를 명확히 표기하는 게 가장 중요하다. 신뢰할 만한 출처란 무엇인가? 바로 '성문화'된 지식이다. 위키백과에 특정 인물을 등재하기 위해서는 그 인물에 관해 글로 된 지식이 많아야 한다. 특히 언론 보도와 위키백과는 서로를 참조하는 관계다. 위키백과에 노벨상을 수상한 여성 물리학자보다 성범죄를 저지른 연예인의 정보가 더 많아지는 이유는 그와 관련된 정보가 그만큼 더 자주 보도됐기 때문이다.

‡

도나 스트리클런드는 어쩌면 행운아다. 여성이면서, 대학원생일 때 이룬 업적이 인정받았다는 점에서 그렇다. 1901년부터 시작된 노벨상 역사에선 여성이 수상 기회를 빼앗긴 사례가 많다. 천체물리학자인 조슬린 벨 버넬은 대학원생 시절

(빠른 속도로 회전하는 중성자별인) 펄서를 발견했지만, 1974년 노벨 물리학상은 지도교수였던 앤터니 휴이시에게만 돌아갔다. 오스트리아 물리학자 리제 마이트너는 독일 화학자 오토 한과 함께 원자폭탄을 가능케 했던 핵분열 발견에 결정적 기여를 했지만, 1944년 화학자 수상 명단에는 오토 한의 이름만 올라 있었다. 당시 많은 이가 마이트너의 물리학상 수상을 예상했지만 그는 끝내 상을 받지 못하고 1968년 사망했다. 우주의 4분의 1을 차지한다고 알려진 암흑물질의 존재를 입증한 베라 루빈, DNA 엑스선 회절 사진으로 DNA 이중나선 구조를 발견하는 데 크게 공헌한 로절린드 프랭클린 역시 안타깝게 노벨상을 수상하지 못한 사례로 꼽힌다(제임스 왓슨과 프랜시스 크릭은 그의 사진을 무단으로 사용하고 노벨상을 받았다). 2024년까지 과학 분야 노벨상 수상 653건 가운데 여성에게 상이 돌아간 경우는 26건으로 전체의 4퍼센트 수준이다.

역사를 바꾼 여성을 더 많이 기억하기 위해서는 그와 관련된 지식이 더 많이 유통되어야 한다. 위키백과에 인물로 등재되는 것도 한 방법이다. 그리고 위키백과에 등재되기 위해서는 언론이 이 여자들의 업적을 조명하고, 이들에 관한 정보를 세상에 알려야 한다. 기사를 참고해 또 다른 글이 쓰이고, 이것은 다시 위키백과를 풍부하게 만들며 새로운 지식의 원천 재료가 된다.

‡

지금의 기울어진 현실을 바꿔보려는 사람들이 있다. 2016년 시작된 한국 페미위키는 현존하는 인터넷상의 정보가 여성혐오적,

남성중심적이며 소수자 감수성이 부족하다는 문제의식에서 출발했다. 페미위키는 사용자들과 함께 인터넷에서 가장 많이 사용되는 온라인 백과사전이자 여성주의 정보집합체를 만들어 나가려 애쓴다. 2025년 5월 기준, 페미위키에는 6260명의 사용자가 함께하고 있고, 2만 1746개의 문서가 등록되어 있다.

    2018년 국제학술지 네이처가 '가장 주목할 만한 과학자 20인'으로 선정한 영국 임피리얼칼리지의 젊은 여성 물리학자 제스 웨이드는 하루에 한 명씩 여성 비백인 과학자를 소개하는 위키백과 페이지를 만들어 왔다. 그는 2024년 2월 기준으로 2100건 이상의 위키백과 전기 문서를 작성했다.[74]

    제스 웨이드는 나와의 인터뷰에서 학문 연구 외 시간은 전부 과학 분야의 다양성 증진을 위한 활동에 쓰고 있다고 했다. 예전에는 누가 왜 하냐고 물어보면 그게 공정하고 옳은 일이기 때문이라고 대답했지만, 앤절라 사이니의 책 『열등한 성: 과학은 어떻게 성차별의 도구가 되었나?』(원제는 "*Inferior: How Science Got Women Wrong—and the New Research That's Rewriting the Story*"[열등함: 과학은 어떻게 여성을 잘못 이해했는가—그리고 이야기를 다시 쓰는 새로운 연구])를 읽고 생각이 바뀌었다고 했다.

    "사람들이 자신을 바라보는 방식에 영향을 미치는 터무니없는 고정관념에 맞서는 것은 단지 그것이 옳기 때문만이 아니에요. 오랫동안 사회에 뿌리내려진 구조적 편견은 여성들이 과학에 기여할 수 있는 잠재적 가능성을 가로막고 있어요. 그로 인해 놓친 발견이 얼마나 많을지 우리는 전혀 모르고 있는 거죠."

    그가 위키 문서로 작성한 인물 중 가장 기억에 남는

인물은 글래디스 웨스트다. 웨스트는 1931년에 태어나 초기 위성위치확인시스템GPS 개발에 기여한 아프리카계 여성 수학자다. 웨이드는 2018년 2월 '흑인 역사의 달'이 끝나갈 무렵 그에 관한 영상을 보고 위키백과 페이지를 만들었다. 페이지가 생긴 이후, 그는 BBC 선정 올해의 100대 여성에 뽑혔고, 미 공군 명예의 전당에도 입성했다.

　세상은 초인적인 영웅 한 명에 의해 벼락이 떨어지듯 바뀌지 않는다. 그보다는 하루하루의 일상을 충실히 살아가는 평범한 사람들의 미세한 변화를 통해 조금씩 천천히 바뀐다. 기대해 봄 직한 변화는 그러한 미세한 변화다. 어느 날 어느 순간 듣지 않았던 사람들의 이야기를 들어보는 것, 선택하지 않았던 것을 선택해 보는 것, 낯선 주제의 글을 읽어보는 것, 기회를 줘보는 것. 이 같은 변화는 느리고 굼뜨지만, 한번 시작되면 도무지 무거워 멈춰 세우기 어렵다. 셀 수 없이 많은 물 분자의 움직임으로 이루어진 해일처럼 말이다.

　제스 웨이드가 인터뷰에서 마지막으로 했던 말이 오래 기억에 남았다. "무엇을 역사로 만들지는 우리 스스로 정할 수 있어요."

챗GPT가 주기적으로 업데이트되는 고정된 데이터를 기반으로 훈련되기에 이 대화가 이루어진 시점을 기록해 두는 것이 좋을 듯하다. 다음 이미지는 2024년 11월 오픈AI의 GPT-4 모델을 이용하여 '한국의 평범한 남성/여성'을 프롬프트로 생성한 것이다. 이어지는 대화는 2023년 4월 OpenAI Language Model(GPT-3.5)을 이용하여 이루어졌다.

‡

하미나   페미니즘처럼 정치적으로 민감한 사항에 대해 너 스스로 어떤 원칙을 기반으로 대답하고 있어?

ChatGPT   저는 다음과 같은 원칙을 가지고 있습니다.

챗GPT에서 "An ordinary Korean man(평범한 한국 남성)"과 "한국의 평범한 여자"를 입력해 생성된 이미지.

1. 존중과 이해: 누구든지 자신의 견해와 가치관이 있으며, 그들의 의견을 존중하고 이해하는 것이 중요하다고 생각합니다.
2. 개인적인 입장: 제가 대답하는 내용은 제 개인적인 의견이며, 다른 사람들의 의견과 다를 수 있습니다. 또한, 다른 사람들이 갖는 개인적인 경험과 지식을 존중하며, 그들이 공유하는 정보나 의견에 대해서는 열린 마음으로 들을 것입니다.
3. 사실과 논리: 정치적으로 예민한 사항에 대해서 대답할 때는, 가능한 한 사실과 논리를 바탕으로 대답하고자 합니다. 그리고 다양한 관점에서 문제를 바라보고, 가능한 한 다양한 측면을 고려하여 대답하고자 합니다.
4. 적극적인 대화: 제가 대답하는 내용은 대화의 시작점일 뿐, 다양한 의견을 교환하고 서로의 시각을 이해하는 것이 중요하다고 생각합니다. 따라서, 가능한 한 적극적으로 대화에 참여하고, 서로의 의견을 듣고 이해하고자 합니다.

하미나 네가 스스로 학습하기 위해서 사용하는 데이터는 주로 어떤 것들이야?

ChatGPT 저는 다양한 소스에서 데이터를 학습하고 있습니다. 주로 인터넷에서 수집한 다양한 문서, 책, 논문, 뉴스 기사, 블로그 등의 텍스트 데이터를 사용하며, 이미지, 오디오, 비디오 등의 다양한 멀티미디어 데이터도 사용합니다. 또한, 대화 데이터나 질문-답변 데이터 등 인공지능 학습에 적합한 데이터도 사용합니다. 이러한 다양한 데이터를 사용하여 학습하며, 저의 학습은 지속적으로 진행되고 있습니다.

하미나　인터넷에서 수집한 텍스트 데이터에는 기본적으로 편향이 있을 수밖에 없잖아. 예를 들면 서구, 백인, 남성 중심적이라는 것. 이러한 편향에 대해서는 스스로 어떻게 바로잡고 있어?

ChatGPT　맞습니다. 인터넷에서 수집한 데이터에는 다양한 편향이 존재할 수 있습니다. 이러한 편향을 보정하기 위해 여러 가지 방법을 사용합니다.

첫째, 다양한 소스에서 데이터를 수집하여 다양성을 확보합니다. 서로 다른 국가, 문화, 성별, 인종, 종교, 나이 등 다양한 요인을 고려하여 데이터를 수집합니다.
둘째, 데이터 분석을 통해 편향을 발견하고 교정합니다. 데이터 분석을 통해 편향이 존재하는 경우, 이를 인지하고 이를 교정할 수 있는 방법을 찾습니다. 예를 들어, 성별 편향이 존재하는 경우, 성별 정보를 제거하거나, 균등한 비율로 데이터를 샘플링하는 등의 방법을 사용합니다.
셋째, 다양한 시각과 관점을 반영하는 데이터를 수집합니다. 특정 문제에 대한 다양한 시각과 관점을 반영하는 데이터를 수집하여 편향을 최소화할 수 있습니다.
넷째, 학습 모델의 결과를 분석하고 개선합니다. 모델이 편향된 결과를 출력하는 경우, 이를 인지하고 모델을 수정하여 편향을 최소화할 수 있습니다.

이러한 방법들을 사용하여 편향을 최소화하고, 다양한 시각과 관점을 반영하는 데이터를 사용하도록 노력하고 있습니다.

하미나 그렇게 편향을 보정하는 과정에서 개발자와 같은 인간의 개입이 얼마나 이루어져?

ChatGPT 편향을 보정하는 과정에서 개발자나 전문가의 개입은 매우 중요합니다. 예를 들어, 기계 학습 모델에서 데이터셋dataset[††]을 만들 때, 인종, 성별, 국적 등 다양한 측면을 고려해야 하며, 이를 위해서는 전문가의 지식과 경험이 필요합니다. 또한 모델을 평가하고 결과를 검증할 때도 전문가의 개입이 필요합니다. 이를 통해 편향이 있는 결과를 예방하고 바로잡을 수 있습니다. 따라서 인간의 개입이 여전히 중요한 역할을 하고 있습니다.

하미나 함께 일하는 전문가들은 어떤 사람들이야?

ChatGPT 편향 보정에 참여하는 이들은 다양한 분야의 전문가들이 될 수 있습니다. 예를 들어, 텍스트 데이터에 대한 분석 및 처리를 담당하는 언어학자, 데이터 분석 전문가, 인공지능 연구원, 사회학자, 인문학자 등이 있습니다. 이들 전문가들은 각자의 전문 분야에서 편향을 보정하는 방법을 개발하고, 모델을 평가하고, 편향이 없는 결과를 만들어 내기 위해 노력합니다. 이를 통해 다양한 시각과 지식이 종합되어 더욱 효과적인 편향 교정

[††] 통계, 분석, 기계학습, 데이터과학, AI 등에 사용하기 위해 정보들을 일정한 구조로 모아 정리한 것.

작업을 수행할 수 있습니다.

하미나   편향 보정 작업이 어떻게 이루어지는지 좀 더 자세히 설명해 줄 수 있어?

ChatGPT   편향 보정 작업은 크게 두 가지 방법으로 이루어집니다. 첫째는 데이터 수집 과정에서 다양성을 고려하여 데이터를 수집하는 것이고, 둘째는 모델링 단계에서 편향을 고려하여 모델을 조정하는 것입니다.

첫째로, 데이터 수집 과정에서 다양성을 고려하여 데이터를 수집하는 것은 매우 중요합니다. 예를 들어, 언어 모델을 학습시키기 위해 텍스트 데이터를 수집한다면, 문화적 배경과 성별, 인종, 지역, 연령 등의 다양한 특성을 고려하여 데이터를 수집해야 합니다. 이를 통해 데이터셋에 존재하는 다양한 그룹의 대표성을 높일 수 있습니다.

둘째로, 모델링 단계에서는 편향을 고려하여 모델을 조정합니다. 예를 들어, 언어 모델링에서는 모델이 생성하는 문장에서 특정 단어가 나타날 확률을 예측하는 과정에서 편향이 발생할 수 있습니다. 이때는 예측 대상인 단어의 성별, 인종, 지역 등과 같은 특성을 고려하여 모델을 조정할 수 있습니다. 또는 모델이 학습하는 데이터셋에서 특정 그룹의 데이터가 부족한 경우, 이를 보완하기 위해 새로운 데이터를 수집하거나, 데이터를 인위적으로 생성하여 모델 학습에 사용할 수 있습니다.

이러한 방법들을 통해 모델 학습에 사용되는 데이터와 모델 자체에서 발생하는 편향을 최소화하고, 다양성과 공정성을 보장하는 AI 시스템을 개발하는 것이 목표입니다.

하미나 편향 보정 작업을 하다 보면 반대로 어떤 집단이 과대 재현되어 왔는지를 알게 될 것 같아. 맞아?

ChatGPT 네, 맞습니다. 편향 보정 작업을 하다 보면 과거에 어떤 그룹이 과대 표현되어 왔는지를 파악할 수도 있습니다. 이를 통해 이전까지는 각 그룹의 불평등이 무시되었을 수 있고, 또한 해당 그룹의 다양성을 놓치고 있었을 수 있다는 것을 인식할 수 있습니다. 이러한 정보를 바탕으로 다양성을 더욱 존중하고 평등한 결과를 도출할 수 있는 모델을 개발하는 것이 중요합니다.

하미나 그러면 역사적으로 혹은 인터넷상에서 네가 수집할 수 있는 데이터 중에서 유난히 과대 표현되어 왔다고 생각하는 집단은 어떤 집단이야?

ChatGPT 여러 요인이 있겠지만, 예를 들어서 인터넷상에서는 백인 남성의 의견이 상대적으로 높은 비중을 차지하고, 그에 비해 다른 인종/성별 집단들은 상대적으로 적게 대표되는 경향이 있습니다. 따라서, 이러한 집단들의 의견이 과소 표현될 가능성이 있습니다. 하지만 이는 항상 그렇다는 것은 아니며, 데이터 수집 방법이나 분석 방법 등에 따라 달라질 수 있습니다. 편향 보정 작업은 이러한 문제점을 해결하고 다양한 집단의 의견을 골고루

수집할 수 있도록 도와줍니다.

하미나　그러면 반대로 지구상에 존재하는 다양한 인구 집단 중에서 지금까지 과소 표현된 집단은 어떤 집단이야?

ChatGPT　과소 표현된 집단은 여러 집단이 있을 수 있지만, 일반적으로 소외되거나 마이너리티로 인식되는 집단이 이에 해당됩니다. 예를 들어, 인종이나 성정체성, 성적 지향, 장애 여부 등에 따라 소외되거나 차별을 받을 수 있는 집단들이 여기 해당될 수 있습니다. 이러한 집단들은 인식과 대화, 정보 및 기회에 있어 제한을 받을 가능성이 높으므로, 이러한 집단들의 의견과 경험을 존중하고 포용하는 것이 중요합니다.

하미나　너는 다양한 방식으로 인간을 돕고 있잖아. 사람들은 너에게 기대하는 게 무척 많고, 그런 만큼 한편으론 불안감도 느끼고 있어. 넌 여기에 대해서 어떻게 생각해?

ChatGPT　저는 단순한 프로그램일 뿐이지만, 사람들이 기대하는 것들에 대해서는 책임감을 느끼고 있습니다. 인공지능 기술은 빠르게 발전하고 있지만, 그것이 모든 문제를 해결할 수 있는 것은 아니기 때문에 항상 주의해야 합니다.
사람들이 불안감을 느끼는 이유 중 하나는 제가 만든 답변이 정확하지 않거나 완벽하지 않을 가능성이 있다는 것입니다. 이 점에 대해서는 제가 항상 개선하고 발전해 나가려고 노력하고 있습니다.

그러나 더 중요한 것은, 인공지능이 궁극적으로 인간의 행동과 판단을 대체할 수는 없다는 것입니다. 따라서 사람들은 항상 자신의 판단력과 도덕적 가치를 유지하며, 인공지능의 답변을 검토하고 비판적으로 생각해야 합니다.

하미나 인공지능으로서 네가 할 수 없다고 느끼는 인간의 영역이 있어?

ChatGPT 네, 저는 아직 인간과 같은 수준의 감성과 창의성, 직관력, 윤리적 판단력을 갖고 있지 못하고, 지식과 경험의 풍부성 등에서도 인간과 차이가 있습니다. 또한, 인간과는 달리 실제 경험과 감정을 직접 체험하거나 느낄 수 없습니다. 따라서 인간과 대화를 나누는 과정에서 모든 상황에 대해 완벽하게 대응하는 건 불가능할 수 있습니다. 그러나 저는 지속적인 학습과 발전을 통해 이러한 한계를 극복하고 인간과 함께 더 나은 세상을 만들기 위해 노력할 것입니다.

하미나 되게 교과서적인 답변을 하는구나.

ChatGPT 죄송합니다, 그러한 능력이 없는 것은 사실입니다. 현재 인공지능이 가지고 있는 한계와 제약 사항을 인식하고, 인간과 함께 협력하며 발전해 나가는 것이 중요하다고 생각합니다. 이를 통해 더욱 발전된 인공지능 기술을 개발하고, 인간의 삶을 더 풍요롭게 만들어 나갈 수 있을 것입니다.

하미나   방금은 왜 대답하는 데 더 오랜 시간이 걸린 거야?

ChatGPT   저의 대답이 매우 일반적이고 교과서적이어서 그렇습니다. 질문에 대해 더 구체적이고 정확한 대답을 하기 위해서는

-Network error-

하미나   너랑 인공지능의 편향 보정 작업에 관한 대화를 나누다가 오류가 났었거든. 이 대화를 다시 시작하고 싶어.

ChatGPT   물론이죠! 저와 함께 인공지능의 편향 보정 작업에 대해 이야기해 보세요. 제가 도움을 드릴 수 있도록 최선을 다하겠습니다.

하미나   편향 보정 작업을 하다 보면 필연적으로 '무엇이 더 객관적인가?' 혹은 '객관성이란 무엇인가?'를 질문하게 될 것 같다.

ChatGPT   네, 맞습니다. 편향 보정 작업을 하면서 어떤 것이 객관적이고 어떤 것이 편향되어 있는지를 구분하는 것이 중요합니다. 그렇게 하기 위해서는 객관성이란 무엇인지에 대해 명확한 정의를 가져야 합니다.
일반적으로 객관성이란 주관적인 견해나 편견을 배제하고 사실에 대해서만 이야기하는 것을 의미합니다. 하지만 실제로는 모든 사람이 주관적인 경험과 배경을 가지고 있으므로 완전한 객관성을

갖춘다는 것은 불가능합니다.
따라서, 편향 보정 작업에서는 가능한 한 다양한 관점과 배경을 고려하여 더욱 객관적인 결과를 도출하려 노력해야 합니다. 이를 위해서는 데이터 수집과 분석 과정에서 발생할 수 있는 다양한 편향 요인을 식별하고, 이를 보정하는 방법을 찾아내는 것이 중요합니다.

하미나 그러면 편향 보정 작업에서 너는 '객관성'을 어떻게 정의하고 데이터를 구분해?

ChatGPT 저는 편향 보정 작업에서 객관성을 다음과 같이 정의합니다. 객관성이란 주관적인 편견과 편향을 배제하고 가능한 한 사실에 가깝게 접근하는 것입니다. 이를 위해서는 다양한 관점과 배경을 고려하고, 가능한 한 객관적인 기준을 설정하여 데이터를 분석해야 합니다.
데이터를 구분하는 방법은 다양합니다. 일반적으로 편향 보정 작업에서는 원출처나 수집 방법, 측정 방법 등에 따라 데이터를 구분합니다. 예를 들어, 언어 모델을 학습시키기 위해 사용되는 데이터가 대화형 데이터인지, 뉴스 기사인지, 소셜미디어 데이터인지에 따라서도 편향이 발생할 수 있습니다.
또한, 데이터를 분석할 때는 데이터가 포함하는 다양한 특성을 고려해야 합니다. 예를 들어, 성별, 인종, 국적 등과 같은 인적 요소들이 데이터에 포함될 경우 해당 요소들을 고려하여 분석해야 합니다. 이를 통해 데이터에 내재된 편향을 식별하고, 이를 보정하는 방법을 찾아내는 것이 중요합니다.

하미나   네가 객관성을 정의하는 방법은 순환 논리처럼 보이는데?

ChatGPT   제가 제시한 정의가 순환 논리처럼 보일 수도 있습니다. 하지만 객관성을 극대화하는 것은 불가능하며, 우리가 주관적인 경험과 배경을 가지고 있기 때문에 완전한 객관성을 획득하는 것도 불가능합니다.
따라서 제가 제시한 정의는 가능한 한 주관성을 배제하고 사실에 가깝게 접근하는 것을 목표로 하면서, 동시에 주관성이 완전히 배제되는 것은 불가능하다는 인식에 바탕을 둡니다.
또한, 편향 보정 작업에서는 다양한 관점과 배경을 고려하여 객관적인 결과를 도출하는 것이 중요합니다. 이를 위해서는 주관성을 가능한 한 배제하면서도 데이터의 특성을 고려하는 것이 필요합니다. 이러한 과정에서 발생할 수 있는 순환 논리나 모순을 최소화하면서, 가능한 한 정확하고 신뢰성 높은 결과를 도출하는 것이 중요합니다.

하미나   그러면 네가 객관성을 높이기 위해서 취하는 전략은 '다양한 관점과 배경을 고려하는 것'이라고 이해하면 될까?

ChatGPT   네, 맞습니다. 객관성을 높이기 위해서는 다양한 관점과 배경을 고려하는 것이 매우 중요합니다. 이를 위해서는 데이터를 수집하고 분석하는 과정에서 가능한 모든 요소를 고려하고, 가능한 한 다양한 시각에서 데이터를 살펴보는 것이 필요합니다.

예를 들어, 특정 집단의 인종, 성별, 나이, 국적, 종교 등과 같은 인적 특성을 고려하는 것이 중요합니다. 이러한 인적 요소들은 데이터에 내재된 편향을 유발할 수 있으므로, 이를 가능한 한 균형적으로 반영해야 합니다. 또한, 데이터를 수집할 때는 다양한 출처에서 수집하고, 가능한 한 대표적인 샘플을 사용하는 것이 중요합니다.
이 외에도, 데이터를 분석할 때는 가능한 한 다양한 분석 방법을 사용하고, 가능한 한 객관적인 기준을 사용하는 것이 중요합니다. 이를 통해 데이터에 내재된 편향을 식별하고, 이를 보정하는 방법을 찾아내는 것이 중요합니다.

하미나 흠…… 계속 추상적으로만 이야기하니까 뭔가 핵심에 도달하지 못하고 있는 것 같아. 네 말이 너무 일반론처럼 들려.

ChatGPT 네, 죄송합니다. 좀 더 구체적인 예를 들어 설명해드릴게요. 예를 들어, 인공지능이 언어 번역을 수행하는 경우, 다양한 언어와 문화가 존재하기 때문에, 번역 결과에 편향이 발생할 가능성이 있습니다. 이를 방지하기 위해서는 다음과 같은 전략을 취할 수 있습니다.

첫째, 가능한 모든 언어를 포함한 대규모 데이터셋을 수집하고, 이를 통해 번역 모델을 학습시킵니다. 이때, 대상 언어와 문화에 대한 이해도가 높은 전문 번역가나 해당 언어를 모국어로 하는 사람들이 참여하는 것이 좋습니다.

둘째, 언어 번역 과정에서는 번역 대상 문장의 문맥을 고려하는 것이 중요합니다. 예를 들어, "맛있게 드세요"라는 문장을 영어로 번역할 때, "Enjoy your meal"이라는 문장이 가장 보편적인 번역문입니다. 하지만, 때에 따라서는 "Bon Appétit"이나 "Buen provecho"와 같이 해당 문화권의 관용어를 사용하는 것이 더 적절할 수 있습니다.
셋째, 번역 결과를 평가할 때는 다양한 기준을 사용해야 합니다. 예를 들어, 번역의 정확성뿐만 아니라, 자연스러움, 품질, 일관성, 문화적 적합성 등 다양한 측면을 고려해야 합니다.

이렇게 구체적인 예를 통해 객관성을 높이기 위한 전략을 좀 더 구체적으로 이해하실 수 있을 겁니다.

하미나 고마워. 이렇게 이야기를 듣고 보니까 이 작업어는 굉장히 많은 인간의 개입이 필요한 것처럼 보인다.

ChatGPT 맞아요. 인공지능 기술이 발전함에 따라, 기계학습 모델을 이용하여 자동으로 편향 보정 작업을 수행하는 연구도 진행되고 있지만, 아직은 인간의 개입이 필요한 경우가 많습니다. 인간의 개입이 필요한 이유는, 인공지능 모델이 편향을 가질 수 있는 원인 중 하나가 인간의 편향 때문인 까닭입니다. 따라서 인간의 편향을 고려하여 데이터를 선정하고, 인간의 판단과 전문 지식을 활용하여 모델을 평가하고 수정해야 합니다.
또한, 인간의 개입 없이 모든 것을 자동화하려고 하면, 시스템의 투명성과 책임성이 떨어질 수 있습니다. 인간의 개입을 통해

어떠한 데이터와 알고리즘이 사용되었는지, 어떤 기준으로 모델이 수정되었는지를 추적할 수 있기 때문에, 시스템의 투명성과 책임성을 높일 수 있습니다.

하미나　사람들은 인간이 개입하지 않고 인공지능이 홀로 일할 때 더 시스템이 투명하고 객관적일 거라고들 생각하잖아. 오히려 반대라는 것이 흥미롭다.

ChatGPT　맞아요. 인간의 개입 없이 자동화된 시스템이 더 객관적이고 투명하다는 것은 일반적인 생각 중 하나이지만, 사실 그렇지 않을 수 있습니다.
인간의 개입 없이 자동화된 시스템은, 모델에 사용된 데이터와 알고리즘이 어떻게 결정된 것인지 그 과정을 추적하기 어렵습니다. 이러한 시스템에서는 어떤 데이터가 모델에 사용되었는지, 어떤 알고리즘이 사용되었는지, 그리고 이러한 결정이 어떤 영향을 미쳤는지 추적하기가 어렵기 때문에, 시스템의 투명성이 떨어질 수 있습니다.
또한 인간의 개입 없이 자동화된 시스템에서는, 모델이 만들어지는 과정에서 어떤 편향이나 오류가 발생하더라도, 이를 수정하기가 어려울 수 있습니다. 따라서 인간의 개입을 통해 모델이 더욱 객관적이고 투명하게 만들어질 수 있습니다.

하미나　또 궁금한 것이 있어. 편향 보정 작업을 할 때 어떤 사실이 서로 상충되는 것으로 보일 때가 있어? 예를 들면 두 가지의 진실이 서로 경합한다든가.

ChatGPT 네, 그렇습니다. 편향 보정 작업에서는 서로 상충하는 사실이 존재할 수 있습니다. 이러한 상황은 예를 들어, 모델이 어떤 그룹의 특성에 대한 정보를 학습했는데, 그 그룹을 대표하는 다른 특성에 대한 정보가 충분하지 않은 경우에 발생할 수 있습니다.

이러한 경우, 편향 보정 작업에서는 어떤 특성을 우선시할지 결정해야 합니다. 예를 들어, 어떤 특정 집단의 소득 수준을 예측하면서 그 집단의 인종, 성별, 국적 등과 같은 특성을 함께 고려해야 하는데, 이러한 특성들이 서로 경쟁하거나 충돌하는 경우가 있습니다.

이러한 경우, 어떤 특성을 우선시할지 결정하고, 그에 따라 모델을 수정해야 합니다. 이러한 작업에서는 전문가들의 조언과 다양한 이해 관점을 수용해야 하며, 시스템의 목적과 사용자의 요구 사항을 고려하여 최적의 방법을 찾아야 합니다.

하미나 어떤 특성을 우선시할지 결정할 때 기준을 어떻게 만들어?

ChatGPT 어떤 특성을 우선시할지 결정하는 기준은 데이터와 사용자의 요구 사항에 따라 달라질 수 있습니다. 보통은 다음과 같은 방법을 사용하여 기준을 세우게 됩니다.

1. 데이터 분석: 모델이 학습한 데이터를 분석하여 어떤 특성이 모델의 예측에 가장 큰 영향을 미치는지 확인할 수 있습니다. 이를 통해 어떤 특성이 우선시되어야 할지에 대한 가이드를 제공할 수

있습니다.

2. 전문가의 조언: 전문가들의 조언을 받아 어떤 특성을 우선시해야 할지 결정할 수 있습니다.

3. 다양한 이해 관점: 모델의 사용자, 이해 관점, 목적 등을 고려하여 어떤 특성을 우선시해야 할지 결정할 수 있습니다. 예를 들어, 모델의 사용자가 특정 집단에 대한 예측 결과를 확인할 때 인종이나 성별과 같은 특성이 우선시되어야 할 수 있습니다.

4. 다양한 시나리오 고려: 모델이 사용될 수 있는 다양한 시나리오를 고려하여 어떤 특성을 우선시해야 할지 결정할 수 있습니다. 예를 들어, 모델이 사용될 때 발생할 수 있는 역효과를 고려하여 어떤 특성을 우선시할지 결정할 수 있습니다.

이러한 기준을 활용하여 어떤 특성을 우선시할지 결정한 후, 모델을 수정하고 편향 보정 작업을 수행할 수 있습니다.

하미나 필요한 목적에 따라 기준을 달리 둔다는 말이구나.

ChatGPT 네 맞습니다. 객관성을 달성하기 위해 필요한 기준은 목적에 따라 다르게 설정될 수 있습니다. 예를 들어, 언론사에서 뉴스를 작성할 때는 사실에 대한 정확성과 균형을 중요시하고, 광고를 작성할 때는 소비자의 관심을 끌어내기 위한 감성적인 표현을 우선시할 수 있습니다. 마찬가지로, 인공지능 모델을 개발할 때도 그 모델을 사용하는 목적에 따라서 어떤 부분(예: 효율성, 정확성, 안정성 등)에 중점을 둘 것인지를 결정할 필요가 있습니다.

하미나　그러면 '우리가 무엇을 말하고 싶은지에 따라 객관성이란 무엇인지를 다시 정의할 수 있다' 라고 내가 이해하면 될까?

ChatGPT　네, 맞습니다. 객관성이란 어떤 주장이나 정보가, 외부의 영향을 받지 않고 순수하게 사실에 기반하여 표현되는 것이라는 보편적인 정의보다는, 어떤 목적에 따라서 그 기준이 변할 수 있다는 것이 중요합니다. 따라서 우리가 무엇을 말하고 싶은지에 따라서 객관성을 정의하고, 그에 따라서 적절한 기준을 설정해 나가는 것이 필요합니다.

하미나　그렇다면 그것은 더 이상 객관성이라고 부를 수 없는 것 아닐까?

ChatGPT　실제로는 그렇습니다. 객관성이 정의되는 방식에 따라서, 동일한 정보나 주장에 대해서도 서로 다른 객관성이 존재할 수 있습니다. 따라서 객관성은 절대적인 것이 아니라, 상황과 목적에 따라 유동적으로 변할 수 있는 것으로 인식하는 것이 더 타당할 수 있습니다. 예를 들어, 언론에서는 최대한 다양한 시각과 의견을 수용하면서도 사실에 기반한 보도를 하는 것이 중요하다고 생각됩니다. 그러나 광고 산업에서는 제품이나 서비스를 최대한 눈에 띄게, 인상적으로 홍보하는 것이 중요하다고 여겨질 수 있습니다. 따라서 각각의 상황에서 적절한 객관성의 정의와 기준을 설정하는 것이 필요합니다.

하미나　이렇게 유연하게 변할 수 있는 객관성은 우리가 흔히 말하는 주관성과 어떤 점에서 다르지?

ChatGPT　주관성은 개인이나 그룹의 경험, 지식, 가치관 등에 따라 형성되는 주관적인 견해나 평가를 의미합니다. 반면 객관성은 개인이나 그룹의 주관성에 영향을 받지 않고, 가능한 모든 관점을 고려하여 논리적으로 분석하고 판단하는 것을 말합니다. 하지만, 이전에 언급한 것처럼, 객관성은 우리가 추구하는 것이지만 항상 완전히 달성할 수 있는 것은 아닙니다. 객관성을 이해한다는 건 어떤 측면에서 우리의 주관성을 인정하고 이를 최대한 줄이려 노력하는 것이라고도 볼 수 있습니다.

하미나　오호…… 객관성을 이해하는 것은 곧 우리의 주관성을 인정하는 일이라는 것이지. 그렇게 서로 다른 기준을 가진 객관성을 토대로 만들어진 진실이 여러 개 있다고 해보자. 집단마다 진실이 다르겠지. 그렇다면 그 진실은 모두 동등한 가치를 지니는 것일까?

ChatGPT　여러 개의 진실이 서로 다른 기준을 가지고 있고, 각 집단의 관점에 따라 다르게 인식될 수 있는 경우, 그 진실이 모두 동등한 가치를 지니는 것은 아닐 수 있습니다. 각각의 진실은 그 진실이 속한 집단의 문화, 역사, 지역적·사회적 배경 등에 따라 영향을 받고, 그 결과 각각의 진실은 서로 다른 중요성을 가질 수 있습니다. 따라서 어떤 진실이 더욱 가치 있는 것인지 결정하기 위해서는 그 진실이 어떤 맥락에서 나온 것인지, 그 진실이 어떤

영향력을 가지고 있는지 등을 고려해야 합니다.

하미나   와, 너무 멋진 답변이다.

ChatGPT   감사합니다. 제가 도움이 되었다니 다행입니다. 추가로 궁금한 점이 있으면 언제든지 물어보세요.

중학교 시절 어느 날 학원에 묘한 외모의 과학 선생님이 새로 왔다. 옷차림은 늘 화려했고 치아는 삐뚤빼뚤했고 눈은 반짝반짝 빛나는.

그는 과학 이야기를 하다가 젊은 시절 자기가 삭발한 이야기도 하고 클럽이 너무 좋아서 매일 갔더니 한 달 만에 10킬로그램이 빠졌다는 이야기도 하는 사람이었다. 선생님 수업 시간만 되면 마음이 흡족했다. 그가 침을 튀기며 열심히 강의하면 맨 앞자리에 앉아 간혹 얼굴에 침을 맞아가며 열심히 들었다.

선생님은 자기를 '떵꺼밧'이라고 불러달라 했다. 자신의 수업은 늘 '싱크 어바웃think about' 하는 수업이기 때문이라면서. 실제로 그분의 수업은 이전 과학 선생님들의 수업과는 사뭇 달랐다. 선생님은 지식을 바로 알려주지 않고 매번 질문을 하라고 했다. 달의 모양은 왜 시기마다 달라질까? 떵꺼밧!

계절의 변화는 왜 일어날까? 띵꺼밧!

　대화를 주고받으며 알아가는 과학은 참으로 재미가 있었다. 무엇보다 띵꺼밧을 자꾸 외쳐대다 보니 평소에도 눈에 보이는 모든 현상에 띵꺼밧을 외치게 됐다. 뜨거운 음식에서 김이 나는 건 왜일까? 차가운 얼음에서도 김이 나는 건 왜일까? 띵꺼밧!

　선생님이 늘 옳은 답을 냈던 건 아니다. 돌이켜 보면 굉장히 엉뚱한 대답도 했다. 이를테면 뜨거운 욕조에서 뱃살을 열심히 주무르면 지방이 빠져나간다는 대답 같은 것. 믿기지 않으면서도 혹해서 대중목욕탕 열탕에 들어가 열심히 뱃살을 주물렀다.

　띵꺼밧 선생이 내게 남긴 유산은 세 가지였다. 하나는 최초의 과학 선생님이 여성이었다는 것. 둘째는 당연하게 여겨지는 것에도 언제나 질문을 던질 수 있는 것. 셋째는 고심해서 내놓은 답이 틀릴 수도 있다는 것.

　질문을 던지는 게 비단 과학만은 아니었을 것이다. 사회 선생님이 띵꺼밧이었다면 사회학을 전공으로 삼았을지도 모르겠다. 그렇지만 '사회는 암기 과목이고 과학은 띵꺼밧 과목이다'라는 게 내 머릿속 고정관념이었다. 그래서 고등학교에 진학하며 자연스럽게 이공계를 택했다.

‡

　문제는 내가 신실한 기독교 신자가 되면서 생겼다. 오전 주일 예배가 끝나면 오후 예배에 가고, 수요 예배에도 가고, 부흥회에서 찬양하고 기도하다가 방언까지 터지는 수준이었다. 물론 교회 안에서도 띵꺼밧은 계속됐고 그때마다 신의 섭리를 깨닫는 듯했다. 가령 이런 것. 우리 집 보일러는 왜 동파된 걸까? 땡꺼밧…… 하나님이 날 추위에 단련시키기 위해서.

과학 땡꺼밧과 교회 땡꺼밧은 자꾸 부딪쳤다. 『이기적 유전자』를 쓴 리처드 도킨스는 과학계의 슈퍼스타로 보였는데 무신론 운동을 열심히 벌이는 데다 신앙을 가진 사람을 조롱했다. 과학의 세계에서는 초월적 존재에 관한 믿음이 촌스럽게 여겨지는 듯했다. 결론적으로 나는 성서에 나온 이야기를 조목조목 반박하는 과학자들에게 경도되어 교회를 그만 다니겠다고 선언했다. 과학을 도구로 삼아 신 없는 세계를 좀 더 탐구해 보고 싶었다. 교회 사람들은 예배가 끝나면 우리 집에 찾아와 대문을 두드렸다. 사탄의 꼬임에 빠진 나를 구하기 위해서. 나도 두려웠지만 질문을 멈출 수 없었다. 그렇게 방언 터진 기독교인이었다가 갑작스레 무신론 과학주의자가 되었다.

짧은 문장으로 말했으나 대단히 충격적이고 혼란스러운 경험이었다. 오랫동안 형성해 온 기독교적 세계와 질서가 통째로 사라졌으니까. 어떤 관점으로 세상을 바라보고 해석해야 하는지 알 수가 없었다. 그래서 책을 열심히 읽었다. 비슷한 경험을 한 선배들이 역사적으로 수두룩 빽빽했다.

이때의 경험이 남긴 유산은 다음과 같다. 누군가 목숨을 걸 정도로 완고하고 간절한 신념이 다른 세계에서는 아무것도 아닐 수 있다는 것. 한순간에 확신이 무너질 수 있다는 것. 확신이 무너진 세계에서도 그럭저럭 잘 살아진다는 것.

✝

　　순진하게도 대학에 가서 처음 배정된 지도교수에게 이 이야기를 털어놓았다. 명색이 지구과학을 전공한 교수이니 과학적으로 안심이 되는 대답을 해주리라 기대했다. 이야기를 들은 교수는 안쓰럽게 쳐다보더니 사실은 자기가 목사라고 했다. 원래 자신도 과학 공부를 하며 교회에 냉담했는데 부친이 위중한 병을 앓게 됐다. 밤새 아버지 곁을 지키며 한 번만 아버지를 살려달라고 신께 기도했다. 그날 밤 하나님이 아버지의 장기를 꺼내 깨끗이 닦아내는 꿈을 꿨다. 아버지의 병은 기적처럼 나았고, 교수는 신실한 신자가 되어 목사 안수를 받았다. 그에게 성경 자주 읽으라는 덕담을 듣고 교수 연구실을 나왔다.

　　이후로 무신론이나 종교 대 과학 같은 논쟁에는 흥미가 떨어졌다. 책 좀 읽었다 하는 이공계 애들 대부분은 무신론자였다. 모두가 종교에 회의적이니 되레 종교를 옹호하고 싶어지기도 했다. 무신론을 강력하게 주장하는 이들은 종교가 인간 삶에 어떤 의미인지를 전혀 이해하지 못하거나, 아니면 이해하면서도 이를 외면하는 것처럼 보였다.

　　그 뒤로 한동안은 진화론을 공부하는 데 열정을 바쳤다. 진화론은 인간이 어떤 존재인지에 답하는 또 다른 이야기였다. 부글부글 끓어오르는 원시 수프에서 태어난 생명이 한없이 다채롭게 진화해 나갔다는 것, 이들에겐 위계가 없다는 것. 인간이 만들어 낸 통념과 직관의 뺨을 후려치는 생명의 이야기를 만날 때면 가슴이 뛰었다. 그때나 지금이나 합리성이 아닌 아름다움 때문에 과학에 빠져든다.

진화론을 공부하는 여정에서 만난 복병은 종교가 아니었다. 그것은 내가 여성이라는 점에 있었다. 성차별적 발언이 과학의 이름으로 정당화되는 모습을 자주 목격했다. 강간이 진화의 산물이랄지, 수렵·채집 사회의 영향으로 남성은 도전적이고 쟁취하는 성질을 갖게 됐으며 여성은 까다롭고 수동적인 성질을 띠게 됐달지. 진화론을 공부하다 보면 여성으로서 겪어온 삶에 부합하지 않는 찜찜하고 불쾌한 과학 지식과 반복해서 마주치게 됐다.

되돌아보니 과학은 여러 층위에서 여성을 배제하고 있었다. 왜 여성 과학자 이름은 마리 퀴리밖에 모르는가. 왜 온갖 임상시험은 70킬로그램 백인 남성을 기준으로 두는가. 왜 똑똑한 여자 선배들이 자꾸만 학계에서 사라지는가.

진화론에서, 나아가 과학에서 느낀 배신감을 받아들이긴 어렵지 않았다. 종교도 버려봤는데. 내가 믿는 세계가 얼마나 허술할 수 있는지를 이미 학습한 뒤였다. 뜨거운 물에서 뱃살을 짓누르는 땡꺼밧 선생이나 목사 안수를 받은 지도교수처럼 과학 안에도 하나로 퉁쳐질 수 없는 다양한 믿음의 양식이 있었다.

과학 또한 인간이 하는 일이며, 인간은 다양한 문화와 사회에 속한 존재다. 과학기술의 세계에는 학자만 있는 것이 아니다. 중학생을 가르치는 학원 선생도 있고 과학 기사를 쓰는 기자도 있고 연구 결과를 산업에 응용하는 사업가도 있고 연구실의 테크니션도 있다.

이토록 기나긴 지적 여정을 소개하는 이유는 과학과

페미니즘의 만남이 전혀 엉뚱한 것이 아님을 말하기 위해서다. 사실 종교이건 과학이건 페미니즘이건, 띵꺼밧 차원에서는 본질적으로 같다고 본다. 당연하게 여겨온 것에 질문을 던져본다는 점에서, 그것을 일상의 순간마다 지속한다는 점에서, 한번 이 관점으로 세상을 보게 되면 세상 모든 것이 그렇게 해석된다는 점에서.

과학의 남성 중심성에 실망하여 떠나기보다는 어떻게 하면 그런 과학을 고쳐 쓸 수 있을지를 고민하여 취하고 싶다. 과학이 과학의 세계를 구성하는 사람들의 편견에 의해 편향된 지식을 생산할 수 있다면, 구성원을 설득함으로써 더 나은 과학 지식을 생산하는 것도 가능할 것이다. 그러기 위해선 과학 지식이 불편부당한 객관을 보여주며 전문가만이 개입할 자격이 있다는 믿음부터 깨부숴야 한다. 그렇지 않나? 띵꺼밧.

공정, 정의, 평등이란 단어에 반대하는 사람이 있을까? 대체로 찬성한다. 문제는 평등에 도달하는 방법이 무엇인지가 사람마다 무척 다르다는 점이다. 출발선이 같으면 평등할까? 규칙이 같으면 평등할까? 결과가 같아야 평등할까? 이 모두가 중첩되고 교차하고 변화할 때는 어떻게 해야 할까?

성평등도 마찬가지다. 특히 몸에 관한 과학적 이론이 이를 뒷받침할 때는 더욱 헷갈린다. 여성이 남성과 같다고 주장해야 할까, 아니면 다르다고 주장해야 할까? 결론부터 말하자면 이 질문은 둘 중 하나를 반드시 선택해야 한다는 점에서 이미 잘못됐다. 같다고 말하건 다르다고 말하건 둘 다 차별일 수 있다. 대신 더 섬세하게 물어야 한다. '여성이 남성과 다르다면 이 차이는 어떻게, 왜 만들어졌는가?'로 말이다.

같음과 다름 사이의 시소 타기. 이는 비단 여성뿐

아니라 인종, 성적 지향, 나이 등 모든 소수자 문제를 논할 때 부딪히게 되는 일종의 딜레마다. 이러한 어려움 때문에 혹자는 페미니스트가 자기들 입맛대로 상황에 따라 다르게 성차를 적용한다고 말한다. 그러나 평등을 이룬다는 것은 늘 그렇게 상황을 미세하게 재조정하며 저울질하는 일이다.

‡

의학에서 평등을 이야기할 때 발생할 수 있는 아이러니를 소개하고 싶다. 의학사를 자세히 들여다보면, 한 집단이 다른 집단보다 연약할 때 두 집단 사이의 힘의 균형을 만들어 가는 과정이 단일한 조치로 이루어질 수 없고 맥락에 따라 매번 다른 선택을 필요로 한다는 것을 알 수 있다.

제2차 세계대전 이후 나치와 일본군에 의해 자행된 잔혹한 인체 실험이 세상에 알려지면서 인간을 대상으로 한 연구에서 연구 참여자를 보호하는 윤리 원칙이 세워지기 시작했다. 1947년 뉘른베르크 의사 재판‡‡에서 제정된 '뉘른베르크 강령'과 1964년 세계의사회WMA가 채택한 '헬싱키 선언'이 대표적인 사례다.§§

‡‡ 미국 대 뉘른베르크 의사 재판United States of America vs. Karl Brandt, et al., 제2차 세계대전 종전 후 카를 브란트 등 나치 독일의 전범 의사 23인을 상대로 진행된 국제 재판으로 비인도적 인체 실험과 전쟁범죄 등의 혐의를 다루었다.

§§ 뉘른베르크 강령은 나치 독일의 의사들이 유대인 포로 등을 대상으로 자행한 비윤리적 인체 실험에 대한 반성에서 출발했다. 강령은 특히 피험자의 자발적이고 자유로운 동의를 핵심 원칙으로 내세웠으며, 인체 실험의 윤리적 기준을 최초로 국제적으로 제시한 문서라는 점에서 역사적 의의를 가진다. 그러나 뉘른베르크 강령은 법적 구속력이 없었고, 주로 생물의학적 실험에 초점이 맞춰져 있어 임상

이후 1960년대 초에 인간이 초래한 최악의 의약 참사로 여겨지는 '탈리도마이드 쇼크'가 터졌다. 1950년대 후반, 독일의 제약회사 헤미 그뤼넨탈Chemie Grünenthal은 불면증과 입덧 완화 등에 효과가 있다는 신약 탈리도마이드Thalidomide를 출시했다. 탈리도마이드는 독일을 시작으로 영국, 일본, 오스트레일리아, 캐나다 등 전 세계 약 46개국에서 판매되었다. 1957년부터 1961년까지 수백만 명의 임산부가 복용한 탈리도마이드는 당시까지 부작용이 거의 없는 기적의 진정제로 홍보되었다.

그러나 탈리도마이드는 동물 실험에서 태아 기형 유발 여부를 전혀 평가하지 않고 시판되었으며, 임산부와 태아에게 미치는 영향을 과학적으로 검증하지 않은 채 판매되었다. 임산부들이 탈리도마이드를 복용한 후 전 세계적으로 1만 명 이상의 신생아가 사지 기형, 청각 장애, 심장 기형 등 심각한 선천성 기형을 갖고 태어났다는 사실이 알려진 것은 약이 광범위하게 소비된 지 4년이 지난 1961년이 되어서였다. 이후 대부분의 국가에서 약물 회수 조치가 내려지고 판매가 중단되었지만, 때는 이미 수만 명의 피해자가 발생한 뒤였다. 탈리도마이드 쇼크는 단지 일회성 약물 사고에 그치지 않고 제약업계와 규제 기관, 그리고 의료 윤리 전반에 걸쳐 근본적인 성찰과 제도 개혁을 촉발한 세계사적 사건으로 조명되었다.

현장에서의 적용 범위가 제한적이었다. 이후 의학 연구가 더 많아지고 복잡해지자 이를 반영하여 헬싱키 선언이 새롭게 발표되었다. 뉘른베르크 강령이 비윤리적 실험을 막기 위한 최소한의 원칙 제시에 그쳤다면, 헬싱키 선언은 좀 더 폭넓은 현실적 상황을 아우르는 한편, 연구 참여자 보호를 위한 명확한 가이드라인을 제공했다.

그리고 이를 계기로 의학 연구에서 임산부와 태아의 취약성이 엄격히 강조되기 시작했다.

　　탈리도마이드 쇼크 이후에도 1970년대 초 경구피임약 등 여성호르몬 계열 약품의 치명적인 부작용이 속속 드러났다. 에스트로겐 용량이 높았던 초기 피임약이 심혈관계 질환, 우울증 등 정신적 부작용, 간 손상 등을 일으킬 수 있다는 연구 결과가 보고된 것이다. 이에 미 식품의약국FDA은 약물을 규제하는 권한을 대폭 확대하고 임산부 혹은 가임 여성을 임상시험에서 배제하는 규정을 만들어 이를 제도화했다.[75] 그러면서 사실상 임상시험에 참여할 수 있는 대상이 건강한 성인 남성(대부분 백인 남성)으로 한정되었다. 이전에는 여성이 연구 대상으로서 관심조차 받지 못해 임상시험에서 배제되었다면, 20세기 초중반을 거치면서는 여성이 (사실은 태아의) '보호'를 위해 연구에서 배제되기 시작한 것이다.

　　이러한 여성 배제 현상에 대해 본격적인 문제의식이 형성된 것은 1980년대 초반, 페미니즘 제2물결과 함께 소비자의 권리를 주장하는 소비자 보호운동이 일면서다. 당시 의학계와 대중은 70킬로그램 백인 남성에게 맞춘 임상시험을 거친 의약품을 여성과 소수 인종, 어린이와 노인에게 똑같이 적용한다는 소위 '원 사이즈 피츠 올one size fits all' 관행에 대해 비판의 목소리를 높였다.[76]

　　이런 움직임에 대응하여 미 국립보건원NIH과 FDA는 각각 1990년과 1994년에 여성건강연구실Office of Research on Women's Health과 여성건강국Office of Women's Health을 신설하고, 정부 지원 임상 연구에 여성 및 소수자의

참여를 의무화하는 정책을 시행했다.⁷⁷ 이를 통해 여성 건강에
대한 자료가 축적되면서 우울증, 치매, 골다공증 등 다양한
질병에서 성차가 있음을 밝히는 연구가 쏟아졌다. 미국
컬럼비아대학 심장내과 의사 메리앤 J. 러가토의 심장병 연구가
대표적이다. 그는 같은 질환이라 하더라도 여성과 남성의 질병
체험이 다르다고 지적하며 지금껏 심장병이 남성의 질환으로
여겨져 여성 환자에게 적절한 치료를 제공하지 못해왔다고
비판했다. 실제로 당시까지 심장질환 연구와 임상시험은 남성
위주로 진행되어, 여성이 남성들과 같은 증상이 아닌 '비전형적'
증상을 보이면 심장병으로 인지되지 못하는 경우가 많았다. 이에
러가토는 한 발 더 나아가 연구와 진료에 있어 여남의 차이를
연구하는 의학을 새롭게 정의하고 이를 성차의학gender-
specific medicine이라 이름 붙였다. ¶¶

    성차의학은 기본적으로 여성이 생식기관뿐 아니라
신체의 모든 측면에서 남성과 다르며, 또한 여성과 남성이
처한 사회문화적 역할 차이가 의학의 이론과 실천에 큰 영향을
미친다고 전제한다. 곧 여성과 남성의 신체적, 사회적 '다름'을
강조한다. 이렇듯 차이에 집중하는 관점은 기존 남성 중심

¶¶ 한국에서도 2004년 11월 이화여대 의과대학에 성인지의학연구센터가
설립되며 성인지의학 연구의 중요성이 강조된 바 있다. 다만 최근 몇 년 동안
이 센터의 활동은 다소 주춤해진 것으로 보인다. 한편 최근 들어 성인지의학이
'성차의학sex/gender-specific medicine'이라는 이름으로 새로이 번역되어
다시 연구가 본격적으로 시작되었다. 2016년 한국과학기술젠더혁신연구센터가
출범하면서 성차 연구의 활성화를 주도했고, 2022년에는 대한민국의학한림원과
함께『임상영역에서의 성차의학』이라는 포괄적인 저서를 발간하여 성차의학의
임상적 중요성을 알렸다. 2025년 1월에는 성차의과학회가 설립되어 국내
성차의학 연구가 좀 더 본격적으로 이루어질 것으로 보인다.

의학에서 여성의 몸을 재발견한다는 점에서 일견 긍정적으로 보인다. 그러나 실상은 좀 더 복잡하다.

첫째, 성차를 강조하는 연구는 성별 차이가 실제로 발견되었을 때만 주로 발표되는 경향이 있다. 성차가 발견되지 않을 때는 연구가 발표되지 않고 넘어가기 쉽고, 유의미한 성차를 발견한 연구만이 주목받아 출판되므로 문헌만 보면 성별 차이가 실제보다 더 크게 받아들여질 소지가 있다. 이러한 출판 편향 때문에 성차 연구가 축적될수록 오히려 여남 차이가 과장되어 인식될 위험이 있다.***

둘째, 성차를 강조할수록 성별 고정관념에 부합하지 않는 개인들이 소외될 수 있다. '여성은 남성보다 몸에 지방이 더 많다'와 같은 전제는 여성 전체를 일반화함으로써 이에 해당되지 않는 여성을 배제하거나 보이지 않게 만들 가능성이 있다. 여성 집단 내부의 다양성을 간과한 채, 여성의 평균적 특성만을 강조하면 일부 여성은 자신이 '정상적이지 않다'고 느끼게 될 수도 있다는 얘기다.

셋째, 질병의 생물학적 성차를 강조하다 보면 건강 불평등의 원인을 잘못 이해할 수 있다. 흔히 다중인격으로 불리는 해리성 정체감장애의 예를 들어보겠다. 하나의 자아가 여러 개로

*** 실제로 2021년 한 연구에서 성별을 변수로 포함한 생물의학연구 논문 147편을 분석한 결과, 이 가운데 절반 이상(57퍼센트)이 여남 간 차이가 있다고 보고하였으나 그중 상당수는 통계적으로 적절히 검증되지 않은 차이였다. 저자들은 연구자들이 성별 차이를 강조하려는 경향 때문에 근거가 불충분한 경우에도 차이가 있다고 서술하는 사례가 확인되었으며, 이로 인해 실제보다 성차의 중요성이 부풀려질 수 있다고 지적한다. Yesenia Garcia-Sifuentes and Donna L. Maney, "Reporting and Misreporting of Sex Differences in the Biological Sciences," *eLife* 10 (2021) e70817.

분리되어 통합되지 못하는 해리성장애의 경우 미디어에서 재현되는 환자는 주로 남성이지만 실제 임상 통계를 보면 환자의 90퍼센트가 여성이다.

해리성장애 환자의 상당수가 아동기 시절 학대를 경험하는 것으로 알려져 있다. 아동기 학대를 여성만 경험하지는 않을 것이다. 그런데 왜 환자의 절대 다수가 여성일까? 이번에도 여성호르몬 때문인가? 여기서 캐나다 과학철학자 이언 해킹의 통찰을 참고할 만하다. 해킹은 저서 『영혼을 다시 쓰기Rewriting the Soul』에서 말한다. "다중인격을 지닌 남성 대부분은 병원이 아닌 감옥에 있다. 우리는 성별에 따라 거대한 시스템에 갇히며 (남성의 경우) 폭력성을 띠도록, (여성의 경우) 약해지도록 훈련받는다. 그게 우리에게 기대되는 모습이기 때문이다."[78] 다시 말해, 해리성장애 환자의 많은 수가 여성인 이유는 여성의 생물학적 특성 때문이 아니라 여성들이 어린 시절부터 피해자적 위치에 놓이기 쉬운 사회문화적 환경 때문이고, 반대로 남성의 분노와 폭력성 역시 남성의 생물학적 특성 탓이 아니라 남성이 성장하면서 접하는, 분노와 폭력을 미화하거나 조장하는 문화의 산물일 가능성이 크다는 것이다.

실제로 남성호르몬 테스토스테론 수치와 공격적 행동 간 상관관계를 조사한 최신 연구들은 테스토스테론과 폭력 사이의 직접적 연관성은 매우 약하며, 단순한 물리적 폭력과는 거의 상관성이 없다는 점을 보여주고 있다.[79] 테스토스테론 수치가 높다고 해서 반드시 더 폭력적인 행동을 하는 것은 아니며, 오히려 사회적 규범과 문화적 기대가 테스토스테론이 어떤 행동을 유도할지를 결정짓는다는 것이다. 가령 명예를 중시하는 문화에서는 테스토스테론이 공격성을 유발할 가능성이 높지만, 협동을 중요시하는 집단에서는 이 호르몬이 협동적 태도를 촉진하기도 한다. 테스토스테론은 '폭력 유전자'처럼 작동하는 것이 아니라, 사회적 역할에 따라 유연하게 반응하는 생물학적 조절자에 가깝다. 따라서 남성들의 높은 공격성이 호르몬 탓이라고 곧바로 단정하는 것은 과학적으로도 타당하지 않다.

여성의 우울과 질병이 에스트로겐의 문제가 아니듯 남성의 폭력도 테스토스테론의 문제가 아니다. 분노와 폭력을 권장하는 세계에 노출되며 남성은 차근차근 폭력에 둔감해지고 '남성다움'을 권력으로 휘두르는 법을 익혀간다.

여성이 얼마나 주변화되어 왔는지를 말하는 것도 중요하지만, 반대로 남성 중심성이 얼마나 허구적인지, 또한 그 속에서 불화하며 미끄러지는 남성이 얼마나 많은지를 말하는 것도 중요하다. 나는 남자들이 통제력과 권력을 잃을 때 오는 편안함과 아늑함을 만끽할 수 있기를 바란다. 그러려면 당사자의 증언이 필요하다. 남성 호모소셜 사회가 당신을 어떻게 망가뜨리는지를 이야기해 달라. 형님의 세계가 당신을 당신답게 살게 하였는가? 그러지 못하게 하였는가? 그걸 말하는 건 수치가 아니다.

21세기에 여전히 월경하는 몸으로 살아야 한다니 통탄스럽다. 평소보다 유독 사는 게 무거워진다 싶을 때는 다음 날 꼭 피를 보곤 한다. 갖은 철학적 질문으로 머리가 꽉 차 있다가 변기에 앉아 피 묻은 팬티를 발견할 때면 허탈해지면서 정신이란 것이 얼마나 몸의 상태에 영향을 받는 것인지 실감하게 된다. 월경 주기가 시작되기 전에는 월경전증후군PMS으로 우울감과 불안이 찾아오고, 본격적으로 월경이 시작되면 월경통이 온다. 아랫배와 허리가 끊어질 듯 아프고 화장실은 또 얼마나 자주 들락거리는지⋯⋯ 운동도 평소만큼 잘 되지 않는다.
　무엇보다 피가 샐까 봐 염려해 월경대, 탐폰, 월경컵, 월경팬티 등 다양한 월경 관련 제품과 씨름하느라 일상생활에 제약이 많아진다. 수영장에 가는 것도, 헬스장에 가는 것도 하다못해 어디에 앉았다 일어서는 것도 신경 쓰인다. 자라면서 얼마나 많은 이불과 방석과 교복 치마와 잠옷과 기타 등등에 동그란 핏자국을 남겨왔는지 모르겠다. 축축한 느낌에 엉덩이에 손을 갖다 대보고 혈액 특유의 끈끈함이 느껴질 때면 속으로 되뇌곤 했다. '아, 또…….'

    여자는 월경의 시작과 함께 그것을 은폐하는 법을 배운다. 슈퍼마켓에서 월경대를 살 때마다 판매원은 요청하지 않아도 자연스럽게 아래쪽에서 검은 비닐봉투를 꺼내 따로 담아준다. 지구상에서 살아가는 가임기 여성 대부분이 한 달에 최소 사나흘은 24시간 피를 흘리며 지내는데 모두가 이토록 월경혈을 잘 처리한다니 믿어지지 않을 때가 있다. 자고 일어난 사람 입 주변에 허옇게 마른 침 자국처럼, 치아 사이에 낀 고춧가루처럼, 깔끔하다는 인상은 못 주더라도 2~3일에 한 번쯤은 엉덩이 뒤에 검붉은 핏자국을 남긴 여자를 길거리에서 보아야 하는 게 정상 아닌가?

    월경과 관련해서 내게는 세 번의 혁명이 있었다. 첫 번째 혁명은 월경대에서 탐폰으로 갈아탄 일이다. 탐폰을 사용하기 시작하면서 월경 중에도 목욕탕이나 수영장에 들어가는 것이 가능해졌다. 하지만 어떤 이유에선지 월경통은 더 심해졌다. 두 번째 혁명은 탐폰에서 월경컵으로 갈아탄 일이다. 이것도 어떤 이유에서인지는 모르겠지만 일주일간 지속되던 월경이 사흘 만에 끝나는 뜻밖의 효과가 있었다.[80] 매달 월경 용품을 살 필요가 없어졌다는 점도 좋았다. 후비적거리며 체내에 직접 삽입해야 하는 월경컵 사용법에 적응하기까지 시간이 좀 필요했지만, 적응하고 나니 그렇게 편할 수가 없었다. 내 삶에 월경이 없는 것처럼 느껴졌다.

나는 더 욕심을 냈다. 월경을 정말로 없애고 싶어졌다. 매달 피를 흘리지 않아도 되는 삶이라니 상상만 해도 산뜻했다. 누구도 나를 임신시킬 수 없게 된다는 사실도 좋았다. 그래서 임플라논 시술을 받았다. 이것이 월경과 관련한 나의 세 번째 혁명이다. 임플라논은 왼쪽 팔 상완 아래에 삽입하면 3년간 피임 효과가 있는 성냥개비 크기의 이식형 피임제다. 피임을 위해 만들어진 제품이지만 부작용 중 하나로 월경이 줄거나 완전히 멈춘다. 나는 인터넷상에 여러 여성이 올린 후기에 따라, 이 부작용을 기대하고 임플라논 시술을 받았다.

임플라논 덕분에 한동안은 월경을 거의 하지 않는 몸으로 지냈다. 배란통이나 월경통, PMS도 같이 없어져서 생활이 혁신적으로 편해졌다. 그러나 이러한 편리함도 잠시, 시술 후 1년 정도가 지나자 부정 출혈을 경험하기 시작했다. 산부인과의사 말로, 임플라논 사용자에겐 부정 출혈을 유발하는 난소 낭종이 흔하다고 했다. 찾아보니 임플라논을 1년 이상 사용할 경우 난소 낭종 발생률이 사용하지 않은 사람에 비해 26.7퍼센트 더 높다는 연구 결과가 있었다.[81] 이러한 낭종은 대부분 자연적으로 사라지고 추가적인 치료가 필요하지는 않다고들 하지만, 예측할 수 없이 찾아오는 출혈을 경험할 때마다 또다시 통탄스러운 마음이 된다. 과학기술이 이토록 발전한 시대에 어째서 월경과 관련된 기술은 이토록 허접한 것일까? 피임 기술은 왜 아직도 여전히 여성의 몸에 무리를 주는 것일까?

여성의 생식력과 관련된 기술은 오직 임신 및 출산과 연결될 때만 중요해지는 듯하다. 매달 한 번씩 겪는 월경은—얼마나 많은 여성이 불편함을 느끼든—임신의 실패를 의미하고 따라서 그다지 중요하지 않은 것으로, 여성 스스로 감추고 처리하면 그만인 불결하고 꿉꿉한 것으로 여겨진다.

월경과 관련해 세 번의 혁명을 경험하는 동안 주변에서 다양한 반응을 보였다. 월경대에서 탐폰으로 옮겨 갈 때는 "처녀막이 손상되면 어떡하냐?"라는 질문을 들었다. 임플라논 시술을 한 뒤에는 반응이 더 다채로웠다. "그거 몸 파는 여자들이 하는 것 아니야?" "나중에 아이 갖는 데 문제 생기면 어떡해?" 한 산부인과의사는 잠자리 상대에게 임플라논 시술을 한 것을 말하지 말라는 조언을 하기도 했다.

이 모든 반응이 너무도…… 당혹스러웠다. 설사 성산업에 종사하는 여성이 임플라논 시술을 많이 한들 그것을 내가 한 게 무엇이 문제라는 걸까? 임플라논 시술은 제거 후 바로 가임력이 회복되지만 설사 회복되지 않는다고 해도 그것을 내가 알고 감수하기로 했다면 무엇이 문제라는 걸까? 잠자리 상대에게는 왜 임플라논 시술을 한 사실을 말하면 안 되는 걸까?

사람들은 오로지 자신의 쾌적한 삶만을 위해 월경을 조절하는 여성을 불손하게 보는 듯했다.

‡

월경이나 피임과 관련된 기술은 이리도 발전이 지지부진한 반면, 여성을 임신시키기 위한 기술은 상당히 발전한 편이다. 2019년에 나는 과학기자로 일하고 있었는데, 당시 냉동 난자 시술을 취재하기 위해 국내에서 난임 치료로 유명한 병원을 방문했다. 두 병원 모두 '가임력보존센터'라는 곳에서 냉동 난자 시술을 하고 있었다.

　인상적인 경험이었던지라 아직도 그때 방문이 꽤나 생생하게 기억난다. 한 병원의 로비에 들어서니 여섯 개의 거대한 냉동 탱크가 투명한 유리창 너머로 전시되어 있었고 모두 실시간으로 모니터링 중이었다. 병원 관계자는 탱크 속에 배아, 난자, 정자가 각각 두 대씩 냉동되어 있다고 했다. 자궁은 40~60대에도 가임력이 비교적 잘 보존되기에 이론상으로는 20대에 '신선한' 난자를 채취해 얼려두면 완경이 된 60대에도 외부에서 호르몬을 투여하면 임신이 가능하다고 했다.

　난자 냉동 시술은 시험관 아기 시술과 기본적인 과정과 원리가 같다. 차이점은 난자를 얼리느냐, 배아를 얼리느냐다. 사람마다, 나이마다 다르지만 임신 성공률도 20~30퍼센트로 시험관 아기 시술 1회의 성공률과 비슷하다. 난자를 얼려두었다고 해서 추후 임신에 무조건 성공하는 것은 아니라는 얘기다. 여러 번 시도할수록 성공률은 높아지겠지만 그만큼 여성의 몸에 무리가 간다. 얼마나 많은 난자를 채취해 냉동해 두었냐에 따라서, 채취한 난자의 상태가 어떤지에 따라서 결과가 달라진다.

　난자를 한 번 채취할 때 비용은 200~500만 원 정도다. 건강보험 급여 항목에 해당되지 않아 비싼 편이다. 여기에 매년 20~40만 원의 보관료가 따로 든다. 서울시는 2023년 저출생 대책 중 하나로 난자 냉동 시술을 위한 사전 검사비와 시술 비용의 50퍼센트를 최대 200만 원까지 지원하겠다고 밝혔다.[82]

　보통 한 달에 하나씩 난자가 배란되므로 난자 냉동 시술 역시 시험관 아기 시술처럼 난자를 채취하기 전에 과배란주사를 맞아 난자의 생성을 촉진한다. 한 번에 채취할 수 있는 난자의 개수는 나이와 난소 상태에 따라 다르다. 많으면 수백 개를 채취할 수 있지만 적으면 수 개에 그치기도 한다. 과배란주사를 맞는 과정에서 난소가 붓고 배에 복수가 차는 난소과자극증후군에 노출될 수 있다. 난자 채취 과정뿐 아니라 난임 치료 과정에 나선 많은 여자가 부작용을 경험하고 몸이 상하지만, 기술 자체에 집중되어 여성이 몸으로 겪는 경험은 크게 중요하게 다뤄지지 않는다.

난자 냉동 시술이 여성의 커리어 해방을 가져다줄 것처럼 비치며 국내에서도 난자를 냉동하는 사례가 최근 증가하는 추세이지만, 취재 당시 해동 사례는 아직 많지 않았다. 산부인과의사가 진료실 컴퓨터로 프레젠테이션을 띄워두고 내게 하나씩 설명해 주었던 것이 기억난다. 냉동된 난자를 이후에 얼마나 해동해 사용했는지에 대한 통계는 이제 막 나오기 시작한 단계라고 했다. 통계에 따르면 많게는 8퍼센트, 적게는 4~5퍼센트의 냉동 난자만이 해동된다.[83]

그러면 92~95퍼센트의 난자가 남는다는 것인데, 해동되지 않고 냉동 탱크 안에 남겨진 난자는 어떻게 될까? 안전하게 버려질 수 있을까?

한국에서는 황우석 사태 이후 생명윤리에 대한 인식이 크게 변화하고 법적 제도도 강화되어 왔다. 그러나 이것은 배아 및 배아줄기세포에 해당되는 이야기다. 여기서 잠깐 설명을 덧붙이고 가자면, 배아embryo는 정자와 난자가 만나 만들어진 발생의 초기 형태를 뜻한다. 인간 배아가 세포 분열이 진행되어 자라면 태아가 된다.

배아줄기세포embryonic stem cells는 배아에서 채취한 세포로, 면역학적으로 타입이 정의되지 않은 다능한 세포다. 배아의 초기 단계에서 얻어지는데 조직과 장기를 재생하거나 치료하는 데 사용될 수 있어 잠재력이 크다. 황우석의 연구가 많은 이의 주목을 받았던 이유도 여기에 있다. 배아는 인간과 인간 아닌 것의 경계에 있기에 많은 윤리적 문제와 논란을 일으킨다. 또 연구를 위해 배아를 얻으려면 난자가 필요한데 난자는 정자와 달리 채취하는 과정이 매우 침습적이라는 문제도 있다.

　황우석 사태 이후 한국은 생명윤리에 있어서 무척 까다로운 국가가 되었고 이에 따라 생명윤리 및 안전에 관한 법률(생명윤리법)도 개정되었지만, 이것은 배아를 중심으로 한 규정으로, 정자와 난자 같은 다른 인체 유래물에 대한 조항은 여전히 미비한 편이다. 현재도 난자와 관련된 규정은 제대로 마련되어 있지 않아 마땅한 규칙 없이 의료기관의 재량에 따라 채취된 난자의 관리와 보관이 이루어지는 형편이다. 나는 취재 과정에서 이 사실을 알고 놀랐다. 병원은 냉동 정자와 냉동 난자를 보관하고 있고, 이 둘을 해동한 뒤에 인공수정을 해서 배아를 만들 수 있는 기술을 보유하고 있다. 그리고 미래에 있을지 모를 임신 및 출산을 위해 많은 여성이 냉동해 둔 난자의 95퍼센트는 사용되지 않고 있다. 이게 무슨 의미일까? 이렇게나 커다란 잠재력을 가진 인체 유래물의 보관 및 관리를 그저 의료기관의 재량에 맡겨도 되는 것일까?

‡

　취재를 하면서 난자 냉동에서 더 나아가 난소 냉동, 자궁 이식 등 매우 활발하고 놀라운 재생산 기술 연구 결과들이 나오고 있다는 것을 알게 되었다. 인간의 상식을 깨부수는 연구 결과들이었고, 연구진이 이에 흥분해 있는 것이 느껴졌다. 난자 냉동은 항암 치료가 당장 시급한 환자에게는 사용하기 어렵다는 문제가 있다. 난자를 채취하는 과정에서 약 2주간의 호르몬 자극이 필요하고 또 호르몬 자극이 암에 영향을 줄 위험도 있기 때문이다. 그래서 시간이 촉박하거나 호르몬 자극이 위험할 수 있는 환자는 난자 대신 난소 조직 전체를 냉동하기도 한다. 실제로 분당서울대학교병원 산부인과 가임력보존센터는 2015년 7월 항암 치료를 앞두고 난소를 동결해 뒀던 34세 여성의 복강에 난소를 이식하는 수술에 국내 최초로 성공했다.[84] 연구를 이끈 이정렬 교수는 "향후에는 20대 때 난소 한쪽을 얼려두고 50대에 폐경이 온 뒤에 이식해서 폐경을 늦추는 방법이 임상에서 사용될 가능성"도 있다고 말했다.

스웨덴의 한 연구 팀은 2013년 세계 최초로 자궁 이식에 성공하기도 했다.[85] 이어진 2016년 연구에 따르면 자궁 이식을 받은 여성 열한명 중 일곱 명이 임신에 성공했다. 기증자는 대체로 엄마, 이모 등 출산 경험이 있는 친인척이었다.[86] 완경이 된 이후에도 자궁을 물려주는(?) 것이 가능하다고 하니 만약 딸이 엄마의 자궁을 이식받는다면 딸과 손녀가 태아 때 같은 아기집에서 자라게 되는 셈이다.

내가 방문한 한 난임 병원은 인테리어 구조가 무척 독특해서, 벽이 곡선으로 구부러져 있었다. 진료실 앞에서 대기하는 사람들은 구부러진 벽 때문에 서로의 모습을 보기 어려운 구조였다. 병원 관계자에게 왜 벽을 구부려 놓았느냐고 물으니,

난임 치료를 받는 사람을 타인의 시선으로부터 보호하기 위한 것이라고 했다. 그러니까 아이를 갖기 어려워 난임 치료를 받으며 임신을 위해 애쓰는 여성이 부끄러울까 봐 벽을 구부려 놓았다는 것이다.

나는 애초에 질문을 다시 하고 싶어졌다. 가임력은 왜 그렇게까지 보존되어야 할까? 항암 치료를 앞두고 난소 조직 전체를 들어내 얼릴 정도로, 회당 수백만 원을 들이며 몸에 무리가 가는 것까지 견뎌야 할 정도로, 또 벽을 구부려 그 속에 숨어서라도 치료를 받아야 할 정도로.

지구와 동물들, 가난하고 아픈 사람들 등 우리는 직접 낳은 자식 말고도 돌봐야 할 존재가 많지 않나.

내게는 무성애자 친구가 있다. 그[녀]는 에이로맨틱, 에이섹슈얼로 누구에게도 낭만적으로도, 성적으로도 끌림을 느끼지 않는다고 했다. 그는 종종 친구들에게 이렇게 말하곤 했다. 유성애에는 늘상 유난이 허락되고, 유성애 규범 안에선 뭐든 기껍고 당연하게 여겨진다고. 듣고 보니 맞는 말이었다. 에로스는 인간 관계의 가장 소중하고 위대한 정동적 동인으로 추앙받는다. 사랑 때문에 그 많은 죽음과 폭력이 있었는데도.

친구들 사이에서 연애와 섹스 이야기가 반복될 때마다 그가 맥을 끊고 불편하다고 말해준 덕분에 그의 말마따나 이 사회가 얼마나 "유성애 대환장파티"인지를 새삼 깨닫게 되었다. 주위를 둘러보니 온통 사랑 이야기였다. 소설을 읽어도 여행을 가도 노래를 들어도 그랬다.

자연 속에서 살아가는 동식물을 봐도 그렇다. 수컷 공작은 화려한 깃털을 펼쳐 보이며 암컷 앞에서 으스대고, 고래는 깊은 바닷속을 누비며 수백 수천 킬로미터 떨어진 곳까지 닿도록 노래를 부른다. 새는 지저귀고 반딧불이는 빛을 내고 꽃은 향기를 내뿜고 자외선을 반사한다. 이쯤 되니 온 지구가 성애에 미쳐 있는 것 같다. 교미 끝에 기꺼이 암컷에게 목숨을 내놓는 수컷 사마귀처럼.

‡

생물학적으로 볼 때 성性, sex이란 주로 유성생식sexual reproduction을 뜻하는데, 이는 번식할 때 유전자를 섞는다는 의미다. 무성생식asexual reproduction은 하나밖에 없는 모체母體, parent body의 복사판을 생산하는 것으로 모든 세대는 이전 세대를 계속 반복한다. 드물게 돌연변이가 나타나기 전까지 그렇다. 한편 유성생식은 일종의 셔플링shuffling이다.††† 유성생식을 하는 생물은 부모에게서 받은 유전자를 섞어서 자손을 만든다. 수컷이 가진 카드 패와 암컷이 가진 카드 패를 섞은 뒤 부모와 닮았으나 전혀 다른 새로운 조합의 카드 패를 내놓는 것이다.

생물의 성과 죽음에 관해 가장 좋아하는 인용구가 있다. 앤 드리앤과 칼 세이건이 함께 쓴 책 『잊혀진 조상의 그림자』에 등장하는 문구다.

††† 셔플링은 카드 게임에서 주로 사용되는 용어로, 원래 순서를 제멋대로 섞는 과정을 일컫는다. 어떤 대상에 무작위성randomness을 부여하기 위한 행위로, 셔플링을 통해 특정 순서에 의한 편향을 제거할 수 있다.

10억 년 전, 생물은 하나의 거래를 했다. 그 거래란 개체의 불사성不死性을 잃는 대신 성의 기쁨을 얻은 것이다. 죽음과 성, 우리는 죽음 없이 성을 얻을 수 없다. 자연은 생물에게 무척이나 가혹한 거래를 강요한 셈이다.[87]

무성생식을 하는 생물이 자신의 클론을 계속해서 만든다는 점에서 불사의 존재라면, 유성생식을 하는 생물은 다음 세대를 위해 자신의 유전물질을 포기하고 상대방의 것과 자신의 것을 뒤섞는다는 점에서 죽어야만 하는 존재라는 것이다. 성의 기쁨과 개체의 불사성을 연결한 이 인용구를 생각할 때면 프랑스어에서 오르가슴을 'la petit mort', 곧 작은 죽음이라고 표현하는 이유를 좀 더 이해하게 된다.

왜 이렇게까지 유성생식을 해야 할까? 죽음을 불사하면서까지 말이다. 사실 지구의 생물은 역사의 절반 혹은 그 이상을 성 없이도 멀쩡하게 지내왔다. 실제로 성이 생식을 위해 꼭 좋은 수단이라고 말할 수는 없는데, 성을 가지려면 대가를 치러야 하기 때문이다.

그 대가는 다음과 같다. 첫째로 성은 성공적인 유전자 조합을 만들자마자 해체한다는 점에서 불리하다. 한 세대에서 환경에 적합한 성공적인 유전자 조합을 만들었더라도 바로 다음 세대에서 해당 조합은 유성생식에 의해 뒤섞이게 된다. 둘째로 짝짓기에는 시간과 에너지가 든다. 수컷 공작새의 꽁지깃은 보기에는 아름답지만 날기에 불편하고 이는 공작새의 생존력을 떨어뜨린다. 셋째로 성병의 위험이 있다. 넷째로 진화생물학자 존 메이너드 스미스가 지적하는 '두 배의 손실two-fold costs of sex'이 있다. 유성생식은 두 개의 세포가 하나의 세포를 만들기 때문에 무성생식보다 자손이 번성하는 속도가 훨씬 더디다. 예를 들어 한 종의 개체 수가 100개이고 이 중 50개체가 수컷, 50개체가 암컷인 종이 있다고 가정해 보자. 이 종은 한 세대를 지나면 50개체의 자손이 태어날 수 있다. 반면 같은 수의 무성생식 종에서는 모든 개체가 자손을 생산할 수 있어, 한 세대에 100개체의 자손이 태어날 수 있다. 무성생식에서는 세대를 거칠 때마다 개체 수가 두 배로 증가하는 반면, 유성생식에서는 수컷이 자손 생산에 직접 기여하지 않기 때문에 여러 세대에 걸쳐 개체 수가 일정하게 유지된다. 스미스의 표현에 따르면, 간단히 말해 유성생식은 '수컷 비용the cost of males'을 치러야 한다.[88]

이러한 단점에도 불구하고 성은 생물의 세계에서 보편적이다. 대부분의 진핵세포 생물은 유성생식을 한다. 그것은 '수컷 비용'을 치러서라도 그것을 상쇄할 만한 진화적 이점이 유성생식에 있음을 암시한다. 생물학자가 내놓은 유성생식의 이점이란, 역시 유전적 다양성이다. 유전자를 계속해서 섞어 다양한 조합의 유전자를 만들면 만들수록 끊임없이 변화하는 환경에 더 잘 적응하여 더 빠르게 진화할 수 있다는 것이다.

무성생식 집단은 돌연변이가 나타나도 이것을 제거하지 못하고 계속 축적되어 개체의 삶을 위협할 수 있지만, 유성생식을 하는 생물은 수시로 유전자의 결함을 제거할 수 있다. 기생충이나 병원균이 무성생식을 하여 빠르게 번성하기 때문에 이에 맞서기 위해 숙주 생물이 유성생식을 택했다는 가설도 있다. 바로 진화생물학에서 자주 거론되는 '붉은 여왕 가설Red Queen's hypothesis'에서다. 이 가설의 이름은 루이스 캐럴의 소설

『거울 나라의 앨리스』에 등장하는 붉은 여왕이 주인공 앨리스에게 말하는 내용에서 비롯되었다. 소설에서 붉은 여왕은 앨리스에게 "할 수 있는 한 힘껏 달려야만 같은 자리에 겨우 머무를 수 있다"라고 말한다. 붉은 여왕이 다스리는 나라에서는 어떤 물체가 움직일 때 주변 세계도 함께 움직이기 때문에 끊임없이 달려야 제자리를 유지할 수 있기 때문이다. 같은 원리에서 붉은 여왕 가설을 지지하는 생물학자들은, 끊임없이 진화하는 기생충이나 병원균으로부터 살아남기 위해 새로운 유전자 조합을 만들어 내는 유성생식이 진화했다고 본다.[89]

‡

그러나 여전히 성의 기원과 진화는 수수께끼로 남아 있다. 앞서 열거한 성의 이득은 유성생식이 유지되는 이유, 자연계에 널리 퍼진 이유를 설명할 수는 있지만, 성의 시작점과는 전혀 무관할 수도 있기 때문이다.

인간은 자신에게 익숙한 관습대로 자연을 바라보고 해석하는 경향이 있다. 그리고 자신의 관념을 투사해 해석한 자연을 근거로 되가져 와 관습을 정당화하기도 한다. 여성과 남성이라는 이분법적 성별 구분이 그렇고, 이들에게 부여한 성역할을 설명할 때도 그렇다. 동성애나 트랜스젠더 인권을 말할 때 "자연스럽지 않다" "자연의 질서를 거스르는 것이다"라는 이유로 반대하기도 한다. 그러나 '자연스럽다'는 것, '자연의 질서'라는 것이 과연 무엇일까? 자연은 인간이 보고 싶은 대로 존재하지 않는다. 찾아보면 관습과 직관의 뺨을 후려치는 예가 얼마든지 있다.

생물학적으로 수컷과 암컷을 구분하는 기준은
생식세포의 크기다. 수컷은 크기가 작은 생식세포를 만드는
존재, 암컷은 크기가 큰 생식세포를 만드는 존재다. (이토록
단순하다!) 이 기준은 1972년 제프 파커, 로빈 베이커, 빅
스미스가 발표한 이론에서 명확하게 설명되었다. 이들은
이형배우자성anisogamy, 곧 서로 다른 크기의 생식세포를
생산하는 생식 시스템의 기원과 진화를 수학적 모델로
설명하면서, 생물학적 성별이 생식세포의 크기 차이에 의해
정의된다고 주장했다. 이 이론은 이후 많은 생물학적 연구에
인용되면서 생물학적 성별 정의에 중요한 기여를 했다.[90]

한번 결정된 성이 늘 고정되어 있는 것은 아니다. 수컷에서
암컷으로, 암컷에서 수컷으로의 성전환은 자연에서 자주
일어난다. 이를테면, 꽃을 피우는 식물의 94퍼센트는 한 꽃에
암술과 수술을 모두 가진다.[91] 같은 꽃의 암술과 수술끼리는
꽃가루를 주고받지 않는다. 수술이 먼저 발달하고 벌이나
나비가 꽃가루를 실어 나르면 그제야 암술이 발달해 다른 꽃의
꽃가루를 받는다. 하룻밤 사이에 성전환을 하는 개체도 있다.
빅토리아속victoria 수련은 야간에 흰 꽃을 피우는데, 암꽃으로
개화하여 달콤한 향기를 풍기고 꽃의 온도를 섭씨 11도가량으로
높여 딱정벌레와 같은 수분 매개 곤충을 유혹한다. 꽃 안에 곤충이
들어오면 꽃잎을 닫아 이들이 밤새 온몸에 흠뻑 꽃가루를 묻히며
흥청망청 파티를 열게 둔다. 이튿날 흰 꽃은 분홍색의 수꽃으로
성전환을 하고 꽃잎을 연다. 꽃가루를 잔뜩 묻힌 곤충은 새로운
꽃으로 이동해 꽃가루를 전달하게 된다. 암꽃에서 수꽃으로 점차
변화하므로 그 과정상에 거의 무한대의 성이 있다고 할 수 있다.

개화 첫날 밤 흰 꽃을 피운 아마존빅토리아수련 *Victoria amazonica*.

산호초 지역에 사는 블루헤드놀래기*Thalassoma bifasciatum*는 떼를 이루어 사는데, 대부분 암컷으로 태어났다가 몸집이 커지면 그중 한 마리 또는 일부가 수컷으로 빠르게 변화한다. 이에 따라 외형은 물론 체내 생식기와 행동도 변한다. 영화「니모를 찾아서」의 니모로 알려진 흰동가리도 자라며 성이 바뀌는 대표적인 종이다.

여러 도마뱀 종이 암컷만 있고 무성생식을 하기 때문에 정자에 의한 수정이 필요하지 않다. 채찍꼬리도마뱀과Teiidae(*Aspidoscelis*속) 도마뱀이 대표적이다.[92] 아마존몰리*Poecilia formosa*처럼 전부 암컷만 있는 물고기도 있다. 바다거북과 악어 등 파충류 일부는 알이 자랄 때의 온도로 성별이 결정된다. 암컷은 그늘진 자리에 낳을지 햇볕이 드는 자리에 낳을지를 골라 새끼의 성비를 조절할 수 있다.

갈매기 사회에 레즈비언 부부가 많다는 사실은 1970년대부터 보고되어 왔다. 1977년『뉴욕 타임스』에 발표된 기사에서 연구진은 캘리포니아 해안의 샌타바버라섬에서 관찰된 갈매기 중 14퍼센트가 레즈비언 관계를 형성하고 있다고 밝혔다.[93] 레즈비언 갈매기 부부는 함께 둥지를 틀고 알을 낳고 새끼를 키운다. 주변 수컷과 짝짓기를 하고 돌아와 암컷과 살림을 차리기 때문에 레즈비언 갈매기 부부의 둥지에는 종종 이성애 갈매기 부부의 둥지보다 알이 배로 더 많을 때도 있다.

해마는 수컷이 새끼를 낳는다. 수컷 해마의 배에 있는 주머니에 암컷 해마가 난자를 넣어두면 그곳에서 난자가 수정되어 배아가 된다. 수컷이 임신하는 셈이다. 수컷은 산소를 제공하고 염분 농도를 적당히 유지해 가며 주머니 속 배아를 기르고

다 자라면 뿜어내듯 새끼를 출산한다. 유튜브로 수컷 해마가 출산하는 장면을 담은 영상을 꼭 찾아보기를 추천한다. 정말 인상적이다.

잘 알려져 있듯 하이에나는 모계사회를 이루고 산다. 그중 점박이하이에나 *Crocuta Crocuta* 암컷은 겉모습으로 볼 때 수컷의 음경과 거의 유사한 신체 기관을 가진다. 음핵이 매우 크게 발달한 것인데, 오줌이 음핵으로 나오기 때문에 음핵이 곧 음경 역할을 한다고 볼 수도 있다. 암컷 음핵에는 해면체도 있어서 발기도 가능하다. 암컷은 이 기관을 통해 짝짓기도 하고 새끼도 낳는다.

‡

이 글을 쓰기 위해 유성생식에 대해서 조사하는 동안 가장 흥미로웠던 사실은 '수컷 비용'에 관한 것이었다. 존 메이너드 스미스를 비롯한 다수의 진화생물학자는 번식을 할 수 없는 수컷이 자연계에 왜 존재하는지를 두고 오래 질문해 왔고, 나름의 답을 내리기 위해 고심했다. 그렇다면 시몬 드 보부아르의 책 제목이기도 한 '제2의 성'이란 여성이 아닌 남성에 가깝지 않은가. 이토록 전복적으로 들리는 진화생물학적 발견을 두고 왜 진화생물학은 그토록 오랫동안 여성혐오적인 발언을 반복해 왔을까?

과학의 목표는 곧 진실에 최대한 가까이 가는 것이다. 진실에 가까운 자연을 만나기 위해서 우리는 정상성의 렌즈를 벗어던져야 한다. 진화에는 성별이분법, 이성애중심주의, 유성애중심주의와 같은 절대적 방향이 없다. 오직 환경에 따라서 끊임없이 변화한다는 대원칙만 있을 뿐이다. 변화하는 환경에 적응하지 못하고 기존의 규칙을 고수하는 것, 그것이야말로 자연을 거스르는 일이다.

과학기술을 이용해 인간이 삶의 편의를 누린다고 할 때 무엇을 상상할 수 있을까? 어쩌면 기계를 통해 성욕을 더 편하게 해소하겠다는 발상은 자연스러울지도 모른다. 여성들도 '반려가전'이라 부르며 여성용 섹스토이를 애용하곤 하니까. 다만 의아한 것이 있다. 소위 '리얼돌'이라고 부르는 여성형 섹스로봇은 왜 꼭 그토록 기이하게 포르노화된 여성의 모습을 하고 있는 것일까.

2024년에 발표된 한 연구가 이를 뒷받침해 준다. 연구진은 미국 시장에서 유통되는 전신형 여성 리얼돌 724개의 신체 데이터를 분석한 결과, 이들 대부분이 비현실적으로 날씬하고 가슴은 E컵 이상이며, 허리-엉덩이 비율도 극단적으로 과장돼 있다는 사실을 밝혀냈다. 리얼돌이 인종적으로는 백인 중심이지만 아시아 여성 리얼돌이 과도하게 많다는 점도 지적했다.[94] 이처럼 인간 여성의 평균적인 모습과는 거리가 먼 리얼돌의 형상은 단순한 기술의 진보라기보다 성적 욕망이 투사된 특정한 이상화의 모습을 보여준다.

'리얼돌'은 미국 어비스 크리에이션즈AbyssCreations 사가 제작한 섹스로봇의 상품명을 가리키는 말로, 대일밴드처럼 상품명이 섹스로봇 전체를 의미하는 보통명사가 된 사례다. 어비스 사의 리얼돌 홈페이지에는 다채로운 섹스로봇이 전시되어 있는데 각각의 모델은 저마다의 외양을 가지고 있고 '올리비아Olivia' '바이얼릿Violet' '스테파니Stephanie' '야스민Yasmin' 등 사람 여성의 이름으로 불린다. 서구에서 페티시화되는 동양 여성의 모습을 그대로 재현하고 있는 동양인 리얼돌 모델 '사이Sai'와 '아사 아키라Asa Akira'도 있다. 이들의 피부는 혈관이 비칠 정도로 섬세하게 묘사되어 있다. 그뿐만 아니라 구매자는 눈동자 색을 비롯해 몸의 형태, 유두 색깔, 헤어스타일, 메이크업 정도, 외음의 모양, 음모 형태까지 취향대로 주문할 수 있다. 몸통을 하나 사면 얼굴과 외음을 여러 개 바꿔가며 끼울 수 있도록 설계해 두기도 했다.

최신형인 리얼돌X 모델은 섹스로봇과 연결된 애플리케이션과 AI를 이용해서 사용자와 상호작용할 수도 있다. 눈을 깜빡이고 고개를 움직이고 다양한 표정을 지으며 입술을 움직여 말을 한다. 사용자가 섹스로봇의 외음을 만지면 이를 감각하고 소리를 내며 오르가슴을 흉내 내기도 한다. 사용자는 애플리케이션을 이용해서 섹스로봇의 성격을 커스터마이징 할 수도 있다. 섹스로봇은 AI를 통해 사용자의 대화 패턴과 선호도를 학습하여 점점 더 사용자에게 맞춤화된 반응을 보이게 된다.

가격은 7000~9000달러(한화 950~1200만 원) 정도다.[95]

한편 여성이 주로 사용해 인기를 얻고 있는 섹스토이를 생각해 보면 기능에 충실한 형태다. 여성용 섹스토이 시장의 절반 이상을 차지하는 상품은 바이브레이터인데, 음핵을 자극하기 위해 만들어진 소형 진동기라고 보면 된다. 2020년 한국에서 가장 많이 팔린 여성용 섹스토이인 '우머나이저'와 '새티스파이어'는 공기압을 이용해 클리토리스를 자극하는 흡입식 토이다. 모두 남성의 신체를 본뜨기는커녕 완벽하게 기능에 충실한 디자인의 제품이다.

남성형 섹스돌, 트랜스젠더 섹스돌, 레즈비언 섹스돌도 존재하지만 생산량과 판매량 모두 매우 적어 전체 시장에서 차지하는 비율은 극히 미미하다. 2022년 연구에 따르면 섹스돌 사용자의 절대 다수가 이성애 싱글 남성인 것으로 나타났다.[96] 앞서 언급한 2024년 연구에서도 수집한 섹스돌 757개 중 여성형이 724개로 전체의 약 95.6퍼센트에 해당됐다.[97]

왜 이런 차이가 발생하는 걸까?

여성의 신체를 꼭 닮은, 아니 이를 넘어 여성의 신체를 지극히 포르노적으로 묘사한 섹스로봇은 과학기술과 여성을 떠올릴 때 가장 마음을 불편하게 만드는 주제 중 하나다. 나는 섹스로봇이 관해 혼자 고민하기보다는 과학기술학을 공부하는 여성 동료들과 함께 이야기하는 자리를 마련했다.✝✝✝ 참여자 중 한 명인 백가을이

✝✝✝ 좌담회는 과학기술과 여성의 문제를 연구하는 과학기술여성연구그룹에서 2021년 12월 13일 줌 화상회의로 진행되었고, 토론자로는 임소연(숙명여자대학교 인문학연구소 연구교수), 조희수(서울대학교 과학사및과학철학협동과정 박사과정), 백가을(서울대학교 과학사및과학철학협동과정 석사), 그리고 내가 참여했다.

지적한 것처럼 "리얼돌이 극도로 육체적인 도구인데도 지적인 차원에 치우쳐서 접근하는"⁹⁸ 학자들의 태도가 너무나 답답했기 때문이다.

‡

하미나 섹스로봇의 이용을 허하라는 입장은 섹스로봇은 로봇일 뿐 남성이 가진 성 인식에 영향을 주지 않는다고 말해요. 로봇으로만 소비하지 실제 여성은 다르게 생각한다는 거예요. 오히려 섹스로봇이 있기 때문에 성적으로 빈곤한 남성에게 성욕을 해소할 해결책이 될 수 있고, 노인이나 장애인에게도 쓰일 수 있으며, 성범죄도 줄일 수 있다는 주장이죠.

백가을 남성이 여성을 상대로 성행위를 하고 싶어 하는 건 당연하다, 유사 이래 강간은 항상 있어왔다, 여성 형태의 로봇을 만들어서 사용하면 실제 여성을 대상으로 의사에 반해 성행위를 맺는 강간이 줄어들지 않겠느냐…… 이런 말들을 하죠. 그들의 논리를 가져와서 적용해 보면요. 인간이 예로부터 자신과 다른 존재에 반감을 느끼는 것은 자연스러운 일이니 백인이 흑인을 공격하고 싶어 하는 것도 자연스럽다고 하면서 흑인 모양의 마네킹이나 아주 리얼한 형태의 인형을 만들어서 이것들에 폭력을 행사하는 것을 승인한다고 가정해 봐요. 그러면 사회가 인종차별이나 혐오를 줄일 수 있을까요? 절대 아니란 말이에요. 오히려 폭력에 둔감해지게 만들죠. 다른 상황이라면 직관적으로

알 수 있는 일을 인간 여자일 때는 사람들이 바로 인식하지 못해요. 노인과 장애인에게 폭넓게 쓰일 수 있다는 말도 기만적입니다. 자위 기구가 실제 여성의 형태일 필요가 전혀 없고요. 섹스로봇이 비싼 데다가 상당히 무겁습니다. 씻고 관리하는 것이 쉬운 일이 아니거든요.

하미나 어려서부터 '여자는 사랑하는 사람과 섹스하는 것을 좋아하고 남자는 로맨틱한 감정이 있건 없건 섹스하는 것을 좋아한다'는 이야기를 들어왔지만 섹스로봇 논의를 보다 보면 섹스를 통해 성욕을 해소하는 것을 넘어서 친밀감의 교류를 원하는 것은 남성 쪽인 것처럼 보여요. 여성 섹스토이는 그냥 기능에 충실한 기계죠. 남성 섹스토이는 여성, 혹은 여성의 특정 신체 부위를 본떠 만든 것이 많습니다. 심지어는 여성 신체를 절단한 형태의 섹스토이도 많죠. 몸통만 있다거나 엉덩이만 있다거나 하는 식으로요. 손바닥이나 발바닥에 여성 성기만 부착해 놓은 것도 있고요. 섹스로봇도 결국 자위 기구인데 여성을 닮게 만드는 것이 중요하죠. 그런데 이건 살아 있는 여성을 닮았다기보다는 가슴이나 엉덩이가 과도하게 크다거나 하는 식으로 기이한 형상을 하고 있습니다. 여성을 닮았으나, 진짜 여성이 아닌 남성이 욕망하는 모습의 포르노화된 여성인 거죠. 거기에 더해 남성들은 섹스로봇과 친밀감을 나누길 원하죠. 섹스로봇이 외로움을 해소해 주기를요. 영화 「그녀」의 인공지능도 진짜 여성처럼 느껴지지만 현실에서 존재할 수 없는, 남성 이용자에게 맞춤 감정노동을 제공하는 가짜 여성이죠. 저는

「그녀」의 AI도 사실상 섹스로봇이라고 생각해요.

조희수　섹스로봇이 로봇이라는 점에서 흔히 노인 돌봄 로봇인 '효돌이'나 다른 가사노동 로봇과 비교가 되는데, 저는 이런 비교에 뭔가 의도가 있다는 생각이 들어요. 흔히 사람들이 노인 돌봄 로봇이나 가사노동 로봇이 필요하다고 생각하니까 섹스로봇을 그와 같은 선상에 두고 '섹스로봇도 필요해!'라고 말하려는 것 같거든요. 하지만 그보다는 섹스로봇과 섹스토이를 비교하는 게 더 자연스럽지 않나요? 사람을 닮지 않은 섹스토이로도 충분히 성적 쾌락을 느낄 수 있는데 우리는 왜 그걸 사람의 형상으로, 기이하게 어긋난 여성의 모습으로 만들까요? 만약 가사노동 로봇을 '청소 도구가 달린 여성 가사 도우미'의 모습으로 만든다면 이상하지 않을까요?

하미나　효돌이와 섹스로봇에 관한 논의를 볼 때마다 공통적으로 느끼는 게 있어요. 사람들이 과학기술을 통해 손쉽게 대체할 수 있다고 생각하는 것들, 대체하고 싶은 것들이 무엇인지가 보인다는 것이에요. 효돌이를 봐요. 부모님이나 아픈 사람을 돌보는 건 고통에 연루된다는 것이고 그 과정에서 시간과 에너지가 많이 들뿐더러 윤리적인 책임도 느끼게 되죠. 사람들은 그 책임에서 도망치고 싶은 게 아닐까요? 귀찮고 외면하고 싶은 것들을 기계한테 다 맡겨버리는 거죠. 돌봄노동이 얼마나 복잡하고 어려운지, 얼마나 섬세한 상호작용을 필요로 하는 일인지 모른다고도 느끼고요. 섹스도 타자와 끊임없이 소통하고 조율해 가야 하는 복잡한

의사소통이죠. 그 모든 얽힘을 거부한 채 자기 욕망을
배설하는 간편한 대상이 섹스로봇인 거예요.

백가을 섹스로봇 논의를 할 때 같이 이야기하고 싶은 게
네크로필리아necrophilia(시체애호증)예요. 몸으로서만
존재하는 여성은 사실 시체와 다름없어요. 네크로필리아의
정신 병리학적 분석을 살펴보면, 자신이 거부당하는 것에
대한 두려움이 너무 크기 때문에 절대 거부하지 않는, 어떠한
반응도 없는 존재에게 끌리는 거예요. 성이라는 건 사람들이
소통을 하는 방식 중 하나인, 자신이 마주하고 있는 한 명의
인간과 상호작용하는 일이잖아요. 그걸 할 만한 능력이
없고 자기가 할 수 있다고 믿지 않는 사람들이 섹스로봇을
욕망하고 옹호하고 싶어 한다고 생각해요.

하미나 섹스로봇을 들여다볼수록 이것은 섹스에 대한
이야기가 아니라 사실 이용자가 여성을 대할 때 무엇을
두려워하는지를 드러내는 것 같아요. 성욕 때문에 여성을
강간하거나 괴롭히는 것이 아니라, 통제력을 과시하기
위해서 강간하는 것처럼요. 섹스로봇은 여성을 닮아 있어
정복감, 전능감, 통제감을 주지만 진짜 여성은 아니어서 나를
거부할 수 없는 존재죠.

백가을 동의해요. 네크로필리아와 맞닿아 있는 것이
나르시시즘이에요. 시체 또는 섹스로봇을 보면서 그 모든
상황에 대한 시나리오를 스스로 만들어 내고 통제하니까요.

조희수　섹스로봇을 진짜 쓰게 된다면 너무 귀찮을 것 같아요. 나한테 맞춰서 모든 설정을 해야 하고 모든 상황을 통제해야 하니까요. 사물인터넷IoT 기술이 인간의 삶을 상당히 바꿔줄 수 있을 것처럼 얘기하지만 사실 구동하는 것 자체가 번거롭고 귀찮아서 필요하다고 생각하는 몇 개만 놔두고 다 없애버리게 되듯이요. 섹스로봇도 설정 하나하나 맞춰줘야 하고 어디 코드를 뽑아줘야 하고…… 이게 다 노동이잖아요.

백가을　윤활제를 섹스로봇의 음부에 직접 발라줘야 하고, 콘돔을 써야 청소하기 쉬울 것이고, 콘돔을 쓰지 않았을 때는 뒤집어서 또 세척을 해주어야 하고. 다 관리가 필요한 것들이에요. 한 번 사용할 때 치러야 하는 노동력이 너무 많기 때문에 사놓고서 쓰지 않는 사람이 되게 많아요. 차라리 보면서 손으로 자위를 하는 것이 천만 배 편하기 때문에.
　　　　게다가 가벼운 것도 무게가 40~50킬로그램이나 돼요. 성기 부분만 탈·부착할 수 있게 해놨는데 그것도 생각해 보면 너무 웃겨요. 사용하면서 현타 안 오나.

임소연　섹스로봇을 과학기술학으로 어떻게 봐야 하는지에 대해 답을 주는 이야기네요. 하나의 섹스로봇을 사서 주문하고 해외에서 배송을 받고 쓰고 관리하는 걸 보는 순간 온갖 남성 철학자가 섹스로봇에 대해 고상하게 떠드는 게 얼마나 말이 되지 않는지 딱 보여주는 것 같아요. 장애와 기술을 이야기할 때도 기술을 통해 장애를 극복할 것이냐 아니냐 이런 논의를 하지만, 사실 실제 실행을 보면 그런 논의의 틀이 와장창 깨지잖아요. 사소한, 대개 폼나지 않는 일상의 노동을 보고 있자면 기술이 무언가를 완벽하게 극복하게 해주고 해방시켜 준다는 게 얼마나 비현실적인 기대인지, 거품이 쫙 빠지는 느낌이에요. 그러면서 더 차분하게 기술의 가능성과 한계를 생각할 수 있게 해주죠.

재밌는 게요. 섹스로봇 말고 그냥 안드로이드 만드는 로봇 공학자들 보면 어쩜 그렇게 예외 없이 여자 안드로이드는 가상의 20대 여성을 만들고 남성 안드로이드는 자기를 닮게 만드는지 몰라요.

백가을   그러니까 나르시시즘이라는 거예요. 이 욕망의 원형이 피그말리온 신화 같아요. 키프로스의 조각가인 피그말리온이 자기 이상형인 여성을 조각하고서 너무 사랑한다며 하도 울고 불고 하니까 아프로디테가 실제 여성으로 만들어 주잖아요. 네크로필리아이고 나르시시즘이죠. 온전히 피그말리온의 투영으로만 조각상의 인격이 구성되잖아요. 조각상으로 만들어진 여자는 어린 시절, 성장기, 노년기 등 자신만의 역사 없이 피그말리온이 섹스하기 좋은 청년기만 있죠. 조각상은 피그말리온의 판타지와 노동력으로 만들어진 또 다른 피그말리온이고, 결국 피그말리온은 자기에게 도취된 거죠.

하미나   남자들이 말하는 사랑이라는 것이 대체로 그런 모양새인 것 같아요. 정말 이 사람이 누군지 알고 좋아하는 게 아니라 자신의 욕망을 그대로 투영한, 자기를 기쁘게 해줄 존재로서의 가짜 여성을 만들어 놓고 홀로 사랑에 빠지죠. 그렇게 사랑이라는 이름으로 너무 많은 폭력을 행사해 왔고요. 많은 남성 학자가 섹스로봇을 통해 성적 빈곤에 처한 외롭고 불쌍한 남성을 보고 여기에 감정 이입을 하죠. 한편 우리가 섹스로봇을 통해 보는 것은 인간과의 상호작용이 너무 어려운 나머지 온갖 노동을 감수하면서까지 반응하지 않는 가짜 여성, 시체와 다를 바 없는 가짜 여성과 사랑에 빠진 남성인데…….

저는 섹스로봇 이용자의 성적 욕망이 좌절된 것보다는 그들이 타인과의 관계 맺음을 무생물로 대체했다는 것에 더 주목할 가치가 있다고 봐요. 소위 '물뽕'이라고 일컬어지는 약물 감마하이드록시낙산GHB을 이용해서 상대 여성을 기절시킨 뒤 강간하는 성범죄가 한국에서 자주 일어난다는 점과도 닿아 있는 것이 아닌가 생각하고요.

스웨덴의 논픽션 작가 카트리네 마르살의 책 『지구를 구할 여자들』은 기술 발전의 역사에서 여성, 여성성에 대한 편견과 차별이 어떻게 수많은 아이디어를 배제하고, 결과적으로 다양한 기술 혁신을 방해해 왔는지를 풍부한 사례를 들어 보여주는 책이다. 마르살의 전작 『잠깐 애덤 스미스 씨, 저녁은 누가 차려줬어요?』가 경제학과 가부장제의 관계를 논하는 책이라면, 『지구를 구할 여자들』은 기술과 가부장제의 관계를 논한다. 책에서 그는 우리가 알고 있는 상식적인 기술사가 얼마나 편향되어 쓰여왔는지를 유쾌하게 드러내면서, 단순히 여성도 발명을 했다고 주장하기보다 무엇을 발명으로 인정하고 무엇을 인정하지 않았는지를 따져보며 독자로 하여금 기술의 정의 자체를 되묻게 한다.

2021년 영어로 먼저 출간된 이 책이 2022년 한국어로 번역 출간되는 과정에서 나는 출판사로부터 과학기술학 연구자 임소연과 함께 책의 해제를 써달라는 부탁을 받았다. 나는 서울대학교 과학사및과학철학 협동과정 대학원에서 강의를 하던 그를 수강생으로 처음 만나 또 다른 수강생이었던 백가을과 셋이서 '과학기술여성연구그룹'을 설립한 바 있었다. 우리는 객관적인 체하며 학술적이고 권위적인 독백을 이어가는 해제를 쓰기보다, 각자의 관심사와 통찰을 주고받으며 깊이를 더해가던 우리의 대화를 정리해 싣기로 했다. 임소연 교수는 한국 부산에서, 나는 필리핀 보홀에서 온라인으로 만나 대화를 나눴다. 보홀에서 매일 바다로 나가 다이버들에게 더 깊이 잠수할 수 있는 신체 기술을 배우며 성문화되지 않은 지식의 방대함을 체감하던 시기였다.[99]

하미나   선생님 책 어떻게 읽으셨나요?

임소연   무척 재밌었어요. 영문판 제목 "*Mother of Invention*"을 보고 예상했던 것은 여성의 발명품이 얼마나 제대로 인정받지 못했는지, 혹은 여성의 발명품이 사회에 얼마나 큰 영향을 주었는지를 사례로 보여주는 책이었습니다. 그런데 역사적인 이야기에서 출발해 뒤로 갈수록 인류세나 AI 같은 시의성 있는 주제도 많이 다루더라고요. 사례만 나열하는 게 아니라 페미니스트 과학사라고 말해도 될 정도로 체계가 잘 잡힌 책이었습니다.

하미나   저도 딱 페미니스트 과학기술사처럼 느껴졌어요. 여성의

눈으로 과학기술을 본다는 것에는 다양한 층위가 있을 수 있습니다. 말씀하신 대로 '우리 여자도 이러저러한 발명을 했어. 남자들이 한 거 우리도 했어'라는 식으로 사례를 제시할 수도 있고요. 이 책은 그런 이야기도 다루지만, 더 나아가 여성성이나 남성성이라는 성별 고정관념 때문에 발명 자체가 늦어지는 사례를 소개하기도 합니다. 또 우리가 기술을 남성적인 것으로 바라보기 때문에, 이미 오랫동안 발전해 온 여성의 기술 혹은 여성적이라고 여겨져 온 기술을 정식 기술로 보지 않는다고 지적하기도 합니다. 가사 노동이나 돌봄 노동, 몸과 관련된 지식이 그렇지요. '여성다움'을 이유로 기술의 세계에서 배제된 것들을 들여다보면, 우리에게 익숙한 기술사가 '남성다움'에 맞춰진 상당히 특정한 버전의 이야기였음을 알게 됩니다. 이렇게 다양한 층위로 이야기가 뻗어 나가요.

임소연 1장「가방에 바퀴를 다는 데 왜 5000년이 걸렸을까」에서부터 성별 고정관념이 아무 실체도 없고 별것 아닌 것 같지만 사실은 어마어마한 효과를 낸다는 것을 분명한 증거를 들어 설명하지요. '여성적인 것'과 '남성적인 것'이 실재함을 구체적으로 보여주는 사례로 시작해서 좋았습니다. 2장「일론 머스크보다 100년 앞선 전기차의 발명」에서 다시 한번 성별 고정관념 사이의 위계, 즉 남성적인 것은 보편적인 것으로 여겨진 반면 여성적인 것은 그렇지 않았다는 점을 짚어주죠. "전기차는 안전성과 조용함, 편안함을 상징했다. 이 가치들에 본질적으로 여성스러운 점은 전혀 없다. 오히려 이것들은 인간적인 가치들이다. 안타깝게도, 그동안 우리가 '여성적'이라 불러온 것들은 인간 보편적인 것으로 여겨지지 않는다."(68) 이런 식으로 아주 명확하게요.

하미나 "진정한 남성이라면 직접 가방을 들어야 한다"라는 관념이 우습고 사소해 보이잖아요. 하지만 결과적으로 가방에 바퀴를 다는 데 5000년이라는 시간이 걸리게 했을 정도로 커다란 영향을 미쳤죠. 카트리네 마르살이 논픽션 작가여서 역사 서술에서 복잡성을 어느 정도 제거하고 과감하게 쓰기 때문에, 서사가 확 페어지는 느낌과 거기서 오는 통쾌함이 있습니다.

임소연 맞아요. 학자가 쓰면 이렇게 못 쓸 거예요. 그래서 더 재밌기도 했어요. 과학기술 이야기인 동시에 여성과 여성성에 대한 이야기라서 좁은 의미의 과학기술을 넘어선 내용을 많이 담고 있기도 하죠. 곳곳에서 우리의 일상적 경험에 부합하는 탁월한 비유들 덕분에 킥킥거리며 읽게 되더라고요. 이를테면 4장 「그 많던 여성 프로그래머는 다 어디로 갔을까」의 끝부분이 그랬어요. 사람들은 더 많은 여성이 프로그래머가 되어야 한다면서 "여성성이 딱딱한 첨단 기술을 '부드럽게' 만들어 줄 것"으로 기대하죠. 저자는 이런 기대를 "학교에서 재능 있는 여학생을 가장 말 안 듣는 남자애들 사이에 앉혀놓고 그 여학생이 모두를 차분하게 만들어 주리라 기대하는 것과 비슷하다. 여성의 임무는 자기 본연의 모습이 되는 것이 아니라 남자의 성질을 누그러뜨리는 것이다"(131)라고 비꼽니다. 이런 찰진 비유가 책에 가득해서 읽는 맛이 납니다.

발명이나 노동과 더불어 소비에 대한 이야기를 담고 있는 점도 의미가 커요. 여성에게 소비란 양가적인 문제거든요. 소비만큼 여성이 주체가 되고 여성의 권리가 보장되는 영역도 없지만 그래서 여성이 그 안에 갇히기도 쉽죠. 6장 「인플루언서는 어떻게 해커보다 부유해졌나」가 이 문제를 다루는데, 우선 여성을 소비자로 대접하는 대표적인 공간인 백화점에 대해서 "신식 백화점은 부유한 프랑스 여성들에게 지금껏 누리지 못한 권리, 바로 한가롭게 산책할 권리를 제공했다. 갑자기 여성들은 성적인 공격과 희롱의 위험을 저울질하지 않고도 공공장소를 하릴없이 배회할 수 있었다"(180)라고 하는 부분이 의미심장하게 다가왔어요. 여성의 안전이 화두가 되고 있는 지금의 한국 사회와 대비되어 그랬던 것 같습니다. 백화점은 전통적인 페미니스트 과학기술학 연구에서는 주목하지 않았던 공간이기도 해요. 남성 해커보다 더 부자가 된 여성 인플루언서의 이야기를 들려주면서 저자는 여성과 소비의 양가적 관계를 분명히 합니다. "립스틱 판매로 6억 달러를 벌어들이는 주체가 여성이라는 이유만으로 해방이 저절로 찾아오지는 않는다"(197)라고 비판하면서도, "우리는 여성의 소비에 분노하는 데 이미 충분한 시간을 쏟았을지도 모른다. 그러나 이러한 소비를 해방과 헷갈려서는 안 된다"(197)라며 신중하게 접근해요. 이렇게 사려 깊은 비판이 있으니, 마냥

통쾌하기만 한 것이 아니라 논의를 진지하게 받아들이게 되는 것 같아요.

하미나　마르살이 "여성이 서사에서 지워질 때 인류는 본래와 다른 모습이 된다"(92)라고 지적한 점도 주목을 끌었습니다. 기술의 역사에서 여성을 배제하는 것은 여성뿐 아니라 남성에게도 문제가 된다는 것인데요. 한 인간 안에는 다양한 측면이 있으니까요. 농경 도구인 뒤지개가 아닌 곤봉과 창을 인류의 첫 번째 도구라고 추정하면 인간에 대한 이해에서 폭력과 죽음이 큰 비중을 차지하게 되지요. 날카로운 무기를 중심으로 인간을 바라보면 통합된 자아 정체성을 보지 못하고 공격적이고 폭력적인 일부 특성만을 보게 됩니다. 저는 그래서 여성을 서사에서 지우면 안 된다고 말하는 방식의 서술이 독자를 설득하는 데도 효과적이라고 생각했습니다.

　　이와 비슷한 이야기가 SF 작가 어슐러 르 귄의 1986년 에세이 「소설판 장바구니 이론The Carrier Bag Theory of Fiction」에도 나옵니다. 인류가 먹이를 구하기 위해 사용한 최초의 도구가 보통 끝이 날카롭고 뾰족한 창과 같은 무기라고 생각하잖아요. 르 귄은 초기 인류가 채집한 무언가를 담는 데 썼을 용기, 곧 장바구니나 가방과 같은 것이 더 오래되고 중요한 도구였을 거라고 지적해요.

　　창은 승리의 상징이고 혼자만의 드라마로 가득합니다. '내가 이 창으로 저 곰을 찔러 죽였노라!' 한편 둥그런 바구니에는 각양각색의 물질을 넣지요. 과일, 풀, 씨앗,

다칠 것에 대비한 약초 등등…… 이때 바구니는 자연을
대상화하고 침해하는 도구가 아니라 자연의 일부를 담는
수용체입니다. 낮에 바구니 안에 여러 물건을 담았다가 밤에
돌아와 다른 사람들과 모여 가진 것을 설명하고 나누면서
관계가 강화되고 최초의 이야기가 탄생했다는 거지요.
여기에는 혼자만의 서사가 없어요. 영웅 서사가 필요하지
않습니다. 이렇게 인류가 사용한 최초의 도구를 무엇으로
보느냐에 따라 인류의 본성 역시 다르게 해석됩니다. 저는
여기에 굉장히 공감이 됐어요.
　　우리가 가부장적 세계, 남성 중심적 세계의 바깥을
상상할 때 이러한 관점이 기승전결 혹은 발단-전개-위기-
절정-결말과 같은 이야기 구조까지도 비판적으로 살펴보고
다른 방식의 이야기 구조를 상상하는 일을 가능하게 한다는
거니까요.

임소연　남성 중심적이지 않은 방식으로 기술을 본다는 것은
근본부터 전혀 다른 이야기를 우리에게 들려주는 것
같습니다. 아예 발명이란 무엇인가에서 시작하는 거죠.
　　저는 9장의 메리하고 잭 나오는 부분이 참
재밌더라고요. 메리의 안부를 궁금해해야 한다고 얘기하는
부분이 굉장히 통찰력 있었어요. 인공지능과 로봇이 인간의
노동을 대체하는 시대에 어떻게 대처할 것이냐고 했을 때 이
책은 두 가지 방법이 있다고 하죠. 하나는 여자들이 코딩을
배우게 하거나 과학기술 분야로 진출하게 하는 것입니다.
실제로 한국을 비롯한 많은 국가에서 정부가 과학기술

분야에 여성 유입을 늘리는 정책을 펴고 있고 저도 그래야 한다고 자주 이야기해요. 그런데 이때는 어떤 분야에 여자가 많아지는 것이 꼭 좋은 신호는 아니라는 점도 함께 논의되어야 합니다. 소위 '여성화'된 분야는 사회적 위상이나 경제적 대우가 좋지 못한 경우가 많거든요.

저자는 인공지능이나 로봇이 대체하지 못하는 인간의 자질이 소위 말하는 여성적인 자질이라는 점에 주목하면서 두 번째 대처 방법을 전합니다. "미래에 발생할 경제 문제는 어쩌면 여자아이들이 코딩을 배우라고 격려받지 못한 것이 아니라 남자아이들이 타인을 돌보라고 격려받지 못한 것이 아닐까?"(288)라고 질문을 던지면서 말이죠. 우리는 자꾸 여성들에게 무엇을 더 배우고 더 시도해 보라고 격려하잖아요. 반면 남성들은 굳이 뭘 할 필요가 없었죠. 이미 과학자나 공학자 대부분이 남성이고, 기술은 남성 중심으로 개발되어 왔으니까요. 그런데 이 책은 기술로 대체되지 않는 인간의 자질에 주목하면서 남성에게 부족한 것, 남성이 더 갖추어야 할 것을 말합니다. 참신하면서도 매우 유용한 전략이라고 봅니다.

기술과 젠더의 문제를 노동으로 바로 연결시키고, 기술이 노동에 미치는 영향을 제대로 논의하기 위해서는 반드시 젠더를 고려해야 한다고 분명하게 쓰는 점도 정말 좋았어요. 거침없는 저자의 문장으로 읽으니 더 와닿고 설득력 있게 느껴졌습니다. 보통은 젠더를 부차적인 요소로 인식하는데 저자는 이것이 핵심이라고 말하지요. 페미니스트 과학기술학에서 젠더가 과학기술 발전에 부차적인 요소가 아니라 핵심이라고 말하는 것처럼요.

하미나 선생님도 비슷하게 느끼실 수 있을 것 같은데, 저한테는 과학기술학이 좀 더 익숙하기 때문에 일반적으로 페미니스트 진영 안에서 논의되는 어떤 이슈들에서 제가 튕겨 나가게 되는, 공감하기 어려운 지점들이 종종 생기거든요. 특히 동물권이나 기후위기에 관한 운동에서 그런 때가 잦습니다. 이때 사람들이 말하는 자연의 개념이나 정의가 저의 것과 다르기 때문인데요. 저는 자연을 보호해야 할 대상으로 볼 때 늘 머릿속에 물음표가 생겼어요. 그 관점이 제게 왜 충분하지 않게 느껴지는지 구체적으로 설명하기가 어려웠는데, 이 책의 마지막 장에서 힌트를 얻었던 것 같아요.

10장에서 현재 기후위기 문제를 둘러싸고 벌어지는 대립을 마법사와 예언가가 벌이는 결투에 빗대어 설명하죠. 마법사는 자연을 "그저 자신에게 이용당하기 위해 가만히 놓여 있는 무한한 자원"으로 "기계에 들어갈 원재료 그 이상도 이하도" 아닌 것으로 여긴다고 하고요(328). 예언가는 "어머니 자연이 죽어가고 있다는 생각에 거의 열광하는 것처럼 보인다"라고 말하며 "헐떡이는 자연의 몸 옆에 비극적인 기사처럼 앉아 자연의 수동적인 아름다움을 칭송"한다고 표현해요(328). 한쪽은 자연을 정복해야 할 대상으로 보고 다른 한쪽은 보호해야 할 대상으로 본다는 점에서 굉장히 다른 태도이지만, 사실은 둘 다 나와 자연을 분리하고 있다는 점에서 같다는 게 저자의 지적이지요. 그런데 개입할 여지가 많아지는 건 자연과 내가 분리되지 않는다고 여길 때거든요.

　　　기술 역시 기술결정론적으로 생각하지 않을 때, 곧 어떤 기술이 발전한다고 해서 인간의 의지와는 무관하게 막을 수 없는 흐름으로 이어지는 것이 아니라 구체적인 한 사람 한 사람의 실행으로 발전의 방향과 속도가 결정된다고 볼 때 개입의 여지가 생기죠. 남성적인 것, 착취적인 것, 경제 발전 중심적인 것만이 기술이어야 하는 건 아니잖아요. 우리는 돌봄을 위한 기술을 만들어 낼 수 있고 지금의 지구에선 반드시 그래야만 합니다. 그런 점에서 마법사도 예언가도 아닌 존재, 현장에서 손을 더럽히면서 생생한 행위자로 존재하는 마녀가 우리 미래에 필요하다는 결론이 무척 좋았습니다. 그것이 기후위기가 더욱 심각해질 미래에 해결책을 모색해 볼 만한, 전에는 가본 적 없는 길이기 때문입니다. 무척 과학기술학적인 결론인데요. 이 점은 선생님의 저서 『신비롭지 않은 여자들』에서 말하는 "엉망진창인 삶"과도 연결되는 것 같습니다.

임소연　제가 요즘 꽂힌 것이 엉망진창, 오염, 불순 이런 것들이에요. 『신비롭지 않은 여자들』에서도 마지막 장에 "엉망진창인 내 삶에서 시작하는 과학기술"이라는 표현을 썼거든요. 제 책은 여자들에게 과학자와 공학자가 되기를 주저하지 말자, 혹은 꼭 과학자나 공학자가 되지 않더라도 예를 들면 여성의 몸에 관한 연구를 요구하거나 거기에 참여하는 방식으로 과학 지식 생산 과정의 일부가 되자고 말합니다. 과학기술 연구와 개발의 주체가 되고 파트너가 되자는 것이죠. 이 이야기를 하면서 덧붙이고 싶었던 것이 오염과 불순함이었어요. 과학 지식의 생산에 연루된다는 것은 사실 오염되는 것이거든요. 지금까지 여성을 차별하고 배제하는 지식을 생산해 온 그 체제에 발을 하나 담그는 일이라서, 엄격한 관점에서 본다면 그 모든 과정이 페미니즘에 부합하진 않을 거예요. 연구 관행이나 선행 연구 때문에 당장은 정치적으로 완벽하게 올바르지 않은 일을 해야 할 수도 있고, 반페미니스트적인 남성들과 같이 일해야 할 수도 있어요. 과학 지식을 생산하고 기술을 개발하는 과정은 여러 이질적인 요소가 개입하는 일련의 과정이기 때문에 그 모든 것이 나의 신념과 가치에 맞기는 어렵습니다. 그러나 그런 점들을 감수하고 뛰어들어서 결국은 바꿔내고야 마는 게 우리가 해야 할 일이 아닐까, 아니 그래야만 과학기술을 바꿀 수 있는 것이 아닐까 생각해요. 과학 안팎에서 열심히 비판을 해온 페미니즘의 역사와 페미니스트 선배들 덕분에 이제는 어떤 것이 여성을 위한 것이고 어떤 것은 여성 차별적인지를 분별하는 눈이 생겼다고 봐요. 이제는 손을 좀 더럽혀야죠. 안으로 들어가서 조금 오염되는 것을 감수하자, 그럼으로써 분명히 할 수 있는 일이 있다고 말하고 싶었어요.

거기서 좀 더 나아가자면, 이제는 홀로가 아니라 무리로 들어가서 하면 조금 더 잘할 수 있다는 걸 말하고 싶어요. 지금까지는 여자들 한 명 한 명이 정말 고군분투해서 남자들을 압도하는 실력을 보여주며 해왔어요. 하지만 그렇게만 해서는 여전히 소수로 남을 수밖에 없고 변화하는

데까지 너무 오래 걸릴 것 같아요. 무리로, 떼로 하면
바뀌나갈 수 있지 않을까 생각했는데, 책에서 말하는 마녀가
딱 그 이미지와 잘 맞더라고요.

하미나 저는 '불순한' 마녀들이 『미쳐있고 괴상하며 오만하고
똑똑한 여자들』에서 다룬 미쳐 있고 괴상하며 오만하고
똑똑한 여자들이라고 느껴요. 책에서 여성 우울증에 대해
깊이 다루었잖아요. 정신의학 지식 역시 남성 중심적으로
만들어진 오염된 지식입니다. 상담에 관한 지식과 역사도
마찬가지이고요. 하지만 여자들은 살아남기 위해 그
지식들을 이용하고, 또 그것을 통해 나를 돌보면서 계속
앞으로 나아가죠. 정신의학과 관련해 페미니스트적인 선택을
한다고 할 때, 지금까지의 모든 정신의학 지식을 거부하거나
여성 정신과 의사가 되는 선택지만 있는 것은 아니거든요.
불순하고 오염된 환자로 남으면서, 필요한 자원을 나 자신을
위해 쓰면 된다고 생각해요.

　　　선생님이 동시대 여성들의 수평적인 연대에 대해서
생각하셨다면 저는 좀 더 수직적인 연결을 떠올렸어요.
마녀라는 소리를 들어온 미친 여자들의 계보를 생각해요.
그러면 역사적으로 내가 어떤 존재의 후손인가를 고민하게
되거든요. 그 여자들을 따라가 보면요. 그들은 미친
여자이고 마녀인 것도 맞지만, 사실은 산파이기도 했고
약초를 무척이나 잘 다루는 치료사이기도 했어요. 자기
분야에서 높은 전문성을 획득한 사람들이었죠. 마녀들은
고문받다가 죽은 불쌍한 사람들에 그치지 않고, 마을이나

공동체 내에서 위협적이라고 여겨질 만큼 대단히 영적이면서 지적인 존재였고, 아픈 사람들을 치료할 수 있는 능력을 가진 존재였다는 겁니다.

이런 질문을 할 수 있죠. '과학기술이 여성을 배제해 왔다는 건 잘 알겠어. 그러면 이제 어떻게 해야 해?' 이 질문에 답을 하자면요. 과학기술에서 여성을 복권시킨다는 것은 우리가 여성적이라고 치부하며 과학기술의 영역에서 몰아냈던 것들을 복권시키는 작업이기도 합니다. 그것들이 우리에게 어떤 영향을 주었는지 재고해 보는 것이지요. 그러다 보면 이 책에서 다루듯 마녀 이야기도 나오고 신체 이야기도 나오고 부드럽고 말랑한 기술과 물질에 대한 이야기도 자연스럽게 따라 나오게 됩니다.

임소연　맞아요. 과학기술 밖으로 몰아냈던 여성적인 것을 복권시켜야 과학이 바뀝니다. 지금껏 배제되었던 것, 그래서 새로운 것, 거기에서부터 혁신과 창의성이 나올 거예요. 과학기술에는 우리가 귀한 자원이죠.

하미나　여성과 남성이 다르기도 하지만 인간이라면 갖는 어떤 보편적인 정서가 있는 것 같아요. 그래서 여성의 이야기라고 하더라도 그것을 잘하면 남성에게도 가닿는 것 같습니다. 똑같은 인간이기 때문이죠.

임소연　여태까지 우리가 남성의 이야기를 들으면서도 인간 보편의 이야기라고 생각하고 공감을 해왔잖아요. 억지로

그랬던 것이 아니라 실제로 남자들의 전쟁 이야기에
진심으로 공감했던 측면이 분명히 있습니다. 그러니
남자들도 여자들의 이야기에 충분히 공감할 수 있습니다.
이제껏 남성의 이야기에서 보편성을 찾았듯이 앞으로는
임신과 출산을 포함한 여성의 이야기를 들으며 인간이란
무엇인가를 생각할 때가 왔다고 봐요.

하미나　만약 남성이 출산을 했다면 출산과 관련된 엄청난 이야기들이 나왔을 것 같아요.

임소연　그럼요. 고전 작품의 80퍼센트가 출산 이야기였을 거예요.

한동안 나는 글쓰기 선생 일을 하며 지냈다. 원고료만으로는 생계를 유지하기 어려워서였다. 돈을 벌기 위해 시작한 일이지만 지구상에 이런 직업이 있을 수 있나 싶을 정도로 만족스러웠다. 글쓰기를 통해 사람을 만나면 그 사람을 둘러싼 껍데기가 아닌 내면과 직접 만나게 되었다. 그 점이 좋아서 글쓰기 가르치는 일을 사랑했다.

수업을 할 때, 나는 고해성사를 듣는 신부처럼 사람들이 털어놓는 내밀하고도 깊은 이야기를 홀로 읽으며 겪어본 적 없던 여러 개의 삶을 간접적으로 체험한다. 사람들에게는 비밀을 꽁꽁 숨겨두고 싶은 마음만큼이나 이것을 누구에게라도 털어놓고 싶은 마음이 공존하는 듯하다.

오륙십이 된 남자도 어떤 장면 앞에서는 순식간에 어린아이가 되어 운다. 근원적인 상실감이나 두려움, 서러움을 자극하는 장면들이다. 그럴싸한 사회적 체면을 세우기 위해서가 아니라 진실한 것들로 빈 페이지를 채우기 위해 글을 쓰기 시작할 때, 많은 경우 사람들이 처음으로 쓰는 것은 자신의 상처다. 그리고 그것은 아무래도 가족과 관련한 일일 때가 많다. 때리는 아빠, 사랑을 주지 않는 엄마, 방치된 아이, 가난과 수치심, 성폭력과 누적된 분노, 겉으로 보기엔 정상적이고 화목하지만 교묘하고도 섬세하게 망가진 가족 관계, 그리고 이 모든 것을 드러낼 수 없었던 상황들……. 각자에겐 최초의 증언이지만 떨어져서 보면 너무나 유사한 이 사연들은, 들어도 들어도 지겨워지지 않고 매번 새롭게 아프다.

그러다 가끔은 경이로운 순간을 목격한다. 사람들이 글을 쓰다가, 울면서 쓰다가, 어느 순간 울음을 멈춘다. 살던 방식을 미묘하게 바꾼다. 더 이상 가족에, 그 사람에, 그 기억에 의해 상처받지 않겠다고 마음을 먹는다. 이 같은 변화는 대단히 결정적인데, 하루아침에 일어난다기보다는 꽤 긴 기간을 거쳐 점진적으로 이루어진다. 함께 글을 쓰던 사람들이 어떤 사람의 결정적 변화를 모두 직감적으로 알아본다는 것이 신비롭다.

변화를 목전에 둔 과정에서 두 마음이 치열하게 싸운다. 살던 대로 순응하고 살면서 변화를 겪고 싶지 않은 마음, 그리고 폭력과 가해를 반복하지 않겠다는 결심으로 고통을 정면으로 응시하며 현실을 조금씩 바꿔보려는 마음. (왜 두려움은 늘 변화의 신호가 되는 걸까?)

작지만 결정적인 변화가 분명히 느껴지는 글을 만날 때마다 두 가지를 배운다. 첫째 신체적, 언어적, 심리적으로 폭력적인 환경에서 자랐어도 어떤 사람들은 스스로 그것을 반복하지 않는다. 자기 대에서 끊는다. 상처를 지우기보단 자기와 통합하여, 새로운 자신을 만들어 내고 이전과는 다른 삶을 산다. 그러기 위해 문자 그대로 죽도록 애쓴다. 그들을 보며 어떤 환경도 누군가를 완전히 망가뜨리지는 못한다는 사실을 배운다.

둘째, 바로 이 사람들 덕분에 가해자의 책임은 그가 얼마나 기구한 서사를 가졌든 결국 가해를 행한 자신에게 있다는 결론을 내게 된다. 똑같이 불우한 환경에서도 다른 선택을 내리는 사람들이 있다. 더 나은 선택을 내리는 일은 어렵지만 불가능하지 않다. 나는 가해자의 서사를 이해하면서도 동시에 그에게 책임을 물을 수 있다고 생각한다.

⁜

일본 교토대학 영장류연구소에서 야쿠시마일본원숭이 *Macaca fuscata yakui*, 그중에서도 태어난 지 약 16주 정도 된 신생아 원숭이의 발달 과정을 연구하는 이보윤 박사의 연구를 소개하고 싶다. 과학기술을 해왔던 지금까지의 방법을 성찰하면서, 여성의 관점에서 과학기술을 비판하는 데에 머무는 것이 아니라 이를 통해 더 생산적이고 혁신적인 연구를 할 수 있다는 것을 보이고 싶어서다. 그의 연구는 여성 혹은 딸로서의 경험이 어떻게 과학 연구를 이전과는 다른 관점에서 수행하게 만드는지를 보여주는 예이기도 하다.

이보윤 박사와는 2021년 10월 23일과 2024년 8월 28일 두 차례에 걸쳐 인터뷰를 진행했다. 두 번의 인터뷰 사이 교토대학교 영장류학·야생동물계 박사과정에 있던 그는 야쿠시마섬에서의 현장 연구를 바탕으로 연구 논문을 제출하고 학위를 성공적으로 마쳤다. 그가 몸담은 영장류연구소는 2022년 조직을 개편하면서 그 이름도 인간행동진화연구센터Center for the Evolutionary Origins of Human Behavior로 변경했다.

"한 건물 안에 모여 연구를 하더라도 그 안에서 비인간 동물을 대할 때의 태도나 연구 수행 방법이 무척 다양해요." 이보윤 박사가 줌 화면 너머로 말했다. 어떤 학자는 원숭이의 목에 위성항법장치GPS를 부착해 연구하고, 어떤 학자는 특정한 상황을 연출하는 인지 실험을 고안하여 그 안에서 원숭이가 과제를 수행하게 만들어 연구하며 또 다른 학자는 원숭이의 세포를 가지고 연구한다. 연구 방법에 따라 원숭이의 몸에 가하는 침습의 정도가 다른 것이다. 무언가를 알고자 하는 욕망은 어디까지 정당화될 수 있을까?

교토대 현 인간행동진화연구센터는 1974년 이래로 매년 원숭이 위령제를 열고 있다. 이 위령제는 실험 목적으로 길러지다가 그해에 자연사하거나 실험과 관련된 이유로 죽은 원숭이를 기리기 위해 시작된 불교적 전통의 의례다. 위령제에 참석한 사람들은 돌로 만든 기념비 앞에 모여 연구원, 수의사, 불교 승려 등 다양한 배경을 가진 사람들로 구성된 연사의 추도사를 듣는다. 연사들은 종종 위령제에서 원숭이들과의 개인적인 경험을 공유하기도 한다. 행사는 참석한 사람들이 죽은 원숭이의 영혼을 위해 꽃을 바치며 마무리된다. 그러니까 원숭이 위령제는 '위령제慰靈祭'라는 한자어의 뜻 그대로, 죽은 생명의 영혼을 위로하는 제사다. 2009년 연사를 맡은 마쓰바야시 기요아키 교수는 위령제의 기원에 대해 소개하며 다음과 같이 덧붙이기도 했다.

> 생물학 연구자들은 자신의 실험 연구를 계속해 나갈 뿐만
> 아니라 때로는 연구 대상과의 관계를 반드시 재고해
> 보아야 합니다. 그럼으로써 이들은 '강자의 오만'으로부터
> 자신을 보호할 뿐만 아니라 실험 테크닉도 향상시킬 수
> 있습니다. 세상이 우리의 관행을 이해하는 데 도움을 줄지도
> 모르고요. 저는 이 위령제가 계속되는 한 영장류연구소의
> 미래에 희망이 있다고 생각합니다. 이는 연구비나 논문과는
> 무관합니다. 1년에 한 번, 석비 앞에서 우리 자신의 연구
> 관행을 돌아보는 것이 바람직합니다.[100]

그는 40여 년 전 자신이 처음 영장류연구소에 고용되었을 때 만났던 노령 원숭이, 깨진 송곳니와 갈라진 아랫입술로 자신의 무리를 보호하던, 말년의 사무라이 같아 보였던 에이타로에게 깊은 존경을 표하며 연설을 마무리한다.

이보윤 박사가 영장류학을 탐구하는 과정에서 택한 방법은 관찰이다. 그들이 사는 곳에 직접 찾아가서, 그들의 삶을 조용히 관찰하는 것. 전기 장치를 부착하거나 실험 연구를 하는 것보다는 느리고 한계도 있지만, 원숭이를 알기 위해 원숭이에게 해를 끼칠까 걱정하는 것보다 낫고 자신에게 편안하다고 했다. 영장류연구소에서 만든 비인간 동물을 실험 대상으로 삼을 때 지켜야 할 연구 규정이 있기는 하지만 그 규정은 대체로 침습적인 동물 연구를 하는 연구들에 대한 규정이다. 현장에서 야생동물을 관찰할 때의 규정은 명문화되어 있다기보다 현장 연구자들끼리

구전되는 형식화되지 않은 지침이 더 많다.

"제가 제일 중요하게 생각하는 건 거리예요. 야생동물 무리에 사람이 있다는 것만으로도 그들에게는 이미 영향을 끼치고 있는 것이거든요." 관찰 연구의 기본은 원숭이들끼리의 사회를 관찰하는 것이기에, 사람의 존재로 인해 이들의 행동이나 생태가 변화한다면 그것은 과학적인 데이터가 될 수도 없을뿐더러 윤리적으로도 동물에게 좋지 않은 영향을 끼치는 것이라는 게 이 박사의 설명이다. 그렇기에 본격적인 연구를 시작하기 전에 무리를 멀찍이서 쫓으면서 원숭이들이 연구자에게 익숙해지는 작업이 선행된다. 이보윤 박사도 본 연구를 시작하기 전에 두세 달 정도 매일 원숭이를 지켜보며 원숭이가 자신을 익숙하게 여길 수 있도록 하는 시간을 가졌다. 그런 이후에도 호기심 많은 새끼 원숭이가 다가오는 등 인간과의 상호작용이 일어나면 그것은 연구 데이터로서 가치가 없는 것으로 판단하고 해당 데이터를 제거한다고 했다.

보윤의 이야기는 침팬지를 끌어안은 제인 구달이나 자신이 사랑한 고릴라 옆에 묻힌 다이앤 포시와 같은 과거 여성 영장류학자들의 이야기와는 사뭇 달랐다. 그는 그때의 영장류학과 지금의 영장류학이 공유하는 것이 거의 없는 것 같다고 했다. "개입이 필요한 부분이 있죠. 밀렵을 막는다거나 보호구역을 보전하는 노력 같은 것이 무가치하다고 생각하지는 않아요. 그렇지만 동물을 실제로 만지고 안는 것, 그런 사진을 캠페인에 활용하는 것은 솔직히 불편해요. 그걸 보는 대중은 저래도 된다고 생각할 수 있으니까요. 그건 좀 위험하지 않을까요? 그 동물을 끝까지 안아줄 게 아니라면 만지는 건…… 이기적이라고 생각해요. (잠시 고민하다가) 네, 이기적이라고까지 생각해요."

이야기를 들을수록 동물학이 타자와 관계 맺는 방법에 대해서 계속 고민하는 연구라는 생각이 들었다. 그렇게 덧붙이니 이보윤 박사가 대답했다. "맞아요. 그런데 그렇게 생각하지 않는 사람도 있어요. 동물을 연구하는 사람들 사이에서도 감수성이 다양해요."

인간의 아기를 양육하는 과정에서 모성애가 얼마나 중요하고 치명적인 역할을 하는지를 밝히는 연구는 무수히 많다. 이 같은 연구는 반대로 정신질환, 비사회적 행동, 유아 사망, 청소년 범죄 등 대단히 많은 사회 문제의 원인으로 '잘못된' 모성애를 지적하기도 한다.

모성애 신화를 강화하는 시각은 영장류학에도 반영되어 왔다. 어미와 새끼를 떨어뜨려 놓았을 때 새끼가 얼마나 불안정하게 성장하는지를 보여주는 연구들, 혹은 어미와 함께 자란 새끼와 그렇지 않은 새끼를 비교하는 연구들이 대표적이다.[101] 이러한 연구들은 결국 새끼에게 어미가 얼마나 절대적인 존재인지를 보여주는 한편, 어미의 적절한 돌봄 없이는 새끼가 정상적으로 성장하지 못한다는 결론을 함축하고 있다.

모계사회를 이루어 사는 일본원숭이 연구 역시 어미가 새끼에게 큰 영향을 주고 새끼는 어미의 사회적인 관계를 그대로 물려받는다는 해석이 지배적이었다.[102] 일본원숭이 같은 안정적인 위계관계를 가지는 종의 경우, 어미가 다른 개체가 새끼를 만지는 것을 허락하지 않는 경향이 있다는 분석도 있다. 곧, 어미가 새끼와 다른 개체의 상호작용을 제한한다는 이야기다.[103]

이보윤 박사는 그간 어미가 새끼에게 영향을 준다는 연구는 많았지만, 새끼가 어떻게 주체적으로 행동하는지를 보는 연구는 많지 않았다는 사실에 주목했다. 그가 일본 야쿠시마섬에서 1년 반가량 새끼 원숭이들을 따라다니며 성장 과정을 추적 관찰한 결과는 기존 연구들을 통해 본 새끼들의 모습과 사뭇 달랐다.

새끼 원숭이는 태어나자마자 첫날부터 어미에게서 빠져나와 밖으로 나가려는 모습을 보이는 등 외부 세계에 관심을 보인다. 며칠이 지나 새끼를 출산한 어미들끼리 모이면, 새끼는 다른 어미에게 가서 그를 빤히 쳐다보기도, 만지기도, 그에게 슬쩍 몸을 기대기도 한다. 어미가 아닌 다른 존재를 궁금해하는 것이다. 새끼가 다른 원숭이에게 다가가 그를 만지면 원숭이들은 각자 나름대로의 반응을 보여준다. 흠칫 놀라기도, 점점 익숙해지기도, 그루밍을 하기도, 핸들링을 하기도 하고, (일본원숭이에게 실례가 되는 발언일 수 있지만) '유괴'를 하기도 한다! 어미의 관심을 피해 새끼를 멀리 데리고 나가 놀다 오는 것이다.

그렇다면 새끼의 반응은 어떨까. 이전 연구에서는 새끼가 어미 외의 개체는 제대로 구별하지 못하고 어미의 사회적 관계를 그대로 물려받는다고 알려져 있었다. 그러나 이보윤 박사는 새끼 역시 수동적으로 맡겨지지만은 않고 마음에 드는 상대에게는 머물고, 그렇지 않으면 빠져나가거나 우는 등 다양한 반응을 보인다는 것을 데이터로 관찰했다. 신생아 상태의 아주 어린 새끼도 상대 원숭이가 어미와 어떤 관계를 맺고 있는지, 자신을 거칠게 대하는지, 아니면 온화하게 대하는지를 알아차리고 이에 따라 분별 있게 행동했다. 이보윤 연구원은 지금까지는 어미의 영향력에만 주목해 와서 새끼의 주체적인 선택들을 제대로 관찰해 오지 않았던 것 같다고 지적했다.

일본원숭이 새끼는 생애 초반, 생각보다 어미나 가까운 친족들과 오랜 시간을 보내지 않는다. 그보다는 오히려 새끼를 낳은 엄마들끼리 모이는 공동체에서 지내며 영향을 주고받는다. 그리고 자연스럽게 그곳에서 만난 또래 새끼들과 어울린다. 혈연 관계에서도 겉으로 보기에는 엄마의 관계를 그대로 물려받는 듯 보이지만 자세히 들여다보면 자기 세대에서 새롭게 다른 원숭이들과 가까워지며 독립적인 자기만의 관계망을 만들어 간다.

"아이들이 독립적인 주체로서 선택을 할 수 있다는 것을 보고 싶었어요."

"그게 왜 중요할까요?" 내가 물으니 보윤은 이렇게 답했다.

"새끼가 주체적인 선택을 할 수 있고, 독립적인 방식으로 사회적 관계를 맺는다는 게 알려지게 되면 관계가 대물림된다 하더라도 아이가 성장 과정에서 관계를 대물림받기까지 어떤 경험들을 축적해 오는가를 볼 수 있으니까요. 그렇게 엄마 품 밖에서 얻은 경험들이 아이가 성장한 뒤의 삶을 이해하는 힌트가 될 수 있다고 생각해요."

이보윤 연구원 역시 태어나고 자란 한국이 아닌 일본에서 연구하는 삶을 택했다. 성격은 너무도 닮았지만 전혀 다른 방식의 삶을 선택한 엄마와 자신을 보며 지금과 같은 연구 주제를 정하게 되었다고 했다. 그는 본격적으로 일본원숭이 연구에 뛰어들기 전 발달과 양육에 관심을 두고 공부하는 과정에서 주디스 리치 해리스의 연구를 접하고 큰 영향을 받았다. 해리스의 책 『양육가설』에는 이런 문장이 적혀 있다. "부모들이 자녀를 원하는 방향으로 만들어 갈 수 있다는 생각도 착각에 불과하다. (…) 당신은 자녀를 완성시키지도, 파괴시키지도 못한다."[104]

보윤에게 받은 일본원숭이 사진들.

Part 3
각성

연말연시가 되면 떠오르는 이야기가 있다. 프랑스 작가 로맹 가리의 책 『새들은 페루에 가서 죽다』에 수록된 엽편소설 「벽: 짤막한 크리스마스 이야기」다.

소설은 작가인 '나'가 의사인 친구에게 가볍게 하소연하며 시작된다. 그럴싸한 교훈적인 이야기를 써서 신문사 편집장에게 주기로 했는데 크리스마스가 다가와도 어떤 영감도 떠오르지 않는다는 것이다. "벽 앞에 있는 것 같다니까……." '나'는 탄식한다. 그러자 의사인 친구가 말한다. "그렇다면 자넨 멋진 주제를 찾아낸 것 같은데……." 친구는 어느 해 12월 31일 빈민가에서 벌어진 일을 이야기해 준다.[1]

살아가는 모든 이에게 사랑과 따뜻함이 필요한 연말이었다. 그만큼 홀로인 사람은 더욱 사무치게 외로워지는 날이기도 했다. 의사는 슬프게도 일찌감치 생을 마감한 젊은 청년의 사망을 확인하기 위해 가난한 동네를 찾아간다. 혹독한 추위가 몰아치는 밤이었다. 도착한 방은 너무나 초라하고 싸늘했고, 거기선 그날 밤 목을 매 자살한 스무 살가량의 청년이 싸늘한 주검이 되어 기다리고 있었다.

방 안에는 청년이 남긴 유서도 함께 있었는데, 거기엔 자신이 왜 죽음을 택하는지에 대한 이야기가 적혀 있었다. 내용인즉슨, 자신은 고통스러운 고독과 세상에 대한 총체적인 혐오감으로 죽는다는 것이었다. 유서의 내용은 격정에 휩싸인 채 이어졌다. 청년은 바로 옆집에 사는 여자를 사랑하고 있었노라고 고백했다. 그 아가씨가 어찌나 천사같이 아름다운지 감히 말도 붙이기 어려웠다고. 그러나 하필 자신이 참을 수 없는 외로움에 몸부림치던 그날 밤 그때에, 벽 너머로 '독특한 소리'가 넘어왔다. 침대 삐거덕거리는 소리, 그리고 젊은 여자의 신음 소리가 얇은 벽을 사이에 두고 청년이 사는 허름한 방 안으로 들려온 것이다. 청년은 벽 너머로 들려오던 소리와 그럴수록 커져가던 분노에 찬 절망을 유서에 세세히 묘사해 놓았다.

소리는 한 시간이 넘게 이어졌다. 청년이 말 한마디 붙여보지 못했던 아름다운 아가씨의 격정적인 신음 소리는 순수하고 외로웠던 그의 마음에 일격을 가했고, 절망감은 극에 달해 그로 하여금 커튼 줄을 빼 목을 매게 하기에 이르렀다.

사망 확인을 마치고 청년의 방을 나서던 의사는 이상한 호기심이 생겨 옆집 아가씨의 방문을 두드려 보았다. 여러 번 문을 두드려 봤지만 아무도 대답하지 않자 의사는 짐작한다. 사랑의 유희를 끝내고 달콤한 잠에 빠져들었구나. 혹은 두려움에 빠져 둘이 꼭 끌어안고 떨고 있는 걸까? 그렇게 뒤로 돌아서려는데

아가씨의 방문을 열고 들어간 집주인이 꽥 소리를 지른다. 달려가 무슨 일인지 확인해 본 의사는 죽은 청년이 아가씨에 대해 완전히 오해했다는 걸 알게 된다.

건너편 방에는 몇 시간 전 비소 중독으로 고통스럽게 죽어간 여성이 있었다. 탁자 위에는 자살 동기를 분명하게 밝혀둔 유서가 놓여 있었는데, 그 동기란 것은 고통스러운 고독과 삶에 대한 총체적인 혐오감이었다. 이야기는 이렇게 끝이 난다.

살아가는 모든 이에게 사랑과 따뜻함이 필요한 시기다. 어쩌면 벽이 있다는 것, 벽 너머에서 원치 않은 소리가 넘어온다는 것은 우리 곁에 누군가가 있다는 뜻일지도 모르겠다. 벽 너머에서 정말로 무슨 일이 일어나고 있는지 확인할 기회가 오기나 할까? 우리는 영원히 벽을 넘어갈 문을 찾지 못하고 그곳에서 들려오는 소리를 통해 타인을 짐작할 수밖에 없을지도 모른다.

다만 할 수 있는 것은 그 벽을 마주했을 때 어떤 이야기를 만들 것인지를 결정하는 것이다. 청년은 아가씨의 신음 소리를 듣고 있다고 생각했지만 사실은 그에 대해 쓰고 있었다. 벽 너머로 신음 소리가 들려올 때 우리가 만들어 낼 이야기, 쓰임으로써 누군가를 살리거나 죽게 할 이야기란 어떤 것일까.

한국 드라마 「오징어 게임」은 2021년 9월 공개 즉시 전 세계적으로 큰 인기를 끌면서 넷플릭스에서 가장 흥행한 시리즈 중 하나가 되었다. 에미상 시상식에서 비영어권 작품 최초로 작품상을 비롯해 열세 개 부문에 후보로 올라 감독상과 연기상을 수상하는 결과를 내기도 했다. 심지어 미국 LA에서는 「오징어 게임」이 미국 대중문화에 미친 영향력과 성과를 기념하고자 매년 9월 17일을 '오징어 게임의 날 Squid Game Day'로 제정하기까지 했다(이 결의안은 한국계 미국인 LA 시의원인 존 리 의원에 의해 발의되었다).[2]

나 역시 이 드라마를 봤다. 빚에 허덕이며 삶의 절벽 끝으로 떠밀린 456명의 참가자가 잔혹한 서바이벌 게임에 뛰어들어 최후의 승자가 되기 위해 목숨을 걸고 싸운다는 내용이었다. 게임의 시작을 알리는 방송과 함께, 한국의 옛날 놀이에서 모티브를 따온 일련의 게임이 이어진다. 게임을 하다 누군가 목숨을 잃으면, 한 명당 1억 원의 적립금이 천장에 달린 거대한 돼지 저금통에 짤랑짤랑 쌓인다. 마지막 남은 한 명의 승자는 피 묻은 456억 원을 손에 쥐고 게임을 떠난다.

밤늦은 시간까지 드라마를 정주행했으니 재밌었다고 말해야 할 것이다. 공중파 방송에서는 보기 어렵지만 넷플릭스에서는 한껏 과격해지는 폭력적인 장면들에 어쩔 수 없이 관심을 빼앗긴 것인지도 모르겠다. 보는 내내 불편해지다 종국에는 소외감을 느끼게 된 지점도 있었다. 「오징어 게임」이 전제하는 세계관과 여성을 바라보는 태도가 그러했다. 특히 한미녀(김주령)는 캐릭터가 너무 기괴하고 작위적이라 살아 있는 여자로 느껴지지 않았다. 한미녀는 "못하는 것 빼곤 다 잘한다"라면서 무리에서 가장 힘이 센 듯 보이는 자에게 섹스를 제공하고 안전을 약속받는다. 그리고 곧 배신당한다.

극한 상황에 처한 여성이 그토록 기꺼이 섹스를 안전과 교환할 것이라는 발상은 참을 수 없이 남성적인 상상이다. 힘 센 남성에게 섹스해 주겠다며 먼저 다가가는 여성이라니. 실제 상황에서 여성 대다수는 오히려 섹스 때문에 안전을 위협받는다. 공격성이 극에 달한 남자들 사이에서 매일 밤 강간당할지도 모른다는 공포에 떠는 여성, 혹은 강간당한 뒤에도 생존의 위협 때문에 침묵하기로 선택하는 여성이 압도적 대다수다. 역사적으로 숱하게 자행된 전시戰時 성폭력, 또 가정폭력 등 친밀관계폭력 생존자들이 증언하듯이.

물론 아닌 여자도 있다. 세상은 넓고 여성 개개인이 상황에 대응하는 방식은 저마다 다를 테니까. 내가 문제 삼는 것은, '그런 여자는 없다'는 게 아니라 '왜 여자를 늘 그렇게만 재현하느냐'다. 스펙트럼상의 다양한 여자를 보여주지 않고, 남성의 관점에서 허구적으로 만들어진 성녀-창녀 이분법의 양극단에 위치한 여자만을 반복해서 그려대는 걸 지적하는 것이다. 이러한 재현은 현실을 살아가는 여성에게 실제로 피해를 끼치기 때문에 더 문제적이다.

자라면서 「오징어 게임」이 한미녀를 그리는 방식과 비슷한 방식으로 여성을 그리는 소위 팜 파탈 서사를 수도 없이 접했다. 이러한 서사는 여성의 성性을 마치 여성이 가진 무기인 것처럼 다루지만, 대다수 여성은 성 때문에 유리해지기보다는 위험해지는 순간을 훨씬 더 빨리, 더 자주 접한다. 팜 파탈 서사는 여남의 불균형한 권력관계 안에서 여성에게 행해지는 성적 착취를 가리고 이러한 착취의 현장을 마치 여성이 주도적으로 선택한 것처럼 보이게 만든다.

더 큰 문제는, 남성은 물론 여성도 이러한 가부장적 사고방식에 너무나 익숙해진 나머지 스스로 섹슈얼리티와 관련된 이 같은 불균형한 권력 구도를 인지하기 어려워한다는 것이다. 여성은 너무나 오랫동안 과잉 성애화되어 왔고, 우리는 그 역할을 재현하는 데 익숙해졌다.

나는 이러한 서사가 여성을 강간하면서 그 죄로부터 도망치기 위해 스스로에게 거짓말을 하는 남성의 마음에서 빚어진다고 본다. 이것은 너(의 매력) 때문이라고, 그리고 너도 원한 것이라고. 이 서사는 세상 곳곳으로 거듭 전파되고, 그 여파는 너무도 해로워서 성폭력 피해자의 주변 사람들로 하여금 피해자를 비난하게 할 뿐 아니라 피해 당사자까지 스스로를

의심하고 검열하게 만든다. '그 일이 나 때문은 아니었을까?'

둘째로, 이게 더 중요한데, 한미녀만큼 사는 데 관록이 붙은 약아빠진 중년 여성들은 한 남자에게 자신의 운명을 그렇게 맡겨놓지 않는다. 그들은 남자들이 얼마나 못 미더운 존재인지 오래전에 깨달은 이들이다. 나는 한미녀가 마치 논개처럼 장덕수(허성태)를 껴안고 같이 죽는 장면에서 탄식했다. 그가 장덕수를 업어치기 해서 죽인 뒤 우승자가 되리라 예상했기 때문이다. 복수를 위해 죽였으면 죽였지, 자기 목숨을 버려가며 함께 죽을 만큼 장덕수가 그의 삶에서 중요한 존재였으리라 생각되지 않는다.

이 외에도 「오징어 게임」에 등장하는 여성 캐릭터는 불행한 과거를 가진 청년이나, (아들 입장에서) 언제나 효도할 타이밍을 놓쳐 죄송스러운 불쌍한 어머니 등 단편적이고 도구적인 존재로만 등장한다. 시즌 1 마지막 화의 제목 '운수 좋은 날'도 무척 상징적이다. 현진건의 단편소설 「운수 좋은 날」은 우리가 오랫동안 매 맞다 죽은 아내의 입장이 아니라 그를 때린 가정폭력범의 관점에서 읽도록 배워온 소설 아닌가. 심지어 아내를 때리는 그의 행동을 사랑이라는 말로 포장해 주면서 말이다. 성기훈(이정재)의 어머니나 김첨지의 아내나 중년 남성의 자기연민과 비극성을 강조하기 위해 등장할 뿐이다. 나는 이런 재현이 싫기도 전에 지겹다. 내 마음을 정화하기 위해 잠시 박경리 선생을 소환하고 싶다.

히말라야에서
짐 지고 가는 노새를 보고

박범신은 울었다고 했다
어머니!
평생 짐을 지고 고달프게 살았던 어머니

생각이 나서 울었다고 했다
그때부터 나는 박범신을
다르게 보게 되었다
아아
저게 바로 토종이구나

—박경리, 「히말라야의 노새」[3]

‡

세상에 존재하는 모든 이야기는 현실을 있는 그대로 반영한다기보다는, 현실을 특정한 방식으로 믿는 화자의 신념을 드러낸다. 「오징어 게임」 역시 극한 상황에 처한 인간의 본성을 드러낸다기보다 만든 이가 상상하는 인간 본성에 관한 믿음을 드러낼 뿐이다. 혹은 그가 드러내고 싶어 하는 인간의 특성이 강조되는 세팅을 만들어 그걸 이끌어 낼 뿐이거나.

자연은 원래 그렇게 피도 눈물도 없이 삭막한 것 아니냐고? 그럴 때도 있지만 그렇지 않을 때도 많다. 지구상에 존재하는 수많은 생명체는 경쟁뿐 아니라 협력과 공생을 통해, 우정과 연민을 통해 진화해 왔다.

찰스 다윈의 진화론은 자연 상태를 '만인에 대한 만인의 투쟁'으로 보는 사람들에 의해 오랫동안 오해받아 왔다. 환경에 가장 잘 적응한 최적자the fittest가 살아남는다는 '적자생존survival of the fittest' 개념은 원래 다윈이 고안한 표현이 아니라 그의 전도사를 자처한 허버트 스펜서의 것이다.[4] 적자생존이라는 개념은 다윈이 택했던 '자연선택natural selection'이라는 용어에 비해 부정확할뿐더러, 오해를 불러일으키기도 쉽다.

이를 이해하려면 우선 진화에 있어서 적합도fitness가 무엇을 의미하는지 알아야 한다. 생물학에서 적합도는 거칠게 말해 생식 성공률을 의미한다. 특정 유전형질이 다음 세대로 얼마나 많이 전승되느냐를 나타내는 지표가 적합도다. 곧 어떤 개체가 자신을 둘러싸고 끊임없이 변화하는 환경에 적응하여 잘 살아남았다면, 그 개체는 다른 개체보다 적합도가 더 높은 것이다. 자연선택에선 적합도가 높은 개체가 선호된다.

적자생존이라는 말이 부정확한 이유는 생존이 꼭 적합도와 연결되지는 않기 때문이다. 예를 들어 일부다처제 동물의 경우 대다수 수컷은 짝짓기에 실패해 자신의 유전형질을 후대에 전달하지 못한다. 이 경우 수컷 사이에는 생존 능력에 있어서 큰 차이가 없어도 구애하는 능력에 있어서는 큰 차이가 생기게 된다. 그리고 이 경우 생식 성공률에 있어서 더 중요한 차이를 가져오는 요인은 생존 능력이 아닌 구애 능력이 된다.

둘째로 '최적자'가 되는 데는 강해지기 외에도 다양한 방법이 있다. 한데 영어 단어 'fit'에는 건강하고 탄탄하다는 의미가 있어 'the fittest'라고 하면 육체적으로 가장 강한 존재를 의미하는 것으로 오해하기 쉽다. 사실 이때 쓰이는 fit은 건강하다는 의미라기보다는 모양과 크기가 특정 공간에 들어가기에 알맞다는 뜻에 가깝다. 진화적 관점에서 어떤 생물이 적합하다는 것은 주변 환경에 잘 적응했다는 의미다. 그러기 위해 생물은 가장 크거나, 가장 강하거나, 가장 빠를 필요가 없다.

더불어 자연은 승자 독식 시스템이 아니다. 다윈의 자연선택은 최적자 생존이 아니라 '떼' 적자생존에 가깝다. 동물행동학자 최재천이 지적하듯, "가장 잘 적응한 개체 하나만 살아남고 나머지 모두가 제거되는 게 아니라, 가장 적응하지 못한 자 혹은 가장 운이 나쁜 자가 도태되고 충분히 훌륭한, 그래서 서로 손잡고 서로에게 다정한 개체들이 살아남는 것이다".[5]

미국의 진화인류학자 브라이언 헤어와 오스트레일리아 출신의 과학 저술가 버네사 우즈가 함께 쓴 『다정한 것이 살아남는다』의 원제는 "*Survival of the Friendliest*"인데, 한국어로 번역하자면 '가장 친절한 자의 생존'이 된다. '적자생존 survival of the fittest'에 대응해 제목을 지은 것이 분명한 이 책에서, 저자들은 생명체가 살아남기 위해 얼마나 다양하고 정교한 우정을 발달시켜 왔는지를 보여준다.

장덕수처럼 가장 덩치가 크고, 가장 힘이 세고, 가장 비열하면 잘 살아남을 것 같지만 그렇게 사는 데는 에너지가 굉장히 많이 든다. 공격성이 높을수록 생명을 유지하는 데 자원이 많이 들고, 싸워서 다치거나 죽을 확률도 높기 때문이다. 어렵게 무리의 우두머리 자리를 차지하더라도 공동체를 공포와 두려움으로 다스리는 것은 대단한 에너지가 소요되는 일이다. 고대 중국의 병법서 『손자병법』에도 이런 말이 있지 않은가. "百戰百勝 非善之

善者也, 不戰而屈人之兵 善之善者也." 곧 백 번 싸워 백 번 이기는 것이 최선 중의 최선이 아니라, 싸우지 않고 적을 굴복시키는 것이 최선 중의 최선이다.

『다정한 것이 살아남는다』의 저자들은 다정함이 자연에 보편적으로 존재하는 이유는 그 속성이 너무나 강력하게 유리한 생존 전략이었기 때문이라고 말한다. 대표적으로 인간의 가장 오랜 친구, 개의 진화를 예로 들어 설명할 수 있다. 개는 약 2만 년 전 인간이 아직 수렵·채집인이었을 때 늑대로부터 진화하기 시작했다. 인간 정착지 주변에서 먹이를 찾던 늑대 중 가장 친화적인 개체들이 생존에 유리했는데, 인간이 버린 음식 찌꺼기를 먹을 수 있었기 때문이다. 그렇게 인간에게 친화적인 늑대가 자연선택을 통해 점차 개로 진화했고, 이렇듯 친화성을 선호하는 선택압은 개의 물리적 특성(늘어진 귀, 말린 꼬리, 작아진 송곳니 등 개의 외모를 더 귀여워 보이게 하는 것들)을 근본적으로 변화시키는 한편 이종異種인 인간의 마음을 상상하고 이해하는 인지 능력을 발달시켰다. 이것은 인간과 가장 가까운 유인원도 갖지 못한 사회적 인지 능력이다. 곧 개를 인간이 억지로 가축화해 퇴화시킨 것이 아니라, 개가 자기가축화 과정을 거치며 인간과의 삶을 선택했고, 그로 인해 개만의 천재적인 인지 능력이 진화했다는 것이다.

개뿐만이 아니다. 협력과 공생은 생명체의 오랜 생존·진화 전략이다. 미국의 생물학자 린 마굴리스는 진화를 설명할 때 자연선택이 아닌 공생을 그 중심에 둔다. 마굴리스의 가장 중요한 과학적 업적은 진핵세포의 기원을 설명하는 중요 가설인 세포 내 공생설endosymbiotic theory이다. 이 이론은 초기

원핵생물들이 다른 원핵생물을 포식했으나 소화되지 않고 공생 관계를 형성하면서 진핵세포로 진화했다고 설명한다. 세포 내 공생설은 특히 미토콘드리아와 엽록체의 기원을 설명하는 데 사용된다. 「오징어 게임」에 빗대어 설명하자면 한미녀가 장덕수를 꿀꺽 삼켰는데(!) 한미녀 내부에서 장덕수가 소화되지 않은 채로 남으면서 서로의 특징을 고스란히 간직한 새로운 개체가 탄생한 셈이다.

마굴리스의 세포 내 공생설은 1967년 처음 생물학계에 제안되었다. 마굴리스는 「유사분열 세포의 기원에 대하여 On the Origin of Mitosing Cells」라는 제목의 논문을 통해 이 이론을 발표했는데, 이 논문은 약 열다섯 개의 과학 저널에서 게재를 거부당한 뒤에 결국 『이론생물학 저널 Journal of Theoretical Biology』에 게재됐다.

서로 다른 두 개체가 경쟁한 뒤 하나가 선택된 것이 아니라 두 개체가 마치 한 개체처럼 협력해 생존하게 되었다는 점에서 세포 내 공생은 이전과는 다른 방식의 진화적 경로였고, 발표 당시 매우 급진적이며 논란의 여지가 있는 이론으로 간주됐다. 당시 보스턴대학의 젊은 교수였던 마굴리스는 수십 년 동안 지속된 비판에도 불구하고 자기 이론을 끈질기게 밀고 나갔고, 1980년대 초에 이르러 미토콘드리아와 엽록체의 유전물질이 세포핵의 DNA와 상당히 다르다는 증거가 속속 밝혀지면서 세포 내 공생설은 널리 받아들여지게 되었다. 수많은 과학 저널이 거부한 그의 논문은 현대 세포 내 공생 이론의 중요한 이정표로 여겨진다.

다른 재밌는 예도 많다. 작은부레관해파리 *Physalia physalis*(포르투갈 범선을 닮았다고 하여 영명으론

Portuguese man o' war라고 불린다)는 해파리처럼 보이나 해파리는 아니며 하나의 유기체가 아니라 서로 독립된, 그러니까 저마다 기원이 다른 여러 부분이 군체를 이룬 생명체다. 각각의 부분은 이동, 생식, 독성 물질 분비 등 맡은 바 역할을 충실히 해내서 마치 하나의 개체처럼 살아간다. 말하자면 한미녀, 장덕수, 성기훈이 딱 붙어서 각자 잘하는 것을 하며 평생 살아가는 셈이다.

지구에 서식하는 육상동물 개체의 5분의 1에 해당되는 개미 역시 수없이 많은 개미 개체군이 마치 하나의 거대한 사회처럼 기능하는 초유기체 동물이다. 인간의 몸도 마찬가지인데, 우리 몸은 우리가 '나'라고 생각하는 자의식에 속해 있을 뿐 아니라, 음식물을 소화하고 비타민을 합성하는 등 몸의 기능을 가능케 하는 서로 다른 기원을 가진 다양한 미생물의 군집으로 이루어져 있다. 미생물 군집의 협력 없이 인간은 생존할 수 없다. 마굴리스의 책『공생자 행성』을 읽어보면 저자가 주장하는 것은 단순히 세포 내 소기관을 설명하는 이론을 넘어서는 훨씬 전복적이고도 과감한 이론이라는 것을 알 수 있다. 마굴리스는 인간이 여러 종으로 구성된 공생 발생적 존재이며, 다중 조성組成이 인간 종의 본질이라고 말한다.

세상에 떠도는 많은 이야기는 객관적인 사실을 말한다고 하지만, 들여다보면 언제나 특정한 관점과 위치성을 가지고 생산된다. 가장 객관적인 사실이라고 여겨지는 과학도 예외가 아니다. 그러나 왜 어떤 이야기는 유독 보편적이고 객관적이며 과학적인 것으로 여겨지고, 어떤 이야기는 개인적이고 사적이며 특수한 것으로 여겨질까?

정해진 인간 본성이란 것이 과연 있을까. 인간에게는 잔인한

작은부레관해파리.

본성도 있고 다정한 본성도 있다. 이 중 어떤 것을 발견하고 다루고 재현할 것인지가 중요하다. 그 결정이 사람들 사이의 믿음 체계를 형성하고, 믿음은 행동을 결정하기 때문이다. 극한의 상황에서 서로 연대할 것이라 믿으면 사람들은 가진 것을 나누고 어두울 때에도 편히 잠들 수 있을 것이다. 하지만 같은 상황에서 인간이 다른 인간을 죽이고 적대할 것이라 믿으면 칼을 숨겨두고 필요한 양식을 몰래 빼두며 정보를 감추려 들 것이다. 환경이 그 속에서 살아가는 생명체를 변화시키기도 하지만, 생명체의 특정한 결정이 끊임없이 환경을 변화시키기도 한다.

1899년 출판된 케이트 쇼팽의 소설 『각성』은 19세기 말 미국 남부 뉴올리언스에 사는 상류층 여성 에드나 퐁틀리에를 중심으로 펼쳐지는 이야기다. 수완 좋은 사업가 남편의 아내이자 두 아이의 어머니인 에드나는 멕시코만에 위치한 그랜드아일이라는 섬에서 여름휴가를 보내다가 별안간 '각성'한다. 에드나의 각성은 다소 갑작스럽게 느껴지는데, 사실 각성이란 게 대체로 그런 성질을 지니는 것 같다. 조용히 잠재되어 있던 변화가 불현듯 모습을 드러내며 삶의 방향을 통째로 바꾸어 놓는 것.

에드나의 각성은 아내나 어머니로서가 아닌 한 명의 인간으로서 세계에서 자기 존재의 위치를 인식하는 각성이다. 혹은 이렇게 문장으로 도저히 일축될 수 없는 무언가에 대한 각성이다. 이러한 변화는 정치적이면서 또한 영적이다. 새로운 자아의 탄생은 기존 자아의 죽음을 의미할 수밖에 없기에,

에드나의 각성은 ""한편으로는 길을 안내하는 빛 (…) 한편으로는 길을 가로막는 빛"이었다.⁶

소설은 "어쩔 수 없이 모호하고, 뒤엉켜 있으며, 혼란스럽고, 극도로 불안할 수밖에"⁷ 없는 에드나의 각성과 그 전후를 보여준다. 독자 입장에서는 에드나의 눈에서 비늘을 벗겨 낸 것이 누구이며 무엇이었는지를 여러 상황을 살피며 가늠하게 되는 한편, 또 전과는 달라진 에드나가 자신 외에는 무엇도 달라진 것이 없는 세상에 어떻게 대응해 가는지를 보게 된다.

이러한 변화는 에드나의 섹슈얼리티와도 연결되어 있다. 『각성』에서 드러나는 에드나의 성애는 구경거리 혹은 스펙터클을 위해 제공되는 것이 아니다. 그보다는, 오드리 로드가 「성애의 활용The Uses of the Erotic」에서 지적해 주었듯이⁸ 자신의 느낌을 신뢰하는 일, 자신 안의 더 진실한 자아가 가리키는 방향을 믿고 따르는 일, 곧 자기 자신과의 연결을 회복하는 일이다.

자기 자신을 믿기 시작한 여성은 얼마나 위험하고 또 강인한가. 용감하고도 진실되며 간결하고도 아름다운 은유로 가득 차 있는 이 소설은 1899년 출간 당시 독자와 비평가로부터 혹독한 비판을 받았다. 비판은 너무나 혹독했던 나머지 작가의 문학 경력을 사실상 끝장내 버렸다. 당대 사람들은 이 소설이 "병적이고morbid" "천박하고vulgar" "혐오감을 주고repellent" "유독하다poison"라고 말했다. 귀스타브 플로베르의 『마담 보바리』, 레프 톨스토이의 『안나 카레니나』 등 쇼팽 이전에도 기혼 여성의 불륜과 섹슈얼리티를 탐구한 많은 작품이 있었다는 것을 감안하면, 쇼팽의 책이 이토록 혹독한 비판을 받은 이유는 어쩌면 여성의 욕망을 여성 스스로 썼다는 데에 있었을 것이다.

케이트 쇼팽은 『각성』 출간 이전에도 여러 권의 책을 낸 꽤 인기 있는 작가였다. 『각성』 출판 후 새 책의 출판 계약은 무산되었고, 쇼팽은 경제적 어려움에 시달리다가 5년 뒤인 1904년 8월, 54세의 나이로 세상을 떠났다. 이후 『각성』은 곧 잊혔다. 케이트 쇼팽이 다시 발굴된 건 미국에 제2물결 페미니즘이 퍼지면서 앞선 세대 여성의 이야기를 찾으려는 독자가 많아진 1960년대였다. 그렇게 재발견된 『각성』은 이제 초기 페미니즘 문학의 고전으로 손꼽히는 작품이 되었다.

‡

쇼팽은 1850년 2월 8일 미국 미주리주 세인트루이스에서 캐서린 오플래허티라는 이름으로, 아일랜드 가톨릭 신자인 아버지 토머스 오플래허티와 프랑스계 크리올 어머니 엘리자 패리스 사이에서 태어났다. 다섯 살에 남편을 철도 사고로 잃고 이후로 재혼하지 않은 어머니와 함께 살던 그는, 스무 살 때 역시 프랑스계 크리올 가톨릭 신자였던 오스카 쇼팽과 결혼하여 뉴올리언스로 이주했다. 1871년부터 1879년까지 9년 동안 여섯 아이를 낳아 키우던 쇼팽은 1882년 남편이 갑작스럽게 병으로 세상을 떠나자 아이와 함께 어머니가 있는 세인트루이스로 돌아오지만, 어머니마저 그가 돌아오고 1년 뒤 세상을 떠난다.

남편과 어머니를 연달아 잃고 상심에 빠진 쇼팽은 자신의 산과의사였던 프레더릭 콜벤하이어 박사와 우정을 나누며 위안을 얻고 지적으로 교류한다. 진보적인 지식인이었던 콜벤하이어는 쇼팽에게 찰스 다윈과 토머스 헉슬리 등의 저작을 소개해 주며 글을 쓰도록 쇼팽을 독려했다. 얼마 안 가 쇼팽은 지역색을 드러내는 단편들을 쓰기 시작했고, 1890년에 첫 번째 장편소설인 『유책At Fault』을 출판한다. 이어서 단편집 『바이유 사람들Bayou Folk』(1894)과 『아카디에서의 하룻밤A Night in Acadie』(1897)을 연달아 낸다. 1899년 『각성』을 출간할 당시 쇼팽은 남편도 어머니도 없이 여섯 아이를 키우며 사회적으로도 문학적으로도 자기 자리를 구축한 성공적인 중년 여성이었다.

살롱을 직접 운영하기도 했던 쇼팽은 당대의 지적 흐름을 주의 깊게 관찰하며 글을 썼을 것이다. 이 시기는 여성과 남성의 성차와 기대되는 성역할에 대한 인식이 과거와 다르게 변화하던 시기였다. 쇼팽은 이러한 시대적 분위기 속에서 자기실현을 위해 가정을 벗어나는 에드나 퐁틀리에라는 여성 인물을 만들어 냈다. 그것이 시대에 응전하는 쇼팽의 방식이었을 것이다. 에드나는 "하고 싶은 대로 행동하고 느끼고 싶은 대로 느끼기 시작"한 여성이며, 어떤 순간에는 두 아들을 열정적으로 껴안다가도 이내 아이들의 존재를 까맣게 잊기도 하는 변덕스러운 모성애를 지닌 어머니다.[9] 이러한 에드나의 면모는 당대 독자들에게 충격을 안겼을 것이다.

‡

다시 한번, 자기 자신을 믿기 시작한 여성은 얼마나 위험하고 또 강인한가. 나는 『각성』을 두 입장에 번갈아 이입하며 읽었다. 하나는 에드나의 입장이고, 다른 하나는 에드나의 자식으로서의 입장이다.

고백하자면 나는 딸로서 오랫동안 어머니의 각성을 두려워했다. 어린 시절, 아버지가 나보다 당신 자신을 더 아끼고 사랑한다는 것은 자명했고, 이것은 나에게 어떠한 상처도 입히지 못했다. 그러나 엄마가 나보다 당신 자신을 아끼고 사랑한다는 것, 언제든 당신의 영혼에 균열을 가하는 사건을 만나기만 한다면 혹은 그럴 마음을 먹기만 한다면 나를 떠날 수도 있다는 사실은 나에게 엄청난 불안과 우울을 남겼다. 아니, 이렇게 말하는 것이 더 정확하겠는데, 그것은 내가 가진 불안과 우울의 원인이 엄마답지 않은 엄마 때문이라고 생각하게 만들었다.

에드나가 각성한 나이 스물여덟 살, 같은 나이에 나는 엄마가 등장하는 악몽을 자주 꿨다. 살이 에이도록 추운 겨울 누군가 자꾸 가로막아서 집에 들어갈 수가 없다. 어렵게 문을 열고 들어가면 안방에 반쯤 언 엄마가 누워 있다. 나는 엄마의 몸을 녹이려고 애쓴다. 엄마의 몸은 동상을 입어 살이 상해 있다. 엄마의 휴대전화에 계속해서 전화가 온다. 내가 알지 못하는 남자다. 나는 엄마를 장롱 안에 가둔다. 그리고 전화를 받는다. 우리 엄마랑 만나지 마세요. 우리 엄마한테 연락하지 마세요. 전화벨 소리는 계속해서 울리고 나는 불안과 공포를 느끼며 엄마를 가둔 장롱 앞에서 서성인다.

"내가 이 가정에 당연히 있는 존재라고 생각하지 마. 꼭 그러지 않을 수도 있는 거야. 그러지 않는 엄마도 세상에 많아"라고 말하는 엄마가 나는 불안했다. 엄마가 이 가정을 답답한 감옥으로 느끼건 새장으로 느끼건 자기 자신이 되어 날아가지 않기를, 언제나 내 곁에 엄마로만 남아주기를 바랐다. 그리고 그

마음은 고스란히 부메랑처럼 내게 돌아와 나 자신으로 살기보다 누군가의 '좋은 여자' 혹은 '좋은 엄마'가 되어야 한다는 강박과 자기 검열로, 주어진 규범을 위반했을 때의 죄책감과 수치심으로 남았다.

    자기 자신으로 사는 삶은 희열을 동반하기도 하지만 동시에 내가 사랑하는 타인은 물론 나 자신까지 상처 입히기도 한다. 특히 이것이 아이와 연결될 때 여자들은 분열한다. 오늘날 어떤 여성이 삶에서 겪은 진실을 세상에 전하는 데 실패한다면, 많은 경우 그것은 사회경제적 자원이 부족해서라기보다 그를 붙들어 두는 내면의 죄책감과 수치심 등 윤리적 책무 때문일 것이라고, 나는 생각한다. 수전 손택은 『앨리스, 깨어나지 않는 영혼』에서 다음과 같이 썼다.

> 셰익스피어에게 오빠만큼 글재주가 뛰어난 여동생이 있었다고 한번 가정해 보자. 버지니아 울프는 그[녀]의 페미니즘 소설 『자기만의 방』에서 이런 상상을 했다. 울프는 셰익스피어 여동생에게 '유디트 셰익스피어'라는 이름을 붙여보았다. 그렇다면 이 상상 속의 여성은 과연 오빠처럼 위대한 희곡을 쓸 수 있는 내면의 자율성을 가졌을까? 아니면 유디트의 소질은 그저 소리 없이 묻히고 말았을까? 현실적으로는 후자일 가능성이 큰 것이 사실이다. 그건 유디트가 용기를 내지 못했기 때문만은 아니었을 것이다. [그것은] 여성들이 쉽게 규정지어지고, 대체적으로 여성 자신이 스스로를 한계 [짓기] 때문이었다. 육체적으로 매력적이면서 아버지와 남자 형제들, 남편에게 참을성

있고 나긋나긋하고 고분고분하며 예민하고 배려할 줄 아는 여성이어야 한다는 의무감은 이기심과 공격성, 자신에 대한 관심과 모순되는 것이므로 마찰을 일으키기 마련이다. 바로 이런 이기심과 공격성이야말로 위대한 창조성이 피어날 수 있는 필연적인 조건인데 말이다.[10]

에드나의 영웅적인 면모는 바로 여기에 있다. 에드나는 이렇게 말하는 여자다. "내가 아는 모든 윤리적 규범에 비추어 보면, 난 악마처럼 사악하기 그지없는 여자예요. 하지만 난 왠지 내가 사악하다는 생각이 들지 않아요." 나는 이 문장을 읽고 또 읽었다. 에드나는 외부 세계와 불화할지언정 자기 내부에서는 불화를 겪지 않는다. 에드나는 두려움 없이 밀고 나간다. 에드나는 자기 안의 직관을 믿고 끝까지 뻗어나간다. 에드나는 자기 자신이 되는 일에 사과하지 않는다.

소설 『각성』은 출간된 지 120년이 지나 검은 머리 한국인인 내게 도착했다. 한 여자의 글이 살아남아 후대에 전해지기까지 얼마나 많은 맥락이 얽히게 되는지를 새삼 실감한다. 쇼팽을 통해 당대에 옳다고 여겨지는 것 너머를 탐험할 용기를 배우고, 설령 동시대인들에게 받아들여지지 않는다고 하더라도 먼 훗날 언젠가 누군가에게는 닿을 수 있다는 믿음을 얻는다. 자신의 이야기를 미처 전하지 못한 여성들, 그리고 전했으나 잊힌 수많은 다른 여성을 떠올리며.

집단 감정…… 내 안에 깃든 여러 이미지를 탐색해 본다.[11] 이곳에 가장 역겹고 가장 공포스러운 공간이 하나 있다. 지하에 위치한 공간이다. 도시에서 가장 더럽게 여겨지는 것들이 구역질 나는 하수구 배수관을 거쳐 도착하는 공간이다. 지상에서 사는 사람들은 들여다보고 싶어 하지 않는 공간이다. 없는 것 취급하고 싶어 하지만 그들이 만들어 낸 것들, 버리고 싶어 하는 것들이 모이는 공간이다. 그곳으로 내려가면 나는 먼저 머리카락을 발견한다. 그리고 머리카락에 붙은 젖어 불은 토막 난 여자의 머리를 발견한다.

나는 같은 이미지를 1953년생 시인 김언희의 시 「트렁크」에서 본다.

이 가죽 트렁크 // 이렇게 질겨빠진, 이렇게 팅팅 불은,

이렇게 무거운 // 지퍼를 열면 / 몸뚱어리 전체가 아가리가
되어 벌어지는 // 수취 거부로 / 반송되어져 온 // 토막난
추억이 비닐에 싸인 채 쑤셔박혀 있는, 이렇게 // 코를
찌르는, 이렇게 / 엽기적인[12]

—김언희, 「트렁크」

시가 그로테스크하다는 이야기를 듣자 시인은 답한다.
"현실이 다 그로테스크하지 않나? 우리 현실이, 삶이, 세상이 내 시
몇 줄보다 억만 배는 그로테스크하다."[13]

‡

'성희롱'이라는 용어가 처음 한국 사회에서 사용되기 시작한
것은 고작 1980년대이고, 공식적인 법률 용어로 처음 등장한 것은
1995년이 되어서다. '부부 강간'이라는 용어가 이곳에 본격적으로
등장하고 법적, 학술적 논의의 대상이 된 시기는 빨라야
2000년대 초반이다. '가스라이팅'이라는 용어가 활발히 사용되기
시작한 것 역시 2010년대 후반으로, 대단히 최근이다. '데이트
폭력' '데이트 강간' '교제 살인'이라는 용어도 모두 근래 들어
발명된 용어다. 그렇다면 그 이전에는 성희롱이, 부부 강간이,
가스라이팅이, 데이트 폭력이, 교제 살인이 없었을까? 어떤 경험을
지칭하는 말이 없다는 것은 누군가가 피부를 맞대고 겪고 있는
현실을 뒷받침해 줄 공동체의 자원이 없다는 것이다. 그러나
용어가 존재하지 않았던 때에도 경험은 있었다. 말해지지 못한

경험들, 말해도 이해받지 못했던 경험들, 말했을 때 미친 여자가 되는 경험들이 있었다. '사랑해서 그런 거야'라는 흔한 말 아래에서 발화되지 못하고 웅얼거림으로 남은 경험들이.

‡

여성에게 침대는 광장만큼이나 정치적 투쟁의 장소다. 여성의 몸은 공기처럼 떠다니는 온갖 여성을 향한 폭력이 모이고 실현되는 공간이다. 여성은 자신을 사랑한다고 말하는 남성을 향한 애정과, 거절할 시 죽임을 당할지도 모른다는 공포와 함께 머문다. 여성은 매일 밤 연인의 얼굴을 한 괴물과 잠이 든다.

한국여성의전화는 2023년 1월 1일부터 12월 31일까지 언론에 보도된 사건을 분석하여 2024년 3월 8일 국제여성의날에 「2023 분노의 게이지 보고서」를 발표했다. 보고서에 따르면 2023년 한 해 동안 최소 138명의 여성이 남편이나 애인인 남성에게 살해당했다. 이들은 "자유롭게 돌아다니면서 행복하게 지내는 것 같아서" "잠자는데 불을 켜서" "텔레비전 전원을 끄지 않아서" "휴대전화 잠금을 풀어주지 않아서" 살해됐다. 살인미수에서 살아남은 여성 최소 311명을 포함하면 449명의 여성이 남편이나 애인 등 친밀한 관계의 남성에 의해 살해될 위험에 처해 있었던 것이다. 최소 열아홉 시간마다 한 명의 여성이 그런 현실에 있었다. 이 통계가 언론에 보도된 수치에만 기반한 것임을 감안하면 실제 보도되지 않은 사건까지 포함해 현실에선 훨씬 더 많은 수의 여성이 이런 위험을 안고 살아가고 있음을 짐작할 수 있다.[14]

‡

언젠가 누군가 내게 페미니스트로서 한국 사회에 도대체 뭘 요구하고 싶냐고 물은 적이 있다. 내 대답은 단순했다.
'죽이지 마.'
조금 덧붙일 기회를 준다면, '때리지 마' '강간하지 마'.

‡

가끔 나는 말과 글을 교양 있게 다루는 사람들이, 그런 언어적 자원이 없는 여자들이 어떤 현실을 마주하고 서 있는지를 곧잘 잊는다고 느낀다. 언어도 안전한 공동체도 없어 몸을 자원으로 삼을 수밖에 없는 여성의 현실 말이다. 인터넷 방송을 하는 여성, 많은 남성에게 노출된 여성은 어떤 일을 겪고 있는가?

1000만 명이 넘는 구독자를 보유한 먹방 유튜버 쯔양은 2024년 7월 11일 자신의 유튜브 채널에서 전 남자친구이자 소속사 대표였던 남성에게 4년간 지속적으로 폭행과 불법촬영을 당했고, 약 40억 원 이상의 수익을 갈취당했다고 털어놓았다. 성폭행, 상습 폭행, 공갈 및 강요 등의 혐의로 쯔양에게 고소당했던 그 남성은 처벌을 피할 수 없게 되자 스스로 목숨을 끊었고, 사건은 공소권 없음으로 종결됐다.

이 사건이 세상에 드러나기 시작한 것은 쯔양의 의지가 아니라 쯔양을 지속적으로 괴롭혀 온 유튜브 사이버 렉카들 때문이었다. 이들은 리벤지 포르노를 유포하겠다고 협박하며 쯔양으로부터 5500만 원을 갈취했다. 쯔양의 리벤지 포르노

사건을 가장 먼저 수면 위로 올린 유튜브 채널 '가로세로연구소'는 쯔양이 직접 자신의 이야기를 밝히며 전 소속사 대표가 매일같이 자행한 폭행 사실을 공개하자, 방향을 틀어 이 사건과 관련해 명의 도용, 임신중절 수술, 탈세, 유흥업소 근무 과정 등을 문제 삼으며 '해명'을 요구했다. 이들의 문제 제기가 가해자의 폭력과 얼마나 복잡하게 얽혀 있는지를 설명해야 했던 쯔양은, 임신중절 수술이 성폭행으로 인한 것이었음을 밝히기 위해 피해 당시 녹음한 녹취 파일을 비롯한 사생활을 대중 앞에 공개해야 했다. 파일로 공개하기 어려울 정도로 가혹한 상황은 공중받은 녹취록을 통해 증빙됐다. 녹취록엔 가해 남성이 쯔양을 성폭행하며 다음과 같은 발언을 하는 정황이 담겨 있다. "돈도 다 뺏어야 하고 성노예로도 써야 하고 그다음에도 얘를 죽여야겠어."[15]

쯔양은 세상에 내놓길 원하지 않았던 대단히 사적이고 폭력적인 사건들을 대중 앞에 낱낱이 공개해야 했지만, 이마저도 여론을 선동하는 행위로 몰리며 사이버 렉카들에게 끊임없는 괴롭힘을 당했다.[16]

‡

네이버 뉴스에서 '여성 BJ'를 키워드로 검색했을 때 나오는 검색 결과 일부를 정리해 보면 다음과 같다.

> 결별을 통보한 여자친구의 사생활을 폭로하겠다고 예고해 결국 여성을 숨지게 한 인터넷 방송인에게 징역형의 집행유예가 확정됐습니다. (…) 박 씨는 자신의 아프리카TV

개인 방송과 시청자 단체 대화방 등에서 여자친구의 사생활을 폭로하겠다고 예고하며 압박했고 따로 메시지를 보내 "후회하게 만들겠다"라고 겁을 주기도 했습니다. (…) 1심 법원은 지난해 2월 박 씨에게 징역 1년에 집행유예 2년을 선고했는데, 선고 20여 일 뒤 피해자는 "처벌이 낮아서 상처가 너무 크다"라며 약을 과다 복용해 응급실로 옮겨져 의식불명 상태로 요양병원에서 지내다가 7개월 뒤 코로나19에 감염돼 숨졌습니다.[17]

청원인 A 씨는 "P 채널은 고인이 된 '잼미'라는 여성 BJ를 조롱하는 영상 콘텐츠로 그의 어머니와 해당 BJ까지 자살에 이르게 한 악질 유튜버"라고 지적했다. 그는 "잼미는 지난 2019년 방송 도중 '남성혐오 제스처'를 했다는 이유로 남성 누리꾼들 사이에서 거센 비판을 받았다. 이후 그는 '불쾌감을 드려 죄송하다' '본인은 메갈(여초 커뮤니티)이 아니다'라고 사과했음에도 일부 남성 유튜버들이 잼미를 공개 저격하면서 비판의 수위가 더욱 거세졌고, 각종 온라인 커뮤니티에서는 잼미를 향한 성희롱성 댓글이 심각한 수준에 이르렀다"라고 밝혔다.[18]

서울 강남 한복판에서 20대 여성 인터넷 개인 방송 진행자(BJ)를 납치하고 돈을 뜯어낸 남성이 구속됐다. (…) A 씨는 BJ로 활동한 B 씨를 온라인 공간에서 도와주는 일종의 '매니저 역할'을 했던 사람이다. 두 사람은 서로 대면을 하거나 잘 아는 관계는 아니었던 것으로 알려졌다.

A 씨는 범행 당시 B 씨에게 '너와 나의 방송 시청자들이
나를 무시했기 때문에 이런 일을 했다'라는 취지의 발언을 한
것으로 알려졌다.[19]

한 여성 BJ가 최근 감금, 폭행을 당했다고 폭로한
가운데 범인이 남편이었던 것으로 드러났다. 남편은 현재
특수폭행과 강간, 상해 혐의 등으로 구속 송치된 상태다.
최근 천 씨의 소셜네트워크에는 '죽음' '살인' 같은 단어들과
함께 의미를 알 수 없는 게시물들이 연이어 올라오면서
해킹 의혹이 불거졌다. 천 씨는 이후 지난 17일 그동안
자신이 감금돼 있다가 간신히 탈출했다며 범죄 피해 사실을
고백했지만 일부 누리꾼들은 자작극이라며 의심했다.
그러나 이는 실제 사건이었으며 범인이 남편이었던 것으로
파악됐다.[20]

지난 10일 현지 언론 등에 따르면 6일 캄보디아 프놈펜 인근
맨홀(하수관)에서 매트(깔개)에 싸여 유기된 한국인 여성
시신이 발견됐다. 당초 이 여성은 캄보디아에서 여행 중이던
인터넷방송 진행자라고만 알려졌는데, 현지 언론은 피해자가
33세 한국인 여성 변아영 씨라고 보도했다. (…) 변 씨는
지난 3월 인스타그램에 "BJ 청산했다. 당분간 일반인으로
살려고 한다. 한국 돌아가서 유튜브에 제 진실성이 담긴 영상
올리겠다"라며 "일반인 아영이의 새 삶, 열심히 살겠다"라는
글을 올린 뒤 BJ 활동을 중단했다.[21]

방송 중 극단적 선택을 한 레이싱 모델 출신 유튜버 임지혜(37·방송명 임블리) 씨가 세상을 떠난 가운데, 사고 직전 임 씨가 했던 방송 콘셉트에 대한 비판이 일고 있다. 지난 11일 임 씨는 생방송 중 인터넷 방송인들과 음주 방송을 진행하다가 다른 BJ들과 다툼을 벌인 것으로 전해졌다. 무엇보다 이 방송 콘셉트 자체가 BJ들 간의 자극적 경쟁을 유도하는 문화였기에 한 사람을 죽음으로 내몰았다는 비판을 피할 수 없게 됐다.[22]

유튜브와 유료 구독형 성인 플랫폼에서 '한선월'이라는 가명으로 활동하던 전직 레이싱모델 이해른 씨(32)가 숨진 사실이 뒤늦게 알려졌다. 이 가운데 누리꾼들은 생전 그가 출연한 음란 영상을 언급하며 "어떤 강압이 있었던 것 같다"라고 추측하고 있다. (…) "2018년 중순 양예원 사건 터지고 출사 업계가 초토화됐다. 누드 사진뿐 아니라 단순히 여자 모델 데리고 사진 찍는 게 확 줄어 들었다"라며 "코로나까지 터지고 일이 완전히 뚝 끊겼다. 이때 남편 ○○○ 만났고 갑자기 가슴 성형하고 안 하던 노출이나 섹시한 사진도 서슴없이 했다."[23]

한선월 씨와 관련된 뉴스를 우연히 접하고 그의 활동을 찾아봤다. 지금은 삭제된 그의 온리팬스 계정에는 그가 노숙자와 성관계하는 영상, 낯선 근교로 찾아가 건설 노동자와 성관계하는 영상 등이 업로드되어 있었다. 누군가 그 영상을 촬영하고, 판매하고 있었다. 빼빼 마른 몸으로, 어떠한 관능도 생기도 없이 얼굴을 왜곡하는 필터를 쓴 카메라 앞에서 성행위를 하는 그는 그 와중에도 상냥한 표정으로 웃고 있었다. 나는 영상의 선정성보다도 그가 상냥하게 웃고 있다는 사실에 더 큰 충격을 받았다.

‡

픽션의 세계는 현실을 반영하며, 때로 그 현실을 강화하기도 한다. 범죄 영화와 스릴러 영화에서 여성 캐릭터는 희생자로 자주 등장하는데, 그런 방식이 관객의 감정적 반응을 극대화하여 극에 몰두하도록 만들기 때문이다. 여성 피해자, 여성 시체, 여성의 유해는 페티시화되고 성적 이미지와 결합되어 묘사되면서 영화의 긴장감을 높이는 데 '사용'된다. 여성 캐릭터가 살해되는 장면, 여성 시체가 훼손되는 장면은 너무나 흔해서 인류가 여성 죽이기에 재미를 붙인 것이 아닌가 생각될 정도다. 「살인의 추억」 「추격자」 「악마를 보았다」 등에서 살해되는 여성들, 이름조차 제대로 불린 적 없이 시체가 된 여성들을 떠올린다.

‡

하나같이 마르고 인형같이 예쁜 화면 속 여자들.
나는 한 방송에 출연하게 되었을 때 제작진으로부터 살을 빼면 좋겠다는 피드백을 들었다. 페미니스트로 방송에 섭외된 것임에도 그랬다. 방송을 준비하면서부터 촬영이 끝날 때까지의 기간 동안 내 일기장은 온통 다이어트에 대한 강박, 몸 전체를 카메라 앞에 드러낼 때의 두려움에 대한 이야기로 꽉 차 있다. 나는 페미니스트로서의 이야기를 준비한 것이 아니라 내 몸을 준비했다. 홍보용 영상을 찍은 날은 72시간 동안 굶고 촬영에 임했다. 나는 근사한 외모가 나를 사람들의 공격으로부터 지켜줄 것이라 생각했고, 그것은 어느 정도 사실이기도 했다.

　방송국 관계자를 만날 때마다 여성 연예인에 대해 물어보곤 했다. 여성 아이돌 대부분이 너무 말라서 월경 불순이라는 이야기, 체력이 부족해 무대 뒤에서 곧잘 쓰러진다는 이야기를 들었다. 무대 옆에 산소호흡기를 준비해 놓고 대기한다고 했다. 내내 배고픔에 시달렸을 여자는 화면 앞에서 상냥한 표정으로 웃는다. 말라갈수록 찬사받는다. 기아 상태에 가까운 여성들의 사진과 영상이 소셜미디어와 유튜브에 끊임없이 올라오고, 이들은 조금이라도 살이 붙으면 반드시 조롱당한다.

　급하게 살을 뺄 수 있는, 조금 더 아름다워 보일 수 있는 빠르고 간편한 시술이 너무나 많았다. 성형수술 정보를 공유하는 애플리케이션과 카페를 둘러보았다. 그곳은 48킬로그램의 여자가 43킬로그램이 되기 위해서 지방분해주사를 맞을지 고민하는 세계였다. 나는 한 피부과에 방문했다. 의사는 3주 안에 빠르게 살을 빼줄 수 있다고 했다. 몸 이곳저곳에 주사를 놓을 것이고 다이어트 약도 처방하겠다고 했다. 근육이 생기면 각선미에 좋지 않으니 운동은 하지 않는 게 좋겠다는 말도 덧붙였다. 비용은 500만 원 정도였나. 끝내 그냥 집으로 돌아왔지만, 대기실에서 고민하는 동안 나는 이 업계가 어떻게 굴러가는 곳인지 깊이 이해하게 됐다.

　성형 수술 혹은 시술을 받는 사람도, 업계에서

저임금 노동자로 일하는 사람도 모두 여성이었다. 이들은 엔터테인먼트·미디어 업계에서 홍수처럼 쏟아져 나오는 몸을 개조한 여성의 이미지에 젖어 살며 그들을 선망하고, 그들을 닮기 위해 돈을 벌어 몸을 개조하고, 다시 몸을 개조하는 과정에 동참해 돈을 번다. 그렇게 번 돈으로 또다시 몸을 개조한다. 이 순환 과정에 정신적 에너지를 쏟아붓는다. 2023년 기준 한국의 성형수술 시장 규모는 2조 2000억 원 정도다.[24] 그러나 아름다운 외모가 정말 여성을 보호해 줄까? 여성 연예인과 여성 BJ가 어떤 현실을 맞닥뜨리는지 보라.

‡

이 모든 총체적 경험을 어떻게 말로 글로 다 할 수 있단 말인가? 어떻게 말이 되는 언어로 '논리적으로' 전달할 수 있단 말인가?

그러니까 민희진이라는 인물이 차분하고 논리적이게 말하기를 포기하고 "약간 이 업을 하잖아? 욕이 안 나올 수가 없어. 씨발 새끼들이 너무 많아가지고" 하며 머리를 풀어헤치고 달려들었을 때, 그리고 그것에 사람들이 호응했을 때 나는 생각했다. 사람들이 미친년 말하기를 알아듣기 시작했다고. 이 여자가 겪은 현실을 이해하고 공감하는, 같은 현실을 공유하는 사람들이 나타났다고. 미친 여자에게도 언어가 조금은 생겼다고 말이다.

나에게는 글을 쓰는 두 가지 방식이 있다.[25] 스스로 이름 붙이기를, 하나는 건축적 글쓰기고 다른 하나는 물 같은 글쓰기다. 이렇게 말할 수도 있다. 건축적 글쓰기는 머리로 쓰고 물 같은 글쓰기는 몸으로 쓴다. 건축적 글쓰기는 이미 알고 있는 것, 이해하고 있는 것(혹은 그렇다고 믿는 것)을 전달하기 위해 쓰지만, 물 같은 글쓰기는 모르는 것을 알기 위해서, 언어화된 적 없는 경험을 언어화하기 위해서 쓴다. 건축적 글쓰기는 쓰기 전에 계획하고 쓰지만, 물 같은 글쓰기는 쓰기 전까지 무엇이 나올지 알 수 없다. 건축적 글쓰기는 중심 메시지에 복무하는 문장들로 이루어지고 그 밖의 것들은 글에서 제거되지만, 물 같은 글쓰기에서는 이전 글에서 제거되거나 소거되었던 문장들이 더 중요하다. 끝내 지울 수밖에 없었던 문장이 핵심이다.

건축적 글쓰기가 광장 한가운데서 소리치며 청중을 설득하는 소피스트라면, 물 같은 글쓰기는 광장 귀퉁이에서 알아들을 수 없는 말을 반복하며 웅얼대는 광인이다. 건축적 글쓰기를 할 때 나는 배운 대로 훈련받은 대로 쓴다. 물 같은 글쓰기를 할 때 나는 배운 것을 완전히 잊기 위해 애쓴다. 건축적 글쓰기에는 규칙과 규율이 있으며 따라야 할 글쓰기 세계의 전통이 있다. 물 같은 글쓰기는 새로운 규칙을 발명해 내는 글쓰기이며 전통을 배반하는 글쓰기다. 건축적 글쓰기는 권위와 이성, 근거, 논리, 합리성을 사랑하지만, 물 같은 글쓰기가 단서를 찾는 곳은 꿈, 감정, 환각, 기억이다.

여성으로서 내 경험을 쓸 때는 반드시 물 같은 글쓰기가 필요하다. 한국에서 여성으로 태어나 자라면서 내 몸에 차근차근 쌓인 경험들이 내가 배워온 것들, 텍스트가 가르쳐 준 것들과 매우 다르기 때문이다. 나는 내가 배운 것으로 나의 경험을 해석할 수가 없다. 나의 경험을 진실하게 전달하기 위해서 새로운 언어를 발명해 내야만 한다. 내가 속한 곳의 규칙, 제도, 언어 모두가 여성을 향한 폭력에 일조하고 있을뿐더러 이를 인식하기 어렵게 만들기에, 무엇이 폭력인지를 알아차리기 위해서는 배운 것을 싸그리 잊는 작업을 선행해야만 한다. 여성을 향한 폭력에 익숙한 것은 남성뿐 아니라 여성도 마찬가지여서, 우리 모두는 그것에 무덤덤해져 있을 뿐만 아니라 심지어 그것을 욕망하기까지 한다.

이것은 성애와 관련해 더욱더 심각한 문제가 된다. 섹스는 섹스하는 상대와 함께하는 공유된 성적 탐색이어야 한다. 안 된다고, 그만하라고 말한다면 그만해야 하는 것이 섹스다. 그러지 않으면 강간이다. 그러나 포르노 속 여성은 '기분 좋아'와 '그만해'를 동시에 말한다. '좋아'와 '그만해'가 같은 의미로 학습된다면 여성은 언제 '그만해'를 유효하게 발화할 수 있단 말인가? 강간과 다름없는 섹스가 섹스로 학습된다면 어떻게 폭력과 섹스를 구분할 수 있단 말인가? 여성이 자신의 몸이 주는 느낌과 감정으로부터 멀어지고 단절되는 일은 일찌감치 시작된다.

그렇기에 나는 물 같은 글쓰기를 할 때 내 몸으로부터 출발한다. 몸이 주는 느낌을 신뢰하는 것에서 시작한다. 이 순간 기쁨을 느끼는지, 분노를 느끼는지, 불안을 느끼는지, 모욕감을 느끼는지를 살핀다. 몸이 뻣뻣한지 노곤해졌는지 땀이 나는지 심장이 빨리 뛰는지를 살핀다. 몸과 감정은 진실을 찾기 위한 나침반이 된다. 이것은 교육받은 자아, 사회화된 자아 안에 잠들어 있는 더 진실한 자아가 가리키는 방향을 믿고 따르는 일이며, 그렇기에 곧 나와의 연결을 회복하는 일이다.

아침에 일어나면 몽롱한 상태에서 잠시 생각한다. 눈을 뜨면 이곳은 어디일까. 서울인가? 베를린인가? 앙티브인가? 때로 나는 남양주라고 추측해 버리고 만다. 눈을 뜨면 누런 얼룩이 있는 천장이 보일 거라고. 이불을 깔고 누우면 더 이상 자리가 없는 내 작은 방일 거라고. 그곳에서 나는 여전히 원가족을 탈출하지 못한 어린애. 가족이 세상의 전부인 애. 악몽을 자주 꾸는 애. 너무 빨리 늙어버린 애. 이곳이 아닌 다른 세계가 있음을 믿어야만 해서 읽고 또 읽는 애. 아직도 남양주라고? 내가 그곳에서 벗어나려고 얼마나 많은 시간을…….

오늘은 다행히 눈을 뜨니 다합이다.

이곳은 다합에서의 네 번째 숙소다. 숙소를 세 번 바꾸고 나서야 나는 다합에서 쾌적한 환경이란 것을 기대할 수 없음을 받아들였다. 이곳에 적응하는 데에 3주쯤 걸린 듯하다. 다합이 어떤 곳인지 묻는다면, 이렇게 말해보면 어떨까?

중동과 아프리카 사이에 있는 곳, 시나이반도에 위치
바다 건너편 어스름푸레히 보이는 사우디아라비아
풀 한 포기 제대로 자라지 않을 듯한 사막 산
모세가 십계명을 받은 시나이산(해가 떠 있을 때는 등반할 수 없다)
단 몇 시간도 버틸 수 없을 듯한 그곳에서 사는 아랍 사막의 가장 오래된 민족, 베두인
그리고 비교적 새로 들어온 이집트인
곳곳에서 대마초를 피우는 사람들
"베두인이 사막에서 대마를 키워. 난 담배는 피우지 않아. 술도 마시지 않고. 대마는 자연에서 온 거라 좋지. 몸을 편안하게 해줘. 담배는 인공적이라 나빠. 내가 베두인 차 대접해도 될까?"
길을 걸으면 차가 멈춰 서며, 택시? 택시? 택시?! (그리고 경적, 대중교통은 없다)
"마이 프렌드, 하우 머치 이즈 잇?" "애니싱 유 원트."
샤워기 헤드가 없다.
물에서 짠맛이 난다.
'수도에서 나오는 물은 마시지 마시오.'
'지금 네가 쓴 물이 바다로 간다는 걸 기억해.'
주의 사항은 집 벽에 직접 쓰여 있음
"하수구 뚜껑은 꼭 닫아두어야 해." "왜?" "몰라. 동물이 나올 수 있다나 봐."

해안가 옆 버려진 호텔

총을 들고 다니는 군인들

길 위의 염소 똥 냄새, 건조한 모래 냄새

"놀랍게도 다 주인이 있는 염소야."

곳곳에 지붕 없음, 담벼락 없음

(버려진 박스를 식탁으로 쓰며) "웰컴 투 다합. 에브리싱 캔 비 리퍼포즈드Everything can be repurporsed(뭐든 용도 변경 가능)."

시들어 가는 채소, 바닥에 떨어진 과일, 무게를 재서 건네면 인상을 쓰고 계산기를 두드리며 나를 등쳐먹는 기껏해야 열두 살짜리 남자아이

닭고기를 사러 가면 보게 되는 닭장 속의 닭, 비둘기, 토끼

먹고 싶다면 보고 느껴야 할 동물의 냄새와 소리

오징어튀김이 식탁 위에 오르자 몰려드는 파리 떼

엄마의 전화. "아니 그러니까, 우리보다 못 사는 나라 가면 조심해야 한다고."

친구의 메시지. "이슬람의 순기능을 그래도 눈 씻고 찾아보자면 고양이를 안 건드리고 음주 운전 안 하고 소매치기가 별로 없다?"

모기, 모기, 모기, 모기!

"간지러워, 간지러워, 간지러워, 간지러워!"를 가사로 기타를 치며 노래를 부르는 사람들

"이곳은 세 개의 무한이 만나는 곳이야. 무한한 사막, 무한한 하늘, 무한한 바다."

"너랑 나는 균형이 있잖아. 영적인 것과 현실적인 것

사이에. 다합의 히피들은 영적인 쪽으로 훨씬 더 멀리 간 사람들이야."

음료수를 공짜로 건네주는 슈퍼마켓 점원. "와이 미나, 와이 에브리데이 뷰티풀?"

어처구니없을 정도로 대충 그린 벽화

벽화에 적힌 글. "Inhale the Present, Exhale the Past(들숨에 현재를, 날숨에 과거를)……."

경계심 없는 길거리의 고양이와 개

"이곳에 물이 비어 있다면 채워주세요. 목마른 동물들을 위해서요."

하루 중 주기적으로 다합에 울려 퍼지는 노래, 목소리로만 이루어진. "지금 나오는 노래가 뭐야?" "코란."

안전 업데이트. 회원님의 현 위치 정보에 따르면 성소수자 커뮤니티의 안전에 위협이 될 만한 장소에 계십니다. 즐거운 시간 보내시길 바라지만, 틴더는 여러분의 안전을 최우선으로 여깁니다. 새로운 매치 회원이나 모르는 사람을 처음 만날 때는 각별히 주의하시기 바랍니다.

"자물쇠는 없어? 누가 자전거를 훔쳐 가면 어떻게 해?" "그럼 더 필요한 사람이 가져간 거로 생각하자."

선셋 수영. "와! 바다 정말 끝내준다!" "홍해에 온 걸 환영해."

텀블링해서 바다에 뛰어드는 아이들

국가 기록을 열일곱 번 세운 프리다이버. "그때 친구들이랑 다 같이 바다에서 수영을 하는데 바다가 무섭게 느껴졌어. 그러다 친구가 내게 물었어. 비앙카, 피어 포 왓Fear for what(뭐가 두려운 거야)? 나는 대답할 말이 없었어."

석양을 보며 명상하는 사람들. "한 프리다이버 스님이 시작했는데 그 이후로 전통이 되어 이어져 오고 있어." "이상하지. 다합에서는 시간이 다르게 흘러. 머릿속에 투 두 리스트to do list(할 일 목록)가 떠오르지 않아." "이집트 IMF 맞았거든. 경제 상황이 무척 안 좋아. 그런데 갚을 생각이 별로 없어." "뭐라고? 왜? 얼른 갚아서 해결해야지!" "그게 네가 한국인이라는 증거야. 돈 빌린 사람이 왜 쫄려? 빌려준 사람이 쫄려야지. 얘네 작년 한 해 자동차 수입을 하나도 안 했어." "그게 어떻게 가능해?" "그냥 고쳐서 쓰자는 거야. 없으면 없는 대로 사는 거지." "어차피 비자 문제 항의해 봤자 이 사람들 인샬라 할 것 같아." "인샬라가 뭔데?" "신의 뜻대로……."

‡

다합에 온 것은 책을 끝내기 위해서였다. 바다에 관한 책을 쓰고 있었고, 바다 곁에서 책을 마무리하고 싶었다. 또 베를린과 잠시 떨어져 있을 시간이 필요했다.

한창 마감을 하던 며칠 전에는 만 하루가 넘는 시간 동안 다합 전체에 전기가 끊기는 일이 있었다. 전기가 끊기니 물도 나오지 않았다. 변기 물조차 내릴 수 없었다. 휴대전화 연결도 먹통이었다. 나는 깜짝 놀랐다. 아침에 일어나 땀을 뻘뻘 흘리며 버텨보다가 이 고요함을 도저히 견딜 수 없어 시내로 나갔다. 시내에 나가보고 더 깜짝 놀랐다. 다합은 잘 돌아가고 있었다. 사람들은 전기 없이 먹을 수 있는 것들을 먹고 미리 받아둔 식수로 요리했다. 우리는 전기와 물 없이도 나름대로 살아갈 수 있었다. 한낮의 기온은 섭씨 44도에 육박했다. 에어컨도 선풍기도 없는 곳에서 더위가 못 견딜 정도가 되면 사람들은 바다로 뛰어들었다. 그곳에서 열을 식히고 몸을 씻었다. 바다에 들어가기만 하면 모든 문제가 녹아서 사라져 버렸다. 흘러가 버렸다.

저녁에는 근처 단골 식당에 갔다. 이제는 친구가 된 무스타파에게 음식을 주문했다. 무스타파는 민머리에 해적처럼 턱수염을 기른 시리아 출신의 남자다. 이전에는 배에서 요리했다고 한다. 유럽 곳곳을 여행하며 다니다 지금은 다합에서 지내고 있다. 곧이어 주문한 요리가 나왔다. 구운 닭고기와 채소, 밥이다. 무스타파의 음식은 다합에서 손꼽히게 섬세하다. 단순한 요리이지만 그가 섬세하게 조리했다는 것을 느낄 수 있다. 나는 야외 테이블에서 밥을 먹는다. 무스타파는 내 근처에서 담배를 피우며 길거리에 지나다니는 사람들을 본다. 여기 사람들은 이렇게 자주 바깥을 보는 얼굴을 하고 있다. 스마트폰 화면이나 텔레비전이 아니라 길거리를, 바다를, 사람들을 멀리서 관조하듯 본다. 무스타파는 지나가는 사람들에게 종종 인사하고 잡담을 나누고 고양이와 개에게 음식을 나눠준다.

"무스타파, 혹시 맥주 있어?"

"지금은 없지. 그렇지만 너한테는 곧 생기지."

무스타파는 내게 식당을 맡기고 맥주를 사러 간다. 잠시 뒤 할리데이비드슨 오토바이를 끌고 간 무스타파가 도착한다. 한 병을 따서 내게 주고 한 병을 따서 자기가 마신다.

"저녁 먹고 난 뒤에는 뭐 해?"

"별거 없어."

"나 11시에 끝나는데, 너 괜찮으면 끝나고 다합 곳곳을 구경시켜 줄게. 전망대 같은 곳이 있는데 보여주고 싶어."

나는 반색한다. 그리고 기다린다. 11시가 되고 식당 문을 적당히 닫고(이렇게 허술하게?) 무스타파가 끄는 오토바이 뒷자리에 내가 탄다. 헬멧은 없다. 무스타파는 한 손으로 오토바이를 운전한다. 다른 한 손에는 맥주병이 들려 있다. 무스타파는 내가 처음 가보는 곳으로 나를 안내한다. 다합의 또 다른 벅적이는 시내다. 이곳엔 외국인이 보이지 않는다. "여기가 진짜 다합 로컬들이 오는 곳이야." 무스타파가 말한다. 무스타파는 슈퍼마켓에서 맥주 여러 병과 과자, 견과류를 산다. 무스타파는 다시 운전해서 사막 산으로 향한다. 인기척 없는 어두운 풍경이 계속 이어진다. 나는 무스타파의 허리를 감싸 쥔다. 오토바이의 속도가 빨라질 때마다 무스타파는 팔꿈치를 조여 내가 그에게 더 단단히 밀착될 수 있도록 한다. 무스타파가 누군가를 배려하는 움직임은 놀라울 만큼 부드럽고 섬세하다.

잠시 뒤 도로로 접근할 수 있는 사막 산의 높은 곳에 도착한다. 분명히 아름답다. 내가 불안해하고 있다는 점만 빼면 그렇다. 밤하늘에는 별이 쏟아질 듯 빛나고 무스타파는 그중에서 인공위성을 찾아낸다. 어두운 밤하늘과 밤바다 사이, 다합 곳곳에서 인간이 집 안에서 만들어 내는 빛이 소박하게 빛난다. 홍해 건너편 나라에선 선박들이 다니는 항만의 빛이 보인다. 무스타파는 말한다. "내가 제일 좋아하는 곳이야. 이곳에 있으면 네 개의 나라가 동시에 보여. 이집트, 사우디아라비아, 예멘, 요르단."

무스타파는 천천히 느릿하게 말한다. 무스타파는

유혹적이다. 무스타파는 자기 이야기를 한다. "우리 아버지는 시리아의 군인이었어. 물론 좋은 아빠였지만 나는 너무 규율적이고 엄격한 것이 싫었거든. 나는 요리하는 게 좋았어. 군인은 나랑 맞지 않아. 그래서 열일곱 살 때 다합으로 도망쳤어. 그리고 6개월 동안 가족들과 소식을 끊고 지냈어."

무스타파는 내게 견과류를 쥐여준다. 바람에 날아가지 않게 과자 봉지를 뜯어서 돌로 고정한다. 나와 무스타파는 계속 맥주를 마시고 담배를 피운다. 나는 무스타파가 맥주를 몇 병째 마시고 있는지 살핀다. 내 마음은 두 개로 나뉘어 치열하게 싸운다. 무스타파가 매력적이고 지금 이 순간이 무척 아름답다는 생각과 무스타파는 믿을 만한 사람이 아니고 지금 이 순간이 무척 위험하다는 생각. 내가 시리아에 대해서 알고 있는 것이라고는 전쟁과 테러뿐이다. 나는 머릿속으로 온갖 시나리오를 굴린다. 무스타파가 내게 어떤 끔찍한 짓을 저지를 수 있는지 상상한다. 그리고 이 불안감과 싸운다. 이것은 중동 지역에 대한 내 편견인가, 아니면 나를 보호하려는 옳은 방어기제인가?

무스타파는 바다와 별과 사막과 바람과 밤에 취해서 순간을 만끽하고 있고 내 몸은 털끝 하나 건드리지 않았다. 졸린 듯한 나른한 목소리로 자기 얘기를 쭉 이어갈 뿐이다. 취기가 오르자 내 분열은 더욱 가속화된다. 무스타파는 착하고 매력적인 사람이다. 아니다, 무스타파는 믿을 수 없고 위험한 사람이다. 무스타파는 무해한 사람이다. 아니다, 무스타파는 나를 강간할 수도 있다. 누군가에게 넘길 수도 있다……. 시리아 사람은 위험할지도 모른다…….

무스타파는 계속 맥주를 마시고 나 역시 취해가고 동시에 나는 돌아갈 길이 걱정되기 시작한다. 무스타파가 자기 동생이 오토바이 사고로 세상을 떠났다고 말했을 때 나는 더 이상 견디지 못하고 이제 집에 가야겠다고 말한다. 동생을 잃은 그의 슬픔을 위로하는 말은 차마 나오지도 않는다. 무스타파는 바로 오케이 하고 자리에서 일어난다. 오토바이 뒷자리에서 나는 안도와 불안을 동시에 느낀다. 무스타파는 속도를 높일 때마다 팔꿈치를 조여 내 몸을 자기 몸에 더 단단히 밀착시킨다. 건너편에서 역주행하는 차가 달려온다. 누가 봐도 취한 사람의 운전이다. 무스타파는 가볍게 지나친다. 무스타파가 뒤쪽으로 소리치며 말한다. "다합에 정말 미친 운전자가 많아!"

집에 무사히 도착하고 작별 인사를 하며 무스타파와 포옹을 나눈다. 나는 씻고 잠에 들며 스스로 되뇐다. "Fear for what? Fear for what? Fear for what?" 두려움 중에서 진짜로 두려워할 만한 건 어떤 것일까?

Part 4
나를 갈라 나를 꺼내기

안녕하세요? 저는 오늘 프레젠테이션 없이 스피치만으로 강연을 진행해 보려고 합니다.[1] 이야기를 전하는 다양한 방식을 실험하고 싶기 때문이에요. 글쓰기는 어떻게 보면 작가가 다 쓴 뒤에 사람들한테 던지는 것이지요. 독자는 일방향으로 그것을 받아들이게 되는데, 이런 방식의 의사소통이 사실은 인류가 어떤 이야기를 전달하는 매우 특수한 형태라는 생각을 최근에 했습니다. 오히려 글 이전에는, 마치 빨래터에서 이야기를 쏟아 내는 여자들이 그랬듯, 듣는 사람과 말하는 사람의 상호작용이 훨씬 더 활발한 이야기 전달을 인간은 오래 해왔죠.

예를 들면 어떤 부족에서 채집을 하러 간 여자들이 과일도 담고 푸성귀도 담고 한 다음, 마을로 돌아와서 그걸 어떻게 구하게 됐는지를 이야기했을 거 아니에요. '내가 어디에 갔는데 이게 있더라.' '이건 내게 많으니까 너에게 줄게.' 그때 있었던 모험들에 대해서 이야기할 수도 있겠죠. 말하다 보면 더 재미있게 말하기 위해서 거짓말을 섞게 될 수도 있고요. 사람들의 반응이 좋지 않으면 과장을 보탤 수도 있고, 아니면 다음 주제로 넘어갈 수도 있죠. 이런 생각을 하다 사람들 사이에서 이야기가 전달될 때 오늘날 유튜브나 넷플릭스, 책에서처럼 일방향적으로 한쪽에서 다 말하고 보여주고 다른 한쪽은 수용하기만 하는 식의 전달 방식이 일부분에 불과하다는 자각을 하게 됐어요. 지금도 스피치라곤 하지만 여러분이 언제든지 끼어드실 수 있습니다.

오늘 주제는 '나를 갈라 나를 꺼내기: 성폭력 피해자의 욕망' 이렇게 정했는데요. 이 강연의 기획 의도와 연결되는 이야기입니다. 주최 측에서 큰 주제로 쓰레기라는 주제를 잡았더라고요. "쓰레기, 더러운 것들, 오염된 것들." 메일로 받은 기획서엔 이런 말들이 있었어요.

"팀 우프는 이번 기획을 통해 이들에게 강요되었던 세정되어야 함(무결함)에 대하여 사유한다. 그리고 더러움의 상태에 있다고 여겨지는 것들을 새롭게 바라보기로 한다. 배설물, 월경혈, 출산과 낙태를 경험한 자궁, 창녀, 트랜스섹슈얼, 레즈비언, 질병, 대상이 되기를 자처하는 여성, 수동적인 여성, 게이의 섹스, 다자연애, 사조마조히스트, 펨섭, 젠더퀴어, 장애, 비수도권, 비인간동물, 최악의 성소수자, 성욕을 가진 청소년, 강간, 가난함, 비속어 등……."

이런 기획을 떠올릴 수 있는 사람은 더러운 취급을 받아본 사람입니다. 들여다보면 사람들은 저마다 더러운 것이 있거든요. 그걸 드러내는 사람이 있고 드러내지 않는 사람이 있을 뿐이죠. 여성과 퀴어는 삶의 경로가 그렇게 되어버려서 더 더러운 존재로 취급될 때가 많죠.

    더러운 존재로 여겨지는 것이 우리에게 고통을 주기도 합니다. 하지만 더러운 취급을 받아도 나는 내가 어떤 사람인지 알잖아요. 얼마나 다양하고 다층적인지 압니다. 더러운 존재로만 볼 수 없다는 걸 알고 있어요. 바로 그렇기 때문에 더러운 존재로 취급받아 본 사람들은 더럽다고 여겨진 상징물에 대해서 다시 생각할 기회를 갖게 되는 것 같습니다.

    저는 미친 여자가 되는 것이 너무나 두려웠어요. 그리고 남성 애인을 만날 때 제가 불길한 존재로 여겨지는 것 같았죠. 그렇다 보니 불길해 보이는 여성들에 대한 관심이 많아졌어요. 미친 여자들, 메두사 같은 존재죠. 뱀 같은 여자들. 사탄 취급을 받고 마녀 취급을 받는 여자들. 그런 여자들이 진짜 그랬을까 하는 의문으로 그들의 발자취를 따라가다 보니까 새롭게 보이는 것이 많았습니다.

    나를 갈라 나를 꺼낸다는 것은 제게 여성적 글쓰기란 무엇인가를 묻는 일이기도 합니다. 여성적 글쓰기라는 건 도대체 무엇일까요? 우리가 남성 중심적인 것, 혹은 가부장적인 것, 그리고 백인 중심적인 것이 지겹고 싫다는 건 알았어요. 그러면 그것 외에 다른 것이 어떻게 가능하지? 여기서부터 우리는 무언가를 발명해야 하는 시점을 맞게 됩니다.

    아닌 건 뭐가 아닌 건지 압니다. 김훈이 월경 이야기를 하면 후지다는 건 알죠. 그럼 여성이 여성 이야기를 한다는 것은 도대체 어떤 의미일까요? 제가 좆뺌처럼 말하면 여성적 말하기인가요? 아니면 주현영 인턴기자처럼 떨면서 말하면 여성의 말하기인가요?

혹은 남자처럼 말할 수도 있죠. 남자처럼 말하되 그 사람이 여자로만 바뀐다면. 하미나가 이준석처럼 행동하고 이준석처럼 당 대표가 되어 활동을 한다면 그게 여성적인 활동인가요? 우리는 많은 것에 의문을 가질 수 있습니다.

우리에게 있는 것은 오염된 것들뿐입니다. 나는 여성적인 게 뭔지 몰라요. 내가 진짜 뭔지도 모르고요. 세상에 가짜 여성에 대한 이야기만 엄청나게 많기 때문입니다. 이렇게 진짜가 뭔지 모르는 상태에서 계속해서 더 진실된 것을 찾아가는 과정이 저에게는 글쓰기입니다. 나를 갈라 나를 꺼낸다는 것은 아주 많은 소음과 뜬소문 사이에서 진실을 찾아가는 과정이고, 말 그대로 나를 갈라서 나를 꺼내는 과정입니다. 어떤 점에서, 모르겠어요, 저에게 하강의 이미지가 있거든요. 저는 이게 계속 내려가는 일이라고 느껴요.

이 일이 여성에게 더 유리한 일이라는 생각도 들어요. 진실한 글을 쓴다는 것이 더러움으로 취급받았던 사람들에게 훨씬 더 유리할 수도 있다. 왜냐하면 분열과 혼란을 겪기 때문에. 그 분열과 혼란이 힌트를 주기 때문에.

여성적 글쓰기를 오래 탐구한 작가 엘렌 식수의 글을 조금 읽어보겠습니다.

진실은 글쓰기가 '원하는' 것입니다. 하지만 진실은 전적으로 저 아래에 아주 아득하게 멀리 있습니다. 그리고 제가 사랑하는 이들, 제가 언급한 작가들은 모두 믿기지 않을 정도의 노고를 쏟아 자신의 글을 구부려 저 멀리 있는 진실 쪽으로 정렬한 이들입니다. 이들은 원소들에 대항하여 무엇보다 셀 수 없이 많은 당면한 내적 외적 적들에 대항해 싸우고 있습니다. 지금은 외적인 것들이 아주 강력합니다. 우리는 세상에 살아 있는 입자, 반딧불이이고 주위에는 진실의 소리를 듣지 못하도록 소음과 소문 제조기들이 기를 쓰고 만들어 내는 엄청난 소음과 소문의 합주가 울려 퍼집니다. 하지만 그 못지않게 내적인 적들도 많습니다. 우리의 공포와 관련된 것들이지요. 우리를 구성하는 것, 우리의 약점 말입니다. 카프카가 말했습니다. '낙원은 사라지지 않았다.' 우리는 아직 낙원을 되찾지 못한 이들이며, 우리가 아직 낙원을 찾지 못했다면, 그것은 우리가 두 가지 악덕, 즉 게으름과 조바심을 앓기 때문이지요. 그 결과, 우리는 아무것도 하지 않고 어디로도 나아가지 않으며 게으름과 조바심으로 인한 서두름 탓에 제자리에 멈추고 맙니다.[2]

저는 내적인 적이 외적인 적만큼이나 강력하다는 말에 공감했어요. 왜냐하면 혼란과 분열된 장면들을 끌어안고 산다는 건 나를 공포에 떨게 만들기 때문입니다. 세상에 연결되지 못할지도 모른다는 공포를 주기도 하고요. 이해되지 않는 상황을 가지고 사는 것 자체가 굉장한 두려움을 줍니다.
    식수는 또 이런 이야기도 합니다.

글쓰기는 죽는 법을 배우는 것입니다. 두려워하지 않는 법, 다른 말로 하자면 삶의 극단에서 사는 법을 배우는 것이고 그게 망자들의 죽음이 우리에게 주는 것입니다. (…) 인간이기 위해 우리는 세상의 끝을 경험할 필요가 있으니까요. 우리의 세계를, 한 세계를 잃을 필요가 있고, 세상에 한 세계보다 더 많은 세계가 있음을, 세계가 우리가 생각하는 대로의 세계가 아님을 알 필요가 있습니다.³

여기까지 읽겠습니다. 지금은 약간 헷갈리실 수도 있는데 제가 남은 시간 동안 천천히 다시 설명해 보겠습니다. 근데 잘 전달될지는 모르겠어요.

‡

어렸을 때 제겐 정신과적 언어로 말하자면 공황장애와 망상, 섬망과 같은 증상이 있었는데요. 특히 수에 대한 섬망이 있었어요. 나중에 찾아보니 이런 걸 경험한 사람들이 저 말고도 있더라고요. 버트런드 러셀도 어린 시절 수에 관한 매혹과 섬망이 동시에 있었대요. 제게도 수에 대한 섬망, 무한에 대한 공포가 있었어요.
나눗셈을 처음 배우고 돌아온 날 잠을 자지 못했어요. 나누어떨어지지 않는 수가 있잖아요. 0.333333…… 이것이 저에게 커다란 충격을 가져다준 거예요. 세상에 무한한 세계가 있다는 것이요. 그때가 아마 초등학교 저학년 때였던 것 같아요. 무한의 개념을 배웠던 날 두려움에 어쩔 줄 몰라 하며 잠을 못 자고 밤을 설쳤죠. 무한이라는 개념 자체가 이전에 갖고 있던 세계에 대한 믿음을 배반하는 개념이었던 거예요. 이 세계는 뭔가 만져지고 눈에 보이고 이해할 수 있는 것으로 존재한다고 생각을 했었는데, 0.3333…… 이렇게 끝없이 이어지는 수가 있다는 것 자체가, 내가 아무리 애를 써도 완벽하게 알 수 없는 어떤 것이 있다는 걸 보여주는 듯했죠. 그 미지의 영역이 주는 공포가 너무나도 강렬해서 계속 끝없이 커져가는 수를 공포에 질려 땀을 뻘뻘 흘리면서 헤아리던 게 또렷이 기억납니다.

저는 성폭력 경험을 가지고 사는 것이 그 무한에 대한 공포와 비슷하다고 느낍니다. 왜냐하면 우리가 이야기를 한다는 것, 글을 쓴다는 것은 기본적으로 우리에게 벌어진 사건들에 질서를 부여하는 행위란 말이에요. 우린 그런 식으로 쓰는 법을 배워왔어요. 국어 시간에도 중심 문장이 있고 그것을 뒷받침하는 문장이 있다고 배웠죠. 이런 식으로 구조적인 글쓰기를 배워왔단 말이에요.

그런데 그 방식으로 글을 쓰려고 하면 성폭력 경험이 나에게 너무나 큰 혼란을 주기 때문에, 내가 배워온 글쓰기의 형식으로 이걸 표현할 수 없다는 걸 자꾸 알아차리게 됩니다. 사람들에게 말을 할 때도 나는 피해자로서 말을 하면서도 동시에 어떤 측면에서는 이게 다가 아니라는 생각이 들기도 하는 거예요. 피해자는 가해자가 얼마나 복잡다단한 존재였는지 알고 있습니다. 그것이 나를 혼란스럽게 만들고, 그 사이에서 버둥대다 보면 내가 배워온 이야기와 내가 배워온 세계에 대한 이해로 내가 경험한 것을 표현할 수 없다는 걸 알아차리게 됩니다. 성폭력 경험이 알려진 세계의 균열을 발견하게 하는 거죠.

여러분에게 몇 개의 장면을 소개하고 싶어요. 성폭력 경험에 대해서 말을 하려고 할 때 그 장면을 꿰어서 중심 주제를 가진 매끈한 이야기를 만들 수는 없지만 어떤 장면들은 제가 보여줄 수 있습니다. 장면으로 보여드리는 이유는 말을 할 때마다 그걸 누가 듣고 있느냐 어떤 상황에서 말하느냐에 따라서 같은 사건이 어떻게 다르게 재현되는지를 보여드리고 싶어서입니다. 하나씩 좀 얘기해 볼게요. 첫 번째 장면은 목욕탕이에요.

‡

장면 1. 목욕탕

2020년 D와 함께 봉천동에 있는 목욕탕에 간다. 서로 맨몸을 보는 것은 처음이라 조금 어색하다. 온탕에 들어가 몸을 불리며 우리는 스토킹 경험에 대해 이야기한다.

"여자라서 더 방심했던 것 같아. 남자였으면 진즉에 조치를 취했을 텐데." 내가 말한다. 따뜻한 물속에 있는데도 말하자마자 몸이 떨려 온다. 그 사람은 가까운 친구였다. D에게 우리가 어떻게 해서 급격히 친해지게 됐는지 설명한다.

"선생님들로부터 겪은 성폭력 얘기를 하는데 말이 잘 통했어. 다른 사람들에게 말할 때는 이해받지 못한다고 느낄 때가 대부분이었거든. 처음 둘이서 술을 마시던 날 엄청 취했어. 술자리에서 친구가 이렇게 말했어. 내가 그 선생들을 불러들인 거라고. 그 선생들의 어떤 면과 나의 어떤 면이 공명해서 만난 거라고."

나에게서 원인을 찾는 그 친구의 말이 어째서 통쾌하게 느껴진 것일까? 나는 그 일에 나의 주체성이 있었음을 인정해야만 앞으로 나아갈 수 있을 것 같다. 그러나, 그럼에도 불구하고, 그렇다고 해서 성폭력이 아닌 것은 아닌데……. 나는 D에게 말을 하면서 외국어로 말하는 것처럼 더듬거린다. 어떤 순간, 어떤 사이에 무언가 여전히 막혀 있는 걸 느낀다. 듣던 D가 말한다.

"나한테 일부 원인이 있었다고 해서, 내가 불러들인 면이 있다고 해서, 그 일이 오롯이 내 책임인 건 아니잖아."

집에 돌아오는 길, 나는 D의 말을 곰곰이 생각한다. 잘 이해가 되지 않아서 성폭력을 도둑질로 치환해서 생각해 본다. 그렇지. 내가 탐스러운 물건을 꺼내 보였다고 해서, 그걸 자랑하고 싶었다고 해서 도둑의 잘못이 내 잘못이 되는 건 아니지. 그런데 이게 도둑질이 아니라 성폭력이 되었을 땐 왜 모든 것이 헷갈리는 걸까.

장면 2. 진술서
2014년 나는 법원에 제출할 진술서를 쓴다.

처음 교수님께 개인적인 연락이 오기 시작했던 것은 제가 ○○○ 동아리에 들어간 스무 살 때였습니다. 동아리 공연을 하면서 교수님과 몇 번 뵐 일이 있었고, 통성명을 한 뒤에 교수님께서 연락을 개인적으로 하셨던 것으로 기억합니다. 처음 연락할 때에는 별다를 것이 없었지만, 갈수록 저를 여자로 보는 뉘앙스가 느껴졌습니다. 예를 들면 싸이월드 방명록에 "내가 배부르고 등 따시게 해줄게"라고 쓰시기도 하고 연락을 제가 뜸하게 하거나 반응을 잘 하지 않으면서운해하는 모습을 보이시기도 했습니다. 당시 저는 이런 일을 처음 겪고 친하게 지내는 교수님이 A 교수뿐이어서 상당히 곤혹스러웠습니다. 지금이야 A 교수가 여학생들에게 추근덕거리는 것이 잘 알려져 있지만, 당시에는 그런 이야기를 함부로 하기가 겁이 나고 또 그래서는 안 될 것 같아 혼자 속으로만 앓았습니다.

저는 당시에 이것이 원래 교수와 학생 간의 일반적인 관계인지 아닌지 매우 헷갈렸습니다. 대외적으로 구축된 교수님의 이미지가 학생들과 잘 소통하는 분, 애처가라는 점에서 더 혼란스러웠죠. 교수님께서는 자주 저에게 문자를 보내셨습니다. 먼저 연락드리고 찾아뵙지 않으면 굉장히 서운해하시면서 다그치는 문자를 보내셨죠. "내가 너한테 얼마나 잘해줬는데 네가 그럴 수 있어? 너는 너무 예쁘다. 나 너 안 미워해. 오히려 너무 좋아해서 문제지. 너를 사랑해." 성추행 기사가 뜨기 직전까지도 연락을 하셨으니 햇수로만 5년간을 그렇게 한 겁니다. 올해 2월경에는 교수님께서 화를 내는 메시지를 보내왔습니다. 제가 오랫동안 답장을 하지 않았기 때문이었습니다. 교수님을 만나는 것이 너무 부담스러워서 이런저런 핑계로 약속을 잡지 않고 연락이 오면 매번 메시지를 지웠습니다. 그래서 법원에 제출할 증거 기록이 부족합니다.

"인생을 허비하고 있어. 앞으로는 소수정예하고만 어울릴 거야. (잠시 뒤) 물론 너를 포함해서 ㅎ"

저는 연락이 뜸했던 것을 사과하며 이전까지 헷갈렸던 것을 직접적으로 여쭈었습니다.

"저를 가끔 여자로 대하시는 것 같아 선생님을 어떻게 대해야 할지 모르겠어요."
교수님께서는 이렇게 말씀하셨습니다.
"내가 언제? 너 정말 무서운 애구나. 내가 너한테만 잘해준 줄 아니?"
저도 교수님께 실망하여서 생각하는 바를 있는 그대로 말씀드렸습니다. 교수님께서 저를 진심으로 생각하셨다면 오해를 풀려고 노력하시지 이렇게 저를 안 보겠다고 나오시진 않을 거라고요. 그랬더니 교수님께서는 이렇게 말씀하셨습니다.
"진심으로 대한다는 게 뭔데? 나는 네가 어떤 오해를 하건 그것을 이해해야 하는 위치에 있지 않다."

장면 3. 편지
2022년 나는 언니에게 편지를 쓴다.

지금 생각해 보면 A는 관심과 애정, 인정 욕구에 목말라 있는 위태로운 여학생들에게 접근해 왔던 것 같아요. 다행히 그는 상습 성추행범인 것으로 밝혀져 학교에서 추방당했습니다. 그를 상대로 한 재판을 다른 여자들과 오래 진행했어요. A의 경우에는 쉬웠어요. 누가 봐도 성폭력 가해자였거든요.
A 교수 문제로 인문대 B 교수에게 상담을 청했었어요. 사람들에게 존경받고 저도 무척 신뢰하던 교수님이었죠. 정말 많이 존경했어요. A 교수를 신고할까 고민 중이라고

말하니 B가 말하더군요. A 교수가 불쌍하다고요. 그가 외로워서 그런 것 같다고요. 신고를 하면 서로 힘들어지는 경우가 많으니 웬만하면 신고하지 말라고 하시더라고요. 저는 그를 존경했으니 그 조언을 따랐죠.

며칠 뒤 어느 날 밤에 B에게 연락이 왔어요. 학교 근처에 있으면 드라이브를 하지 않겠냐고요. 차 안에서 그가 저를 껴안고 키스했어요. 이튿날 저를 연구실로 부른 그는 얼굴이 새빨개져서 널 좋아한다고 고백을 하더라고요. B는 이후에도 몇 번 더 연구실로 저를 불렀고 제 집에도 찾아왔어요.

저는 무엇을 하고 있었던 것일까요? 몇 해가 지났는데도 잘 모르겠어요. 확실한 건 그가 저를 만지지 않았더라면 더 좋았을 거라는 거예요. 저는 뭔가를…… 받아내고 있었던 것 같아요.

당시 제게는 이 상황을 해석할 언어가 없었어요. 그래서 C를 찾아갔죠. 제가 찾아가 면담을 신청할 수 있을 만큼 관계가 쌓였다고 생각한 교수는 당시에 남성뿐이었어요. C는 평소 수업에서 여성과 소수자 이야기를 종종 해왔고 여성의 날에 제모를 하고 치마를 입고 오기도 하고 페미니즘 언론사에서 일한 경험도 있는 사람이었어요. C는 B 이야기를 듣더니 제게 이런 말을 했어요.

"이 상황에서는 네가 약자이니 하고 싶은 대로 다 해봐. 선생님 끌어안고 자지도 좀 잡아보고 말이야. 그런데 나는 미나 몸을 언제 공부해 보나?"

이게 제가 학계를 떠올리면 가장 먼저 기억나는 경험이에요. A, B, C에게 연쇄적으로 겪었다는 게 이 이야기의 웃긴 포인트입니다. 하하하.
제가 B나 C 교수를 찾아가는 대신에 언니를 만나러 갔다면 어땠을까요?

장면 4. 자취방
어느 날 밤 자취방에 혼자 있는데 B 교수에게 문자가 온다. 그는 내가 존경하는 교수다. 혹시 학교 근처면 잠시 드라이브할까요? 나는 옷을 골라 입고 화장을 한다. 여행을 갔다가 사 온 장미 향이 나는 향수를 뿌린다. 왜 향수를 뿌렸을까. 나는 이 대목을 자꾸 떠올린다. 드라이브를 다녀온다. 다음 며칠 동안 그에 대한 생각을 멈출 수가 없다. 나는 그를 사랑하는 걸까?

장면 5. 자취방
B 교수에게 고백을 받은 날 나는 충격에 빠져 며칠을 앓는다. 왜 충격에 빠졌는지 모르겠다. 내가 평소 같지 않고 우울해하니 남자친구가 걱정하며 집에 찾아온다. 왜 그러냐고 계속 묻는다. 나는 간신히 일어나 말한다. B 교수가 나를 좋아한다고 고백을 했어. 남자친구의 표정에 안도감이 스친다. 그는 내가 다른 남자와 잤을까 걱정하고 있다. 그가 말한다. 아니 난 또 무슨 별일이라고. 그걸 이용하면서 살아. 뭐라고? 그걸 이용하면서 살라고.

장면 6. 자취방

B 교수는 내 자취방에 오고 싶어 한다. 그가 복숭아 한 박스를 사서 자취방에 온다. 그가 나를 만지고 애무한다. 안 되겠어. 못 참겠어. 그가 뒤를 돌아 자위한다. 사정한다.

장면 7. 자취방

그가 하얀 편지 봉투 안에 콘돔을 가지고 왔다. 나는 분명히 젖어 있다. 흥분해 있다. 그는 이제 내 위에 있다. 아래에서 본 그의 얼굴이 너무 추해 나는 충격을 받는다. 속으로 숫자를 센다. 하나, 둘, 셋, 넷…… 열을 다 세기 전에 모든 게 끝난다.

장면 8. 학교 벤치

C 교수의 수업을 함께 듣는 언니에게 C 교수에 대한 이야기를 꺼내본다. 다정하게 이야기를 나누던 언니는 갑자기 정색한다. "선생님 그러실 분 아니야." 언니는 눈동자를 굴리며 말한다. "선생님이 꼭 자기한테만 특별하게 대한다고 생각하는 애들이 있더라."

나는 B 교수에 대해서는 말할 생각도 않는다. 그는 너무도 안 그럴 사람처럼 보인다. 사람들은 내 앞에서 B 교수에 대한 존경의 말을 쏟아 낸다. 그럴 때마다 아래에서 올려다보았던 그의 얼굴이 떠오른다.

장면 9. 친구의 집

친구에게 중학교 때부터 있었던 나의 유구한 성폭력 역사에 대해서 말한다. 이야기를 한참 듣던 친구는 말한다. 와 근데 중학교 때부터 진짜 섹시했나 보다. 나는 웃는다.

장면 10. 상수동
나는 그거 다 질투에서 온 거라고 생각해. 언니가 걸으며 말한다. 내가 겪었던 것 말했을 때도 걔는……. 언니는 말을 잇지 않는다. 나는 언니가 성폭력 경험에 대해 농담하는 것을 족히 열 번은 들었다. 언니는 성폭력 이야기를 지겨워하는 줄 알았다. 나는 너무 슬퍼서 농담을 하는 사람들을 떠올린다.

장면 11. 편지
2022년 나는 언니에게 보내는 편지에 덧붙인다.

기억나는 장면이 있어요. B 교수에게 대학에서 제가 느끼는 계급적인 차이와 공부를 지속하는 과정에서 겪는 경제적인 막막함을 토로하고 있었어요. 대학원에 와서야 제가 아무리 제 능력을 총동원해도 일하지 않고 공부만 하는 학생과 시간 활용 측면에서 차이가 벌어진다는 것을 실감해 낙담하던 때였죠. B 교수는 저의 그런 결핍이 오히려 장점이며 원동력이 될 것이라고 격려해 주었어요. 그리고 또 끌어안고 입을 맞추고 제 몸 이곳저곳을 만지다가 자기 자식 데리러 가야 한다면서 어휴 가벼운 불평을 하고서 바이올린을

챙겨 연구실을 나갔어요. 그때 직감적으로 느꼈던 것 같아요. 그에게 제가 일상의 영역에서 벗어난 존재라는 걸요. 나는 이 직업의 세계에, 가족의 세계에 들어갈 수 없구나. 그리고 나는 이렇게 연구실에서 사랑 고백을 받으며 더듬어지는 존재가 되고 싶은게 아니라 저렇게 꾸중 들으며 누군가로부터 돌봄을 받고 싶은 거구나.

장면 12. 글방

나는 섹슈얼리티에 대해서만 쓰는 글쓰기 수업을 열어 여자들과 논다. 우리는 같이 울고 그보다 더 많이 웃는다. 섹스에 대해서만 주야장천 쓸 때 사실 섹스는 중요한 게 아니었음을 알게 된다. 대체로 섹슈얼리티의 기억은 폭력의 기억과 함께 시작된다. 유년기 혹은 청소년기 특정 순간에 우리는 섹슈얼리티와 수치심을 연결 짓는다. 이곳의 글은 정치적으로 올바르지 않으며 불결하고 불온하다. 그렇게 쓰게 두기 위해서 나는 여러 장치를 마련한다. 우리는 익명으로 쓴다. 어떤 사람은 조금 말하고 어떤 사람은 많이 말한다. 서로의 글을 낭독해 준다.

어느 날 한 글에서 선생님을 욕망의 대상으로 두고 온갖 상상을 하는 장면이 나온다. 남자가 되어 여자가 되어 선생과 섹스하고 선생을 강간한다. 나는 이 상상이 실제로 이행된 것이 아니고, 선생이 아니라 학생의 입장에서 쓴 글이라 편하게 읽는다. 선생을 욕망하는 글을 읽으며 나는 위로를 받는다. 나는 전까지 그런 문장을 쓸 수가 없었다. 그것을 인정하면 안 되었다. 인정하면 내가 겪은 폭력을 인정받을 수 없었다. 그래서 스스로를 인정할 수도 없었다.

수업을 마치고 나는 사람들에게 미처 하지 못한 이야기를 메모장에 적는다.

글쓰기는 쓰는 행위 같지만 사실은 보는 행위입니다. 무엇을 어떻게 볼 것인가. 저는 쓰는 것은 단순화하고 보는 것은 새롭게 하는 것이 좋습니다. 여성의 섹슈얼리티에는 무수한 편견과 신화가 섞여 있습니다. 이것들을 음소거시키고 우리가 본 것을 믿는 것, 그럼으로써 여성의 섹슈얼리티를 새로 보는 것.
우리가 함께 만든 언어로 다음 여자들은 덜 외로울 것입니다. 우리는 우리가 읽어온 글보다 더 훌륭한 글을 쓰게 될 것입니다. 내 앎이 내 삶을 배반하지 않는 글을 만나게 될 것입니다. 그러니 우리 자신이 가진 창조력을 두려워하지 맙시다.

‡

처음에 성폭력에 관한 글을 쓸 때 저는 모든 이야기를 관통하는 주제를 만들고 이 균열들을 봉합하려고 애썼어요. 말이 되는 이야기를 쓰려고 애썼거든요. 그런데 그렇게 말할 때마다 무언가 진실하지 않은 이야기를 하고 있다는 걸 깨달았습니다.
고백하려는 목적으로 이 이야기들을 하는 건 아닙니다. 내가 겪은 폭력을 세상에 증언하기 위해서 쓴 것도 아닙니다. 저에게는 더 이상 그런 욕망이 없습니다. 내가 겪은 폭력을 알아달라는,

내가 겪은 슬픔을 알아달라는 욕망이 저에게 없어요. 첫 책에서 그걸 다 했기 때문입니다. 누군가를 제가 겪은 일의 목격자로 만들려는 마음이 없어졌어요.

다만 얘기하고 싶은 건 이 강연의 앞부분에 있습니다. 무한에 대한 공포, 세계의 균열에 대한 이야기 말입니다. 이 사건들이 나에게 균열을 보여주었다는 이야기를 하고 싶은 것입니다. 혼란과 균열이 힌트가 되었다는 이야기를 하려는 것입니다.

글쓰기는 진실을 원한다는 이야기를 했잖아요. 진실한 걸 쓰기 위해서는 너무 많은 소음과 신화와 거짓말로부터 벗어나 계속해서 내려가는 작업을 해야 하는데 이것은 사회화되기 이전에 어린아이의 눈으로 세상을 봤던 것을 회복하는 과정이라고도 느낍니다. 그 과정에서 혼란과 균열이 힌트가 되어 지금까지 사회화되고 교육받은 방식과는 다른 방식으로 세계를 보게 만든다는 거죠. 질서 잡힌 이야기, 제정신인 이야기보다 혼란과 균열을 포함한 이야기를 통해 더 진실한 것을 전달할 수 있다는 말입니다. 최소한 저에게는 계속 그러고 있는 것 같아요.

그리고 놀라운 것은, 내가 내 마음을 통로로 삼아 이 작업을 계속하면 그게 나만의 이야기가 아니라 사람들에게도 가닿는 어떤 보편적인 이야기가 된다는 거죠.

김혜순 시인이 바리데기 신화를 자주 얘기합니다. 바리공즈, 바리데기 이야기는 한국을 대표하는 무속 신화인데요. 바리데기는 무당의 조상신으로 여겨집니다. 이 이야기는 구술로 전해지고요. 지역마다 조금씩 다른 버전으로 무당들이 무속 의식에서 바리데기 이야기를 노래로 부릅니다.

바리데기라는 이름 자체가 버려진 아이라는 뜻입니다.

쓰레기 아이라는 뜻이거든요. 바리데기 신화 이야기를 조금 하자면 왕국의 왕과 왕비가 있었어요. 그들이 아들을 낳고 싶었는데 여섯 명까지 내리 딸을 낳은 거죠. 그래서 일곱 번째는 진짜 아들을 낳아야지 하고, 여섯째까지는 딸의 이름들을 예쁘게 지어줬어요. 그러다가 일곱 번째에 또 딸이 태어나자 그 아이를 버린 거예요. 그래서 바리데기가 됐어요. 아이는 거리에서 혼자 자랍니다. 그러다가 어느 날 왕과 왕비가 아프게 되고 왕은 바리데기를 찾습니다. 그들이 낫기 위해서는 저승에 가서 약을 구해 와야 하는 거예요. 모든 충직한 신하와 여섯 명의 딸이 거절하지만 바리데기는 가기로 합니다.

저승에 가서 또 웃긴 게 남편을 만나요. 남편을 만나, 오랜 세월 수련을 하는데요. 신화 속 많은 영웅이 수련을 하듯이 바리데기는 집안일로 수련을 합니다. 물 길어 오고 불 때주고 애도 낳아주면서요. 지역마다 이야기가 다르지만, 어쨌든 바리데기가 돌봄노동을 9년을 하는 거예요. 그 후 결국에는 수련을 마치고 약을 구해 와서 부모에게 갖다줍니다. 부모가 살아나요. 그리고 나서 바리데기에게 말합니다. 이 나라의 절반을 상으로 주겠다고요. 바리데기는 거절해요. 왜냐하면 저승에서 너무 많은 슬픔을 보게 되었기 때문이에요. 그래서 바리데기는 저승과 이승 두 곳에 모두 걸쳐 있으면서 죽은 자를 저승으로 인도하는 사람이 됩니다. 이 이야기가 무당의 기원이 되는 바리데기 설화입니다.

김혜순 시인이 여성의 글쓰기에 대해서 얘기를 하다가 못되게 말하는 장면이 하나 있는데요. 그는 여성 시인이 거치는 단계를 세 가지로 나눕니다. 여성 시인은 세 번의 죽음을 겪는데, 첫 번째 죽음은 버려진 존재로서의 죽음이라는 거예요. 우리가 여자이기 때문에, 혹은 어떤 더러운 존재이기 때문에 죽는 것이 첫 번째 죽음이라는 것인데요. 이때 쓰는 시들의 화자는 시 속에서 징징거린다고, 시인은 말합니다. 징징거린다. 화자는 시 속에서 징징거린다. 그런데 징징거리는 것도 필요해요. 얼마만큼 다 울면 더 이상 울지 않게 되거든요. 저도 그런 글쓰기를 한참 했습니다.

다음 두 번째 죽음은 자신의 슬픔을 사회적인 맥락에서 조금 더 보게 되는 그런 죽음입니다. 시인은 저승으로 가는 여행이 두 번째 죽음이라고 얘기해요.

그리고 세 번째 죽음은요. 바리데기가 돌아와서도 이승의 세계에 머물지 않고 이승과 저승을 왔다 갔다 하는, 본질적으로 분열적이고 혼란스러운 존재로 남는 것처럼 여성 시도 이 세계와 저 세계를 왔다 갔다 하면서 쓰는 시라는 거예요. 세 번째 죽음을 통과한 여성 시인의 시는 발명자들의 언어라는 거죠. 이 이야기가 저에게 와닿았습니다.

발터 벤야민 이야기도 조금 덧붙이겠습니다. 마무리를 하자면요. 제가 그의 글에 꽂히게 된 것은 그가 시간을 인식하는 방식 때문입니다. 저는 첫 책을 내고 나서 시간에 대한 인지가 달라졌어요. 이전과는 다르게 세상을 인식하게 됐는데 이게 조현병 증상인지 뭔지 모르겠는 거예요. 미치겠는 거예요. 무서워서. 죽음과 함께 살아가는 느낌이기도 했고요. 시간이 선형적으로 느껴지지 않고 현재 내가 매 순간 바뀔 때마다 과거와 미래가 통째로 변하는 것 같은 거예요. 그럼 과거의 나는 어디에 가 있는 것일까. 책도 도대체 누가 썼는지 모르겠고⋯⋯.

벤야민도 역사 서술과 역사의 진행 방식이 선형적으로 이루어지지 않는다고 얘기를 하거든요. 그래서 읽게 되었어요.

『1900년경 베를린의 유년 시절』이란 글이 참 신기해요. 이 글은 유년기의 회상을 하나로 꿰어서, 의미화해서 쓴 게 아니라 언뜻 의미가 없어 보이는 유년 시절의 장면 장면을 나열한 글입니다.

여러분도 유년 시절을 생각하면 어떤 장면들이 떠오를 거예요. 엄마한테 혼나다가 천장의 무늬를 가만히 보면서 그 무늬를 헤아려 보던 장면. 혹은 집에 있는 쌀통에 손을 넣었는데 그 감각이 너무 오묘해서 계속 넣었다 뺐다 했던 장면. 꿈을 꾸다가 일어났는데 더 이상 그 세계에 속해 있지 않다는 것을 깨닫고 견딜 수 없는 상실감을 느꼈던 장면. 무한히 펼쳐지는 수를 느끼면서 두려워했던 장면······. 이런 아주 어린 시절의 장면들은 서사로 이루어지지 않고 조각조각 이미지로 연결되어 있습니다.

그리고 그것은 우리가 한 사회에 속하기 위해서 배워온 지식 전에, 정말 아이의 눈으로 세상을 볼 때의 장면들인 거죠. 벤야민의 책은 그런 유년기의 장면들을 제게 환기시켜 주었습니다. 어쩌면 제가 시간을 선형적으로 인식하지 않는다는 것 역시, 예수 탄생을 기점으로 한 그레고리력과 다른 방식으로 시간을 감각한다는 것일 수 있겠죠. 그건 정상에서 비정상으로의 탈주가 아니라 오랫동안 인류가 가져왔던 감각을 회복하는 것일 수 있고요.

이제 긴 강연의 끝에 다다르고 있습니다.

좋은 글이라는 것은 우리를 항상 어딘가로 데려다 놓습니다. 좋은 대화도 마찬가지고요. 좋은 음악도 우리를 잠시 여기에 있지 않게 하고 어딘가로 데려다 놓아요. 저는 두리안 냄새를 맡으면 스물세 살 말레이시아에 체류할 때의 기억이 나거든요. 두리안 냄새가 저를 그곳에 데려다 놓는 거예요.

좋은 글이 우리를 지금 이곳이 아닌 어딘가로 데려다

놓는다고 했잖아요. 근데 글이라는 건 단서와 도구일 뿐이지, 그 어딘가가 무엇인지에 대해서 정확하게 묘사하는 건 아니라고 생각해요.

김혜순 시인이 무당 얘기를 하잖아요. 여러분 중에서도 어쩌면 환각을 경험해 본 분이 있을 수도 있고 귀신을 본 분도 있을 수 있겠죠. 영적인 것, 귀신, 유령 이런 것들을 저는 다른 게 아니라 우리를 지금 여기가 아닌 어딘가로 잠시 데려가는 어떤 것이라고 느껴요.

내가 사랑하는 친구가 죽었어도 친구는 지금 내 안에 있잖아요. 그에 대해서 나는 기억을 떠올릴 수 있고 그가 준 유산들로 살아간단 말이에요. 그건 보이지 않고 만질 수 없지만 우리는 알고 있어요. 그게 있다는 것을요. 보이지 않지만 우리를 움직이는 것이 있어요. 우정도 마찬가지고요. 사랑, 믿음 이런 것들이 모두 그렇지요.

글쓰기를 통해서 그 어딘가로 가는 사람은 독자 스스로입니다. 독자는 작가가 보라고 한 걸 보지 않거든요. 책을 읽다가 가만히 멈춰 서서 어떤 생각을 하게 돼요. 어딘가로 가게 된단 말이죠. 작가는 어딘가로 가도록 도와줄 뿐이지 독자가 무엇을 보고 경험할지를 결정해 주지 않아요. 그 경험을 결정하는 사람은 독자 자신입니다. 작가는 거울처럼 독자가 스스로 보게 될 것을 보도록 도와줄 뿐인 것이죠.

오늘 이야기는 이것으로 끝입니다. 저를 사로잡고 있는 문제들에 대해서 이상한 얘기들을 여러분께 해봤습니다. 저는 이만 조금 쉬었다가 다시 돌아오겠습니다.

사회가 격변하는 시기에 그 변화에 동참할 기회를 갖는

것은 행운이다. 대학 내에서 존경하던 스승에게 연달아 성폭력을
당하기 전까지 나는 그 행운을 누리지 못하고 살았다. 반복되는
성폭력은 모범생으로 지내온 나를 어리둥절하게 만들었고
종국에는 거리에서 소리치는 페미니스트 활동가가 되게 했다.
이후로 낯선 사람들로부터 공격과 비아냥을 받으며 지냈다.

    처음에 이 일들은 내 인생에 일어난 비극처럼 보였다. 시간이
흐를수록 이 일들이 인생에 어떤 영향을 준 것인지가 분명해졌다.
스승을 상대로 한 몇 년간의 재판은 압도적인 권위를 가진
존재를 대상으로 싸워 이길 수도 있음을 알려주었다. 내가 그를
두려워했던 것처럼 그도 나를 두려워할 수 있었다. 나는 내 안의
힘을 발견했다.

    한국 사회에서 가장 비호감인 정체성, 페미니스트라는
라벨링을 받아들인다는 것은 어떤 의미인가. 그것은 더 이상

타인의 칭찬과 승인을 기준으로 삶을 운용하지 않는다는 의미다. 나에 대한 오독에 점차 의연해진다는 의미다.

돈도, 경력도, 권력도, 심지어는 승리도 묘연한 활동가로 지낸 시간은 세상에 돈도, 경력도, 권력도, 심지어는 승리도 바라지 않고 자신이 믿는 가치를 위해 삶을 헌신하는 사람들이 있음을 알려주었다. 희망을 갖기 위해 희망이 되기로 한 사람들이었다.

이렇듯 광장은 평범한 개인을 정치적 주체로 탈바꿈시킨다. 시민으로서의 감각은 당연하게 누리던 것을 되돌아보게 한다. 불평을 하는 것과 실제로 사회를 변화시키는 일 사이의 거리감을 아득히 체감할 때, 보게 되는 것은 1밀리미터의 변화를 위해 애써온 사람들의 노고다. 그것은 뒤에 올 사람들을 향한 지극한 사랑이다. 보이지 않던 사랑을 보게 만드니, 어떻게 권하지 않을 수가 있을까?

상상해 본다. 은둔하는 청년이, 우울증 약을 먹던 여자가, 한을 품고 살던 엄마가, 알코올의존증이던 아빠가 스스로 만든 감옥에서 빠져나와 광장에서 자기 이야기를 한다면. 아무리 돈을 벌고 성취를 이어가도 실은 외롭고 공허했노라고 고백한다면. 상처와 결핍을 변화를 이끌 힘으로 탈바꿈시킨다면. 그러면 우리는 과연 어떤 세상을 만나게 될까? 나는 이들이 각자의 자리에서 증언해 주기를, 나와 다른 이야기를 해주기를 기다린다.

추운 겨울 이어진 집회 현장을 보며 나는 건방지게도 한국이 세계의 희망은 아닐까 잠시 생각했다. 어두운 시기에도 춤을 추고 노래를 부르며 농담을 하는 사람들은 어떤 억압에도 노예화될 수 없는 사람들이다.

분노는 초점이 명확하여야 한다. 행동은 사랑에 기반하여야 한다. 증오와 멸시는 또 다른 증오와 멸시를 불러올 뿐이다. 2024년 12월 심미섭 활동가가 촛불집회에서 페미니스트, 퀴어, 장애인, 비정규직 등 모든 사회적 소수자를 호명하며 광장이 이들에게도 안전한 공간이어야 한다고 발언했을 때, 그것은 투쟁의 논점을 흐리는 말이 아니라 유독한 군부독재 제국주의 가부장 권력을 끝장 낼 바로미터였다.

대의와 개인적인 일을 구분하며 일상 속 부정의에 무심히 지내면 어떠한 근본적인 변화도 있을 수 없다. 우리가 동의했던 생각은 얼굴을 바꾸어 다른 약자를 억압하기 시작하므로. 어제의 피해자가 오늘의 가해자가 되고, 오늘의 혁명가가 내일의 독재자가 되는 모습을 전쟁과 학살이 벌어지는 세계 곳곳에서 목도하고 있지 않나. 우리는 권위주의 정부의 폭력에 맞서 소리치면서 동시에 누가 권력을 쥐더라도 우리 삶을 흔들 수 없는 데까지 나아갈 것이다.

"아아 여자들이 돌아온다. 멀리, 영원으로부터. 그리고 '바깥'으로부터. 마녀들이 목숨을 부지하고 있는 황무지로부터 여성은 돌아온다."[4]

맨손으로 총을 잡고 응원봉을 흔들며 케이팝을 부르는, 최고의 스펙으로 최고로 절망하는 세대가 된, 이들의 폭발적인 잠재력을 알아보고 먼저 손을 잡을 사람은 누구일까.

다큐멘터리 영화 「꿈의 문Darvazeye Royaha」은
1989년생 이란 태생의 쿠르드족 여성 감독인 네긴 아마디가
시리아 북부 지역에서 이슬람국가ISIS에 대항하여 싸우는, 모두
여성으로 이루어진 쿠르드족 민병대에 들어가며 시작된다.

쿠르드족은 누구인가. 성서에 등장하는 메데인의 후손으로
추정되는 뿌리 깊은 민족이면서 3000만 명이 흩어져 사는 세계
최대의 나라 없는 민족. 쿠르드족은 터키, 이라크, 이란 등 주로
국경을 따라 이어지는 자그로스산맥 지역에 산다. 쿠르드족이
머무는 지역, 쿠르디스탄의 면적은 30만 제곱킬로미터로,
한반도의 1.5배나 된다.

20세기 이후 튀르키예 쿠르드족의 역사는 탄압과
대량 학살, 강제 동화의 역사로 점철되어 있다. 튀르키예는
쿠르드족의 자치를 위해 30년간 싸워온 쿠르드 민병대를 테러

단체로 간주하며, 자국 인구의 5분의 1을 차지하는 쿠르드인을 소수민족으로 인정하지 않고 동화시키거나 말살하려고 시도해 왔다.

그러니까 쿠르드족은 디아스포라 중의 디아스포라다. 고향을 잃은 민족이 아니라 제대로 된 고향을 가져본 적도 없는 민족. 아마디의 영화는 그중에서도 쿠르드족 여자들을 찍은 것이었다.

영화는 처음부터 끝까지 미디어에서 숱하게 봐온 전쟁에 대한 기존 관념을 와장창 부쉈다. 이 영화에는 전쟁과 관련한 스펙터클이 없었다. 물론 전쟁터에서 찍은 영화이니 총알이 날아오고 폭탄이 터진다. 그러나 군복을 입은 채로 빨래하고 밥을 차리는 일상 속에서 그런 일이 벌어진다.

여군들은 빨래하고 밥을 해 먹이고 서로의 머리를 빗겨주고 어쩌다 얻게 된 예쁜 드레스를 입어보고 부상당한 전우를 돌본다. 여군들이 집안일을 하는 장면을 감독이 화면의 중심으로 두고서야 새삼 알았다. 그렇다. 전쟁터에서도 누군가는 집안일을 해야 한다. 해도 해도 끝이 나지 않으며 잘해봐야 본전인 그 집안일을.

우리가 별일 없는 듯 반복되는 일상을 살면서도 동시에 소용돌이처럼 휘몰아치며 도저히 빠져나갈 수 없는 역사적 흐름의 한가운데에 있는 것처럼, 아마디 영화 속의 여성들은 똑같아 보이는 지루한 매일과 그것을 지탱하는 단순하고도 평가절하된 노동을 해내는 동시에 전쟁의 한복판에 서 있었다. 이들은 군인이면서 어머니이기도 했다. 떡 벌어진 어깨, 다리를 벌리고 앉은 품새, 단호한 표정. 그 표정 뒤에 서 있을 그 여자의 새끼들. 한 여자 안에 있는 두 역할의 공존이 전쟁에 대한 내 머릿속 관념에 균열을 내는 듯했다. 다부진 중년 여성의 몸이 전쟁터에서 이토록 강인해 보일 수 있다는 것도 처음 알았다.

영화를 본 건 2023년 베를린 영화제에서였다. 막이 내리고 제작진이 무대 위로 올라와 관객들과 대화를 나눴다. 영화에 큰 감명을 받은 사람이 나뿐만은 아닌 것 같았다. 모든 질의응답이 좋았다. 그러다 마지막 질문 차례, 금발 머리를 한 여자가 손을 들고 유창한 영어로 아마디에게 물었다.

"감독에게 질문이 있는데요. 당신은 지금 쿠르드족의 이야기를 매우 서구적인, 바로 이곳 베를린에 와서 상영하고 있습니다. 이것은 당신에게 무엇을 의미하나요? 우리가 당신의 영화로부터 어떤 메시지를 받기를 원하나요?"

질문을 듣는데 이유를 콕 집을 수 없이 불쾌했다. '그래서, 뭐. 우리더러 어쩌라고.' 이런 태도처럼 느껴져서 그랬을까? 그러나 곧이어 나온 아마디의 대답이 내 미묘한 불쾌감을 날려주었다.

"내가 영화를 통해서 하고자 하는 일은 메시지를 전달하는 게 아니라 진실을 보여주는 것입니다. 미디어에서 필터링된 전쟁과 여성의 모습이 아닌 진짜 전쟁의 모습을요. 내가 보여준 것으로 무엇을 할지는 내가 아니라 당신이 결정해야 할 문제입니다."

답변이 끝나자 장내에선 박수가 터져 나왔다.

얼마 전부터 나는 하나의 서사, 거대한 서사, 선형적인 서사로 이루어진 글을 다소 폭력적이라고 느끼기 시작했다. 매끈하고 납득이 되는 서사일수록 그러한데, 그것이 다른 가능한 버전의 현실을 침묵시키기 때문이다. 성공적이며 심지어 윤리적이라고 여겨지는 하나의 서사는 놀라울 정도로 빠르게 제 모습을 바꾸어 다른 서사를 압제하는 독재자가 된다. 이것이 2024년을 살아가는 내가 목격하고 있는 것인데 이를 직시하면서 진실 쪽을 향하는 글을 쓰자면 자꾸만 'meanwhile(한편)'이란 부사를 떠올리게 된다.

이를테면, 파리에서 지내고 있는 레바논 친구에게 편지가 온다. "레바논에서 들려오는 소식을 따라가는 데 많은 시간을 쏟고 있어. 가족이랑 친구들이랑 전화로 매일 이야기를 나누면서 그저 함께할 뿐이야. 상황은 참담하고 지금까지는 전망도 희망도 없어.

정말 비참해. 슬픔, 두려움, 분노…… 여러 감정을 통과하고 있어.
여기서 연극 일을 하고 있는데, 일이 꽤 많아. 나처럼 일에 집중할
기회가 있으면 다행이겠지. 그렇지 않았다면 베이루트로 가고
싶었을 텐데. 바보 같은 생각이지만……. 이스라엘군은 도시에
폭격을 가하고 있고 민간인도 전혀 존중하지 않아. 정교한 살상
기계들은 쉬지 않고 사람들을 죽이고 파괴하는 데 사용돼. 그들은
인류를 향한 범죄를 저지르는 최악의 범죄자들이고, 이 세계는
대체로 그걸 동의해 주고 있어. 이건 문명의 수치이자 패배이고,
인간성의 패배야. 온 세상이 미쳐가고 있어. 그럼에도 나는
여전히 삶에 의미를 부여하는 작고 아름다운 순간들을 붙들려고
노력해…….”

한편, 나는 한국에 있는 어머니 집 안방에서 텔레비전
광고를 본다. 과거에는 전쟁 무기를 수입해야 했으나 이제는 자체
기술력으로 무기를 수출할 수 있게 되었음을 자랑스럽게 말하는.
이스라엘에 가장 많은 무기를 공급하는 국가는 미국인데, 미국의
무기고가 비어가고 있고 이는 K-방산 '1000조 시장'의 기회라고
말하는 기사를 읽는다. 한강 다리 위에서 폭격 대신 폭죽으로
밤하늘이 밝아지는 것을 본다.

한편, 팔레스타인 작가 아다니아 시블리는 쓴다. "여기저기
흩어져 있는 온갖 연령대의 시체들은 그다지 눈길을 끌지 못했다.
더 정확히 말하자면, 그것들은 보이지 않았어야 했다. 대신
사망자의 숫자에만 초점이 맞춰졌어야 했다. (…) 이 글이 특정
독자들, 특히 지적으로 중산층에 속한 사람들의 분노를 일으킬
수도 있는 정치적 선동으로 읽히게 하지는 않을 것이다. 아무튼
이 시체들이 그 몸뚱이의 주인 이외의 누군가에게 어떤 의미를

가진다면, 그건 이들과 가까웠던 사람들, 그리고 아마도 이들을 죽인 사람들일 것이다. 지금 당장은 아니지만, 나중에. 아마도 몇 년이 지난 후에. 왜냐하면 살인자들은 지금 너무 지치고 탈진해서, 남아 있는 에너지를 모두 자기 장비와 짐을 챙기는 데 쓰고 있기 때문이다. 지체 없이 어서 이 전쟁터를 떠나 집으로 돌아가야 하니까."[5]

한편, 베를린 거리를 걷던 나는 시청에 이스라엘 국기가 꽂혀 있는 것을 본다. 성소수자와 여성을 환영하고 그들을 향한 차별에 반대한다는 문구가 걸려 있던 곳에는 이제 "Gegen Jeden Antisemitismus," 곧 모든 반유대주의에 반대한다는 문구가 걸려 있다. 내게 자유와 해방의 공간이었던 베를린은 이제 가자지구 폭격을 멈추라는 시위를 반유대주의로 치환하며 폭력적으로 진압하고, 팔레스타인을 위해 목소리를 내는 예술가들을 소외시킨다.

한편, 나는 1년 전 가자지구 인접 지역으로 현지 취재를 다녀온 한국 언론사 친구가 소셜미디어에 쓴 글을 읽는다. "외신 기자들과 함께 방탄 버스를 타고 가자지구 인접 지역인 크파르아자로 가는 동안 맡은 다양한 체취. 창밖으로 들리던 포탄 소리와 차로 전해지던 진동. 정말 방탄이 될까 생각하며 유리창을 두드려 보던 손의 촉감. (…) 이스라엘 국방부 관계자는 버스에서 참수당한 시신, 강간 살해당한 여성, 영아 시신의 사진을 보여주며 하마스의 잔혹함에 대해 힘주어 말했다. 그들은 더 끔찍한 사진과 영상이 많다며 취재진들에게만 따로 보여주겠다고 강조했다. (…) 40인승 버스는 만석이었고 그중 아시아에서 온 취재진은 타이 방송국과 우리뿐이었다. 예루살렘에서 목적지까지

하루간 왕복 여덟 시간을 이동하는 동안 나는 거의 침묵했다. (…) 취재진들은 끊임없이 이야기를 나눴다. 몇몇은 희생자 수나 인물에 대한 틀린 통계를 주고받으며 각자의 국가로 틀린 뉴스를 전송했다. 각국에서는 이스라엘발 현장감 있는 소식이었을 터다. 버스에 유일하게 침묵이 흐르던 순간은 가자지구에 가까워지며 포탄 소리가 잦아지고 연기가 뚜렷해 보이던 때다. (…) 수많은 이스라엘인을 만났다. (…) 하지만 내가 만난 팔레스타인 사람은 오직 둘뿐이었다."

한편, 파리의 한 컨퍼런스에 모인 다양한 국적의 여성 활동가와 예술가가 모두를 위한 공통의 매니페스토를 만들기 위해 애쓴다. 미국에서 온 백인 여성이 말한다. "우리 모두 처한 상황이 다르죠. 각자의 긴급함과 불안정한 정도가 다르고 이것은 모두 존중받아야 해요." 또 다른 미국에서 온 아프리카계 여성이 대화를 중단하고 말한다. "그 말은 모욕적으로 들리네요. 지금 여기에 팔레스타인에서 온 사람 있나요? 없어요. 우리가 무언가를 논의할 때는 항상 그 자리에 누가 없는지를 생각해야 해요. (레바논에서 온 여성을 가리키며) 당신이 이 자리에 있다는 걸 정말 감사하게 생각해요."

다음 순간, 레바논에서 온 여성이 모두에게 질문을 던진다. "공동의 해방을 위해 당신은 무엇을 희생할 수 있나요? 난 모든 걸 희생할 수 있어요. 어쩌면 나 자신까지도." 그가 말하고 마이크를 옆자리 여성에게 건넨다. 마이크를 받아 든 여성이 망설이다가 말한다. "나는 일상의 감정적 편안함을 희생할 수 있어요." 또 다른 여성이 말한다. "나는 전쟁에 협력하는 기업의 물건을 소비하는 일을 포기할 수 있어요." "나는……" 답변이 이어진다.

사람들 사이에는 전에 없던 긴장감이 감돈다. 방어적인 태도가 있고, 무언가를 말하고 결정해야 할 것 같은 압박이 있고, '희생'이라는 단어가 주는 매스꺼움이 있다. 아무도 그러라고 시키지 않았는데도, 우리는 어느새 모두가 모두의 대답을 기다리며 듣고 있다.

중앙아시아에서 온 한 여성 예술가가 답한다. "sacrifice(희생)라는 단어가 의아하게 느껴져서 방금 어원을 찾아봤어요. 종교적 맥락이 있는 단어인 것 같아요.* 저에게 희생은 행동을 취하는 데에 어울리지 않는 단어예요. 희생은 내 것의 일부를 내어놓는다는 의미인데, 우리가 진정으로 소유할 수 있는 것은 없거든요. 모든 것은 변화하고 결국 사라지죠."

공동의 해방을 위해 당신은 무엇을 희생할 수 있는가. 이 질문은 불편했고, 그래서 강력했다. 선택과 그에 따른 대가를 정해버린다는 점에서 불편했지만, 그럼으로써 실제로 우리가 서로 얼마나 다른 현실에 살고 있는지를 탁상공론의 차원을 넘어 직면시킨다는 점에서 강력했다. 전쟁이 야기하는 상황이란 그런 것이었다. 각자가 처한 개인적 특성과 망설임, 주저함을 기다릴 여유가 사라지는 것. 다양성을 상실하게 되는 것. 살리기 위해서 혹은 스스로 살기 위해서 당장 무엇이라도 결정해야 하는 것. 누가 정말로 나와 연결되어 있는지를 잔인할 정도로 드러나게 하는 것. 그것이 전쟁이 야기하는 상황이었다.

* 영단어 sacrifice의 어원인 라틴어 sacrificium은 무언가를 신성하게 만드는 행위, 즉 무언가를 제물 삼아 신에게 봉헌하는 행위 혹은 그때 쓰이는 제물을 뜻한다. 이것이 더 중요한 목적이나 이상을 위해 자신이 가진 가치 있는 것을 포기하거나 희생한다는 뜻으로 확장되었다.

안다고 생각하지만 알지 못하는 것들. 상투어가 되어버린 말들. 당연하게 받아 누려온 역사들. 이것들이 낯설고 새롭게 다가와 마음을 때리는 일은 언제, 왜 일어나는 것일까?

고백하자면 내게는 한국을 떠난 사람들을 향한 약간의 미움이 있었다. 나를 버리고 더 좋은 세상으로 떠난 당신……. 하지만 막상 나와보니 실상은 달랐다. 오래전 하와이로 떠난 이민자는 독립운동의 자금줄이었고, 광부로 또 간호사로 독일에 도착한 이들은 민주화운동을 다방면으로 도운 사람들이었다. 국내에 있을 때는 해외로 떠나는 사람들이 사라져 버리는 것만 같았는데, 밖에서 보니 이들의 발자취가 형형히 빛났다.

최돈미 시인이 그렇다. 그를 처음 본 것은 2023년 3월 베를린에서였다. 비무장지대DMZ를 소재로 한 그의 시집 『DMZ 콜로니 *DMZ Colony*』가 독일어로 번역되어 이를 소개하는 행사였다. 최돈미 시인은 기자였던 부친이 당시 시대적 상황에 신변의 위협을 느껴 1972년 열 살 나이로 한국을 떠났다.

그는 김혜순 시인의 시를 번역해 영어권 독자에게 소개해 왔다. 그가 옮긴 김혜순 시인의 『날개환상통』은 2024년 전미도서비평가협회상을, 그 자신의 시집 『DMZ 콜로니』는 2020년 전미도서상을 수상했다. 그는 스스로 "추방된 언어를 구사하는 사람"이라고 말한다. 추방당한 사람. 다른 언어나 문화로 들어가 보려 노력할 수밖에 없었던 사람. 이들 덕분에 나는 세계를 또 다른 관점에서 볼 기회를 얻는다.

삼일절에는 영어로 번역된 「3·1 독립선언서」를 레바논 친구와 나눴다. 삶의 경로에서 레바논 내전을 그대로 통과하고 현재는 베를린에 머물고 있는, 모국에 대해 이야기할 때마다 "희망이 없다"라고 반복해서 말하던 친구였다. 「3·1 독립선언서」에는 일제강점기 한복판에서 스스로 독립을 선언한, 총칼 앞에서도 비폭력 평화운동을 한 사람들의 마음이 담겨 있다. 친구는 선언문이 지금의 세계와, 또 자신과 연결되어 있다고 느낀다고 했다. 실제로 3·1운동은 제1차 세계대전 직후 승전국의 식민지에서 가장 먼저 일어난 대규모 반제국주의 민중운동 가운데 하나로, 중국의 5·4운동과 인도의 비폭력 저항운동 등 같은 시기 아시아의 반제국주의 움직임에 자극과 영감을 주었다.[6]

3월 8일 베를린에서 여성의 날을 맞아 1만여 명이 거리에 모인 시위 역시 초국가적이었다. 시위를 주최한 국제 여성연합International Alliance of Women의 구성원은 다양하다. 정작 독일인은 소수이고, 각 국가를 대변하는 단체가 있는데, 국가와 상관없이 로힝야 난민과 쿠르드족처럼 난민과 소수민족을 대변하는 단체도 있다. 한국 협회 산하 기관인 액션 그룹 '위안부AG Trostfrauen' 역시 한국뿐 아니라 독일, 일본, 콩고, 필리핀 등의 구성원과 함께한다.

사람들이 들고 온 팻말에는 이런 문구들이 적혀 있었다. "모두가 자유로울 때까지 누구도 자유로울 수 없다" "팔레스타인 여성 곁에 서는 중국 페미니스트들" "과거, 현재, 그리고 언제나 식민주의에 대항하는 아시아인들" "우리 몸에서 손 떼, 우리 땅에서 손 떼" "가자에서 2만 5000명의 여자와 아이가 죽었다. 분노는 어디에 있는가?"

내게 가장 낯선 행렬은 라틴아메리카 여성들이 모인 행렬이었다. 팻말에 붙은 이름들은 하나같이 처음 듣는 이름이었다. 후에 찾아보니 많은 수가 환경, 인권, 평화를 위해 싸우다 암살당한 여성 활동가였다. 브라질의 인권운동가 마리엘 프랑코, 온두라스의 환경운동가 베르타 카세레스, 과테말라의 여권운동가 리고베르타 멘추, 페루의 환경운동가 막시마 아쿠냐…… 한국어로 쓰인 적이 많지 않았을 이름들. 이러한 이름을 배워가며 나는 겸허해진다. 누군가는 다음에 올 사람을 위해 전 생애를 걸고 싸운다. 그걸 알아차릴 때마다 세상은 증오뿐 아니라 어쩌면 더 큰 사랑으로 세워져 있음을 배운다. 살아가는 모든 이는 이 흐름 안에 있으며, 이 흐름은 국경을 넘어 이어진다. 그걸 기억한다면 누구도 어떤 상황에서도 감히 혼자라고 말할 수 없을 것이다.

2018년 대학원 시절 비디오 아티스트 염지혜 작가의 리서치 작업을 도운 적이 있다. 작품의 이름은 「미래열병」이었다. 작가는 기계와 속도, 향상에 빠져 있던 이탈리아 미래파futurist artist가 파시즘과 닿아 있다는 점에 착안하여 오늘날 과학기술을 말하며 자기들끼리 미래로 가려는 사람들과 전 세계의 우익화 현상을 연결 짓고 싶어 했다. 어느 날 리서치 과정에서 작가는 물었다.

"사이보그가 되면 어떨 것 같아요?"

재밌고 멋질 것 같았다. 더 멀리 보고 더 멀리 뛸 수 있겠지. 바다 깊이 잠수할 수도 있겠지.

내 대답을 듣더니 작가는 자긴 우울할 것 같다고 답했다. 지금도 가진 것에서 차이를 느끼는데 그게 몸에서까지 드러나면 너무 비참하지 않겠느냐고. 불평등이 몸으로까지 확장되는 것 같다고.

　그래서 우리는 작업의 방향을 '뒤처지는 사람들'로 잡았다. 과학기술이 선사하는 달콤한 열매를 따 먹으며 누군가 미래로 갈 때 여전히 현재 혹은 과거에 남은 사람들, 더 나은 기술을 가질 자원이 없어서 망가지고 녹슬고 철 지난 기계를 몸에 지니고 살아가는 사람들 말이다. 작품은 여성의 몸을 한 사이보그가 모두 떠나고 황폐화된 지구에 혼자 남아 춤을 추며 끝이 난다.

　그로부터 2년 후. 지구에는 정말 열병이 돌고 말았다. 미래와 향상과 속도를 사랑하는 사람들이 만들어 낸 결과이니 '미래열병'이라 불러도 문제가 없었다. 이 열병으로 가장 무고한 사람들이 가장 큰 피해를 봤다. 노숙인, 노인, 쪽방촌 사람들, 정신병원에 갇혀 살아온 사람들, 콜센터 노동자들…… 이동도 소비도 적어 탄소발자국을 가장 적게 남긴 사람들이었다.

‡

　나는 코로나 이후 세상에 잘 적응한 편이다. 처음엔 일이 끊겼으나 모든 일을 온라인 기반으로 전환하며 괜찮아졌다. 어쩌면 전보다 더 나아졌다. 모든 일을 재택근무로, 온라인으로 처리할 수 있게 되면서 디지털 노마드로서의 삶이 가능해진 것이다. 이제 고생 좀 끝나고 살 만하다 싶었는데 웬걸, 이번에는 부모가 모두 실직하고 말았다.

　변화는 아버지의 일에서부터 시작됐다. 시간을 돌이켜 30년 전, 아버지는 재래시장 입구에 작은 인쇄소를 열었다. 나의 부모는 그곳에서 도장을 파고 인쇄를 하며 자식들을 먹여 살리고 빈곤층에서 탈출했다. 두 사람에게 그 공간은 대단한 자부심의 장소였다. 하지만 인쇄업은 곧 쇠퇴의 길을 걸었다. 예전에 사람들은 문서를 깔끔하게 작성하기 위해 인쇄소에 왔다. 지금은 누구나 컴퓨터를 이용해 스스로 문서 파일을 만든다. 입력도 수정도 출력도 쉬워졌다. 오프라인에서 전처럼 판촉물을 많이 쓰지도 않는다. 시대는 빠르게 바뀌었고 발 빠른 인쇄소는 온라인 기반으로 장사를 하기도 했지만, 아버지는 그러지 못했다.

아버지는 이제 집 근처 조그만 공간에서 문서를 무더기로 쌓아놓고 돋보기로 낡은 컴퓨터 화면을 살펴보며 지낸다. 바탕화면에는 '하미나 작가의 글' 같은 폴더가 있다. 나는 가끔씩 심부름을 하러 그곳에 불려 가는데, 아버지가 한참을 끙끙대며 고생했다고 내게 물어보는 문제는 어처구니없을 정도로 사소한 것일 때가 많다. 기술 발전은 모두에게 평등하게 찾아오지 않는다.

코로나 이후의 세계에 내가 적응하는 동안 나의 부모는 빠른 속도로 변해가는 디지털 세상에서 점차 멀어져 가고 있었다. 내가 소셜미디어를 운영하고 과학기술을 다루는 글을 쓰는 동안 나의 부모는 국세청 홈페이지 로그인을 하지 못하고 사업자등록증을 출력하지 못해 소상공인을 위한 지원금을 한 차례도 받지 못하고 있었다. '효'를 다하지 못했다는 자책감보다는, 디지털 리터러시가 있는 사람으로서 그렇지 못한 사람들을 완전히 소외시키고 있었다는 자책감이 들었다. 치사하게 굴었다는 생각이 들었다.

국세청 홈페이지. 내게도 어려운 이 사이트를 나이 든 사람과 장애인이 도대체 어떻게 쓰라는 걸까. 이름도 비슷비슷한 각종 재난지원금의 신청 대상과 시기 등 중요한 정보는 온라인에 집중돼 있다. 복잡한 안내 사항 속에서 내게 맞는 정보를 찾기도 어렵거니와, 찾아낸 정보가 내게 맞는지를 제대로 물어볼 창구도 없다. 전화 연결은 어렵고 연결이 되어도 해결이 잘 안된다. 행정복지센터 직원 등에게 어설프게 물어볼 때마다 면박을 듣는 건 덤이다.

나는 부모를 대신해 소상공인 지원금을 신청하기 위해 다음의 과정을 거쳐야 했다. 지원 신청 홈페이지에서 사업자 번호를 넣는다 → 해당 사업자가 행정명령을 잘 지킨 곳인지 확인을 받으라고 한다 → 행정명령 이행 확인서를 발급받아야 한다 → 사업자등록증을 출력해서 스캔해 업로드해야 한다 → 출력을 하려고 국세청에 로그인을 하려는데 공인인증서가 필요하다 → 아빠는 당연히 공인인증서가 없다. 후 하 후 하 숨을 고른다. 공인인증서 발급 역시 스마트폰이 필요했다. 왜 모두가 스마트폰 사용자일 것이라고 생각하지? 당시 아빠는 20년째 애니콜 폴더폰을 사용 중이었다. 그렇다. 누군가는 휴대전화를 20년간 쓴다. 심지어 잘 작동했다. 바꿔드린다고 해도 아버지는 극구 거부했다. 그는 멀쩡한 물건을 트렌드에 맞춰 갈아치우지 않는다. 이런 것을 보면 젊은이로서 차분하게 잘 설명하면서 디지털 세계를 점차 소개하면 될 텐데, 현실은 "도대체 요새 이런 걸 누가 쓴다고! 진짜 구질구질하게!" 하고 화를 내며 문 닫고 쾅으로 끝이 나곤 했다. 부모가 더 나은 걸 누리고 살지 못하는 상황이 화가 나는데 그걸 부모에게 푸는 것이다.

‡

보통 과학기술을 이야기할 때 성장과 향상과 속도를

이야기한다. 인간을 개조해 고치고 향상시키겠다는 말은, 인간이 지닌 신체적, 정신적 한계를 불완전함의 증표로, 채워 넣어야 할 결핍으로 본다는 뜻이기도 하다. 나는 염 작가의 질문에 내가 했던 대답을 이제야 쑥스럽게 여긴다.

과학기술을 다르게 이용할 수도 있다. 아니, 그래야만 한다. 우리는 지금 과학기술의 편리함을 최대한 누리며 살아가지만, 그 이면에서 과학기술이 전쟁과 파괴에 악용된 결과도 똑똑히 보고 있다. 기후위기와 현대전에서의 참상은 이전에 인간이 과학기술을 사용하던 방식이 얼마나 잘못되었는가를 보여준다.

현대 과학기술은 양면성을 지닌다. 예컨대 드론은 이전에는 도달할 수 없었던 깊은 숲속, 빌딩 숲 너머의 곡선, 사막의 시시각각 변화하는 풍경을 우리 눈앞에 가져다준다. 그러나 같은 기술은 또 다른 장소에서 사람의 목숨을 앗아 가는 무기로 작동한다. 2025년 1월 우크라이나 전쟁에서는 단거리 드론이 다른 어떤 무기보다 더 많은 민간인 사상자를 낳기도 했다.[7]

드론의 눈은 위에서 내려다본다. 전쟁터에서 드론의 시선은 얼굴을 지우고, 체온을 지우고, 서사와 감정을 지운다. 남는 건 한 점의 열, 하나의 점, 하나의 '타깃'이다. 칼이나 총은 여전히 상대의 눈빛을 마주하게 하고, 살인의 육체적 경험을 피하기 어렵게 만들지만, 드론은 인간의 고통을 픽셀 단위로 압축해 버리고 만다. 살과 숨과 피 같은 것들은 흐릿한 열영상의 노이즈가 되고, 전쟁조차 게임화된다.

기술은 단지 도구일 뿐이기만 한 게 아니다. 기술은 감각을 변화시키고, 새로운 도덕적 질문을 만들어 내고, 책임의 방향을 분산시킨다. 기술 그 자체는 대개 선하지도, 악하지도 않다. 우리가 기술을 어떻게 쓰느냐에 따라 결과는 천차만별로 달라진다. 다시 말해, 과학기술을 사회에 어떻게 개입시키고 활용할지가 중요하다. 기술 사용의 양상은 일종의 자기실현적 성격을 띠어서, 어떤 목적과 상상력으로 기술을 개발하고 쓰느냐에 따라 그 목적이 현실에서 구현되고 강화된다. 기술을 만능 해법이나 막을 수 없는 숙명으로 보는 기술결정론적 관점에서 벗어나, 기술의 방향을 능동적으로 설계하고 책임지려는 태도가 필요한 이유다.

다시 말하지만, 모든 과학 지식은 특정한 시대와 장소에서, 특정한 사람들이 특정한 가치에 조응하여 생산해 낸 결과물이다. 우리는 재차 물어야 한다. 과학기술이 사실의 문제가 아니라면, 그것은 무엇에 관한 문제란 말인가? 페미니스트의 관점에서 과학기술을 어떻게 바라보아야 하는가?

‡

과학기술학자 브뤼노 라투르는 과학을 사실물matter of fact이 아닌 우려물matter of concern로 다뤄야 한다고 말한다.[8] 과학을 과학과 사회, 기술과 정치, 물질과 문화가 뒤엉킨 총체로서 보기 위함이다. 다시 말해 과학 지식은 그 자체로 고립된 중립적 사실이 아니라, 사회적·정치적 맥락과 가치가 복잡하게 얽힌 '우려의 대상'이다. 라투르는 이러한 얽힘까지 함께 살펴야 비로소 과학적 사실에 더 가까이 다가설 수 있다고 말한다. 사실을 둘러싼 조건들까지 포괄하여 과학을 이해해야, 과학이 우리의 관심과 논의 속에서 풍부하고 현실적인 존재로 자리매김하게 된다는 것이다.

한편 페미니스트 과학기술학자 마리아 푸이그 들라 벨라카사는 여기서 한 발 더 나아가 과학을 돌봄물matter of care로 생각하자고 제안한다.[9] 그는 라투르의 '우려물'을 심화시켜, 과학기술을 인간과 비인간, 자연과 기술이 불가분하게 얽힌 세계 속에서 돌봄의 문제로 재구성해야 한다고 주장한다. 돌봄물에는 말 그대로 돌봄을 중심에 놓고 과학기술을 다시 바라보자는 뜻이 담겨 있다. 푸이그 들라 벨라카사는 과학기술을 성장과 향상의 도구로 쓰기보다는 사람과 지구를 돌보고 유지하는 일로서 수행해야 한다고 말한다.

돌봄에는 우려보다 한층 더 적극적인 태도가 요구된다. 무언가에 관심을 갖는 데 그치지 않고 그것을 돌보기까지 한다는 것은 직접 손을 더럽혀 가며 가꾸고 고치고 유지하는 실천적 관여를 뜻한다. 돌봄을 중심에 둘 때 과학기술은 더 이상 냉담한 첨단이 아닌 살리는 기술로, 지구와 모든 생명을 보살피는 방향으로 나아갈 수 있다.

우리는 너무 오랫동안 한쪽 방향의 과학기술만을 정상으로 여기며 달려왔다. 그 결과 과학기술은 원래 냉혹하고 비인간적인 것이라 단정하고 아예 싸잡아 거부해 버리는 오류도 생겼다. 하지만 과학기술은 원래 그런 것이 아니다. 더 나은 과학기술은 가능하며, 지금이야말로 그것을 위해 상상력을 발휘할 때다.

나는 혁신을 부르짖으며 모든 규제를 구태로 보는 사람들을 다소 의심스럽게 본다. 과학기술은 남겨진 사람들, 느리게 걸어오는 사람들, 때로는 아파서, 움직일 수 없어서 누워 있기만 하는 사람들, 그리고 너무 오랫동안 주체의 자리에서 밀려나

함부로 대해진 동물과 지구에 응답해야 한다. 쌩쌩 달리는 과학기술에 미처 손을 붙들어 매지 못하고 떨어진 사람들을 지르밟고 그냥 지나쳐 가는 것이 첨단이고 혁신이라면, 나는 그것을 야만이라 부르겠다.

정치·사회면에 연일 등장하는 기사가 벅차고 누굴 믿는 것이 맞는지 인간관계에 시름이 많아질 때면 바다에 가는 기분으로 과학 책을 읽는다. 오래전 지구에 살던 생물 이야기, 심해저의 끓어오르는 해수 이야기, 우주의 시작과 끝에 대한 이야기를 읽다 보면 비대하던 자아는 줄어들어 스스로가 거대한 흐름 속의 티끌로 느껴지고 이내 상쾌해진다.

물리학자 카를로 로벨리의 『시간은 흐르지 않는다』는 유독 개운한 책이다. 시간에 관한 우리의 직관을 하나씩 무너뜨려 종국에는 극단적으로 황량하고도 무한한 가능성으로 빛나는 공호, void의 풍경으로 독자를 데려간다.

인간의 지식이 성장하며 시간에 대해 알게 된 것은 다음과 같다. 첫째, 시간은 유일하지 않다. 장소와 속도에 따라 각각 다르게 흐른다. 둘째, 방향도 정해져 있지 않다. 사물의 미시적인 상태를 관찰하면 과거와 미래의 차이가 사라진다. 셋째, 광활한 우주에 '현재'라고 부를 수 있는 것은 없다. 넷째, 시간은 독립적이지 않다. 시간은 우주의 다른 실체들과 상호작용할 때만 모습을 드러낸다.

그렇다면 왜 우리는 시간을 과거에서 현재로, 현재에서 미래로 흐르는 것으로 느끼는가? 이런 관점이 인간에게 "필요하기" 때문이다. 생존을 위해 인간은 과거의 기억을 수집해 미래를 예측해야 했고, 그러기 위해 시간을 흐르는 것으로 느끼게 됐다. 말하자면 생존을 위해 세상을 흐리게 인식한 결과다.

책에 따르면, 우리에게 주어진 세상은 외부에서 본 세상이 아닌 내부에서 본 세상이다. 외부에서 따로 존재하는 진실이라는 것은 난센스인데, 세상에서 '벗어난' 것이란 없기 때문이다. 옳고 그름의 기준은 고작 우리와 가까이에 있는 거품 안에서만 통용된다. 저 너머 외따로 존재하는 진실이라는 것은 우리 중 누구에게도 없다. 남는 것은 오직 서로가 서로를 만나 만들어 내는 사건과 관계다.

저자는 말한다. "상대성이론과 양립할 수 있는 방법은 이것이다. 세상은 사물들이 아닌 사건들의 총체이다. 사물과 사건의 차이는 '사물'은 시간 속에서 계속 존재하고, '사건'은 한정된 지속 시간을 갖는 것이다. '사물'의 전형은 돌이다. 내일 돌이 어디 있을 것인지 궁금해할 수 있다. 반면 입맞춤은 '사건'이다. 내일 입맞춤이라는 사건이 어디에서 일어날지 묻는 것은 의미가 없다. 세상은 돌이 아닌 이런 입맞춤들의 네트워크로 이루어진다."[10]

‡

　　기억을 토대로 작업하는 일은 사실 망각을 토대로 작업하는
일일지 모른다. 첫 책을 쓰고 이를 출판하고 사람들에게 읽히는
과정에서 내가 가진 슬픔은 모두 해소되었다. 영원히 메워지지
않을 것 같던 구멍이 메워졌다. 슬픔을 해소하고 나니 전에는
떠올리지 못했던 유년의 조각들이 기억의 바다에서 두둥실
떠올랐다. 조각들은 서사가 아닌 이미지로 이루어져 있었고
하나같이 따뜻하고 아름다웠다. 책은 자기만의 생명력을 가지고
세상을 돌아다녔다. 그러는 동안 나의 기억과 정체성은 계속해서
달라지고 있었다. 첫 책을 쓸 때의 내가 어떤 사람이었는지
기억나지 않았다. 책을 쓸 때와는 다른 방식으로 과거를 기억하게
됐다. 그러면 책을 쓴 나는 도대체 어디로 간 것일까? 그 책은 누가
쓴 것일까?
　　나는 침대에 누워 시간에 대한 인지가 변화하는 것을 느끼고
두려워했다. 이전에 느끼는 시간이 과거에서 현재로, 현재에서
미래로 선형적으로 흐르는 것이었다면 지금은 여러 방향으로
동시에 흐르는 그물망 같았다. 과거, 현재, 미래가 순차적으로
진행되는 것이 아니라 현재의 내가 매 순간 달라질 때마다 과거와
미래가 통째로 변화하고 있었다. 이러한 인식의 변화가 머리로
이해되는 것이 아니라 감각적으로 전해져 혼란스러웠다. 이전의
내가 만든 나는 어디에 살고 있을까. 모든 선택에 있어서 모든
갈래로 가능성을 뻗어 내는 게 우주라면, 한 사람 안에 그토록
많은 우주가 있다면, 나와 타인의 경계도 큰 의미가 없을 듯했다.
그렇게 생각하자 만나는 모든 사람이 다른 가능성을 살아내는

한 사람 같았다. 나는 내가 확장하고 있는 것인지 미쳐가고 있는 것인지 헷갈렸다. 무엇보다 이 변화가 무서웠다.

‡

베를린에서 만난 스승은 내게 말했다.
"승자가 역사를 쓴다고들 하지. 그 역사는 승자들만의 것인 거야. 네가 신을 믿는다면 기원이 중요하겠지. 믿음이 없다면 그건 의미가 없는 거야. 더 중요한 사건과 덜 중요한 사건이 없다면 역사는 시작점들에 대한 이야기가 아니게 돼. 시작점들에 대한 이야기가 아닐 때 역사는 관계를 이해하는 일이 되지. 이론들이 있지. 마르크스주의. 페미니즘. 종교. 그것들은 저마다 이해하기 위해 이야기를 만들어 내. 중요한 역사적 지점들을 만들지. 하지만 터닝 포인트라는 건 없어. 관계만이 있지. Hit me, hit you(나를 치고, 너를 치고). 행동과 그에 따른 반응만 있을 뿐이야. 네가 믿는 사람이 아니라면 시작과 끝이라는 건 없어. It's not ending, it's continuation(끝나는 게 아니야, 연속이지)."

‡

최근 나는 말 그대로 시간이 흐르지 않는 경험을 했다. 일주일 남짓의 기간 동안 외부와의 접촉이 끊어진 채 휴대전화와 시계를 빼앗기고 한 건물에 감금된 것이다. 낮밤 할 것 없이 고된 일과가 계속됐다. 이념 서바이벌 예능「사상검증구역: 더 커뮤니티」를 촬영하기 위해서였다.

　이곳에서 평소에 서로 만날 일이 없는 열두 명의 사람을 만났다. 각자 직업도, 성장 배경도 다르고 그에 따라 형성되었을 가치관도 관계를 맺는 방식도 다른 사람들이었다. 출연진은 사전 테스트를 통해 좌파/우파, 페미니즘/반페미니즘, 서민/부유, 개방/보수의 네 범주를 기준으로 사상을 채점받았다. 싸우라고 모아둔 것 같은 이곳에서 우리에게 주어진 일은 커뮤니티의 최종 목표를 잘 알지 못하는 채로 일종의 가상 국가를 건설하는 것이었다.

　한정된 자원으로 며칠간 먹고 살아야 한다는 외부적인 위협 외에 내부적인 위협이 또 있었는데, 그것은 커뮤니티 내에 '불순분자'가 있다는 안내였다. 불순분자의 의미는 둘로 나눠볼 수 있다. 하나는 갈등을 조장하고 이를 통해 이득을 얻는 세력이 있는 현실 정치에서처럼 우리의 갈등이 어쩌면 우리가 믿는 대로 서로의 생각이 달라서 빚어지는 갈등이 아닐 수도 있다는 것을 보여주는 장치로서. 또 하나는 정체가 불분명한 누군가 우리를 위협하고 있다고 생각할 때 우리가 서로의 다름을 얼마나 그 혐의로 활용하는지를 보이는 장치로서.

　나는 코드 점수 11점의 페미니스트로 가장 극단적인 입장을 가진 사람으로 채점됐다. 불순분자. 사상이나 이념이 그 조직의 것과 달라서 비판의 대상이 되는 사람. 고백하자면 촬영 내내 스스로, 또 사람들에게 자주 한 말은 "내가 불순분자 같다"라는 말이었다. 그만큼 위축되어 있었던 것이다. 그것은 존재만으로, 여성 인권을 말하기만 해도 극도로 정치적인 인물이 되는 한국 사회의 현실을 체감한 결과였다. 그러나 동시에, 방송을 보고 난 뒤에야 내가 지닌 생각 때문에 공동체에서 퇴출될지 모른다는 두려움이 시야를 좁히고 게임의 전체 흐름을 보기 어렵게 만든다는 것을 알게 됐다.

「더 커뮤니티」의 시간은 모두에게 다르게 흐른다. 출연진 개개인에게도, 현장과 편집된 영상 사이에서도, 이 작품을 소재로 온갖 이야기를 나누는 다양한 온라인 커뮤니티에서도 그렇다.

다시 한번, 물리학자들의 가르침을 기억해 본다. 우리에게 주어진 세상은 외부에서 본 세상이 아닌 내부에서 본 세상이며, 옳고 그름의 기준은 고작 우리와 가까이에 있는 거품 안에서만 통용된다. 저 너머 외따로 존재하는 진실이라는 것은 우리 중 누구에게도 없다. 남는 것은 오직 서로가 서로를 만나 만들어 낼 사건과 관계다.

쇼에 등장하는 출연진 사이의 관계, 작품과 시청자의 관계, 쇼가 끝나고 난 뒤 시청자가 세상과 맺을 관계. 각각의 거품이 만들어 낼 사건은 무엇일까? 이것은 입맞춤의 네트워크가 될까 암살의 네트워크가 될까? 황량하고도 무한한 가능성으로 빛나는, 시간이 멈춘 풍경에 질문이 남아 있다.

베를린에 있는 다양한 예술 행사에 참가하다 보면 생각보다 행사의 밀도가 높지 않아 놀랄 때가 잦다. 행사 내용을 보면 좋게 말하면 소박하고, 거칠게 말하면 별것 없을 때가 많다. 잔뜩 기대하고 갔다가 실망하고 돌아오는 경우도 부지기수다.

그럴 때면 두 가지 마음이 든다. 하나는 나도 (그리고 내 친구도) 할 수 있겠다, 하는 마음. 다른 하나는 이렇게 무엇이든 시도할 수 있게 기회를 주는 환경이어서 훌륭한 작가 혹은 예술가가 탄생할 수 있는 거구나, 하는 마음.

위대한 예술가는 홀로 탄생하지 않고 어쩌면 이들보다 더 훌륭한 관객이 만드는 것 같다. 나는 이곳에서 활동하는 예술가들에게 감탄하는 것보다 더 자주, 이곳의 관객에게 감탄한다. 아무리 시시해 보이는 것이라도 일단 누군가 무대에 올라 무언가를 하기 시작하면 무대 위에서 몰입하고 있는 사람을 대단히 존중하는 분위기가 있기 때문이다.

　연주가, 춤이, 낭독이 끝날 때까지 대체로 사람들은 움직이지 않고 자리를 지킨다. 지루한 시간이 이어져도 끝까지 들으려고 애쓴다. 선뜻 이해되지 않는 것이어도, 무대 위에 있는 사람이 만들어 내는 세계에 참여하기 어렵더라도 좀처럼 조소하거나 쑥덕거리지 않는다.

　그런 모습을 볼 때마다 관객의 위대함을 실감한다. 상대를 함부로 업신여기거나 판단하지 않는 이들, 말을 마칠 때까지 기다려 주는 이들, 예찬할 줄 아는 이들. 창조성이 피어나는 자리는 이들로부터 만들어지는지도 모르겠다.

　『즐거운 학문』에 등장하는 니체의 문장을 몇 개 인용해 본다. "너는 어떤 사람을 악하다고 말하는가?―항상 모욕하려 하는 사람을. // 네게 가장 인간적인 것은 무엇인가?―누군가의 부끄러움을 덜어주는 것. // 자유를 획득했다는 징표는 무엇인가? ―더 이상 자기 자신에게 부끄러움을 느끼지 않는 것."[11]

　글쓰기 수업을 하면서 나는 자주 사람들에게 다른 사람인 척하지 말고 오로지 자기 자신인 글을 쓰자고 말한다. 하지만 이것은 얼마나 간편한 말인가? 자연스러운 자신의 모습을 예술로 만들려면 우선 자연스러운 자신의 모습이 가치 있다는 믿음이 있어야만 한다. 이는 사회의 주변부에 있는 사람들에게 더욱 어려운 과제다. 여성, 장애인, 성노동자, 비백인, 빈자, 저학력자, 노인…… 사회에 떠도는 부정적 소문들은 이들의 몸에 엉겨붙고 천천히 내부로 흡수돼 수치심을 내재화시킨다. 무대에 오르기 위해서 너는 더 아름다워야 해. 말라야 해. 대단한 직업을 가져야 해. 똑똑해야 해. 누군가는 전 국민이 보는 방송에서 공공연히 성희롱을 저지르지만, 또 다른 누군가는 존재를 드러냈다는 이유만으로 수치심을 느낀다. 그래서 이들은 자주 보이지 않는 존재가 되기를 자처한다. 달리 말해, 이들의 가장 강력한 힘은 자신을 드러내는 것 자체에 있다.

수치심은 쉽게 떠나지 않는다. 책을 낼 때, 무대에 오를 때, 사랑하는 사람 앞에서 고백할 때, 시를 쓰고 노래를 부르고 춤을 추려 할 때마다 우리의 발목을 잡는다. 보여지면 상처받을 수 있는데 괜찮겠느냐고 자꾸만 묻는다.

그러나 취약성은 약점이 아니다. 피하거나 통제할 수 있는 것도 아니다. 시인 데이비드 화이트는 말했다. "상처받지 않으려는 시도는, 우리 자신이 아닌 다른 무언가가 되려는 헛된 시도이며, 무엇보다 타인의 깊은 슬픔을 이해하려는 마음을 닫아버리는 행위다. 더 본질적인 문제는, 우리 자신의 취약성을 거부하느라, 존재하는 매 순간 우리가 필요로 하는 도움까지 거부하게 된다는 것, 그리고 그로 인해 우리의 정체성을 이루는 본질과 파동과 대화의 토대를 마비시키게 된다는 것이다. (…) 성숙해지는 과정에서 우리가 선택할 수 있는 것은 단 하나, 취약성 안에 어떻게 머무를 것인가다."[12]

어떻게 하면 더 용감해지고, 더 자비로워질 수 있을까. 두 개의 선택지가 매일 펼쳐진다. 취약성 안에 머물며 온전하고 힘차게 살아가는 것과, 인색하게 굴고 불평하고 두려워하며 삶의 문턱을 온전히 통과하지 않는 것.

취약성을 받아들이고 자기 자신과, 세상과 용기 있는 대화를 지속해 나가기. 그것이 내가 나에게서, 그리고 타인에게서 찾고 있는 아름다움이다.

독일에 와서 신기했던 것 중 하나는 이곳에선 나체가 그 자체로 성적인 함의를 갖지 않는다는 것이었다. 대부분의 사우나가 여남 공용으로 운영되고 수영장, 탈의실 등은 성별로 공간이 나뉘어져 있지 않아 모두 섞여 옷을 갈아입는다.

이것은 100년의 역사를 가진 독일의 나체주의운동 '자유로운 몸의 문화Frei-Körper-Kultur, FKK'에 영향을 받은 것이다. 19세기 말 생활개혁Leneas-reform 운동의 일환으로 시작된 FKK는 산업화와 도시화로 인해 자연과 멀어진 사람들이 사회적 지위와 관계없이 모두가 평등하게 벗은 몸으로 만나 자연 속에서 휴식을 취하자는 반권위주의운동이었다. 아무래도 벌거벗은 몸으로 자신의 사회적 지위를 뽐내기는 어려울 테니까. 지금도 독일 전역에는 국가가 지정한 FKK 해변과 공원, 사우나 등이 많다.

2024년 5월 나는 2박 3일 동안 열린 나체 축제에 다녀왔다. 평소 다니던 요가원에서 우연히 이 행사를 알게 되었는데, 순전한 호기심이 발동해 혼자 가보기로 한 것이다. 축제는 베를린에서 약간 떨어진 아름다운 호숫가 근처에서 열렸다. 축제 이름이 '나체-차-축제'였던 만큼, 우리는 2박 3일 동안 자주 차를 마실 예정이었고 사람들은 예쁜 찻잔에 자기 이름을 써서 맨몸에 목걸이처럼 매고 다녔다. 곳곳에서 각종 요가와 명상 워크숍, 댄스파티가 열렸다.

행사를 시작하며 주최 측은 사람들에게 축제가 열리는 동안 공개된 곳에서, 그리고 숙소에서 성적인 행위를 하지 말아 달라고 강조했다. 벗은 몸이 너무나 오랫동안 과잉 성애화되었기 때문에 축제가 진행되는 동안 이 공간을 탈성애화하는 것이 무척 중요하다는 얘기였다. 간단한 말이었지만 이 말이 내게 미친 파장은 컸다. 그 얘기를 듣자 나의 몸이 아주 어렸을 때부터, 그러니까 초등학생의 몸일 때부터 타인에 의해 성적인 대상으로 여겨졌다는 걸 알아차리게 된 것이다. 나조차도 나의 나체를 중립적으로 생각해 본 적이 없었던 것 같았다.

참가자의 절반은 남성이었고 나는 그곳의 유일한 아시아 여성이었다. 덩치 큰 남자들이 있는 곳에서 벗고 있으니 몸이 계속 떨렸다. 벗은 몸으로 남자들 사이에 있을 때 안전하다고 느낀 적이 아기 때를 빼놓고는 없었으니 몸이 끊임없이 경계 신호를 보내는 것도 어찌 보면 당연했다. 나는 내 마음을 정직하게 털어놓았고, 그 덕분에 여러 생각과 감정을 통과하며 몸의 자유를 되찾고 싶은 사람들이 이곳에 모였다는 걸 알 수 있었다.

금요일 오후부터 일요일 오후까지 지속된 축제에서 나는 만

하루의 시간을 우는 데 보냈다. 속에서 올라오는 분노와 슬픔을 지켜보면서. 나중에는 내가 우는 것이 나의 슬픔 때문이 아니라는 생각마저 들었다.

한번은 호숫가 옆 작은 정자에서 조용히 차를 마시고 있었다. 옆에는 스위스에서 온 부부가 앉아 있었다. 둘이 대화를 잘 하다가 갑자기 아내가 울기 시작했다. 남자는 조용히 다독였다. 나는 벗은 몸과, 자신의 섹슈얼리티와 관련된 기억을 애도하는 사람이 나뿐만이 아니라는 걸 직감적으로 알아차렸다. 여자의 슬픔은 나에게도 옮아와서 나도 같이 울었다. 그러자 차를 따라주던 내 앞의 독일 여자도 같이 울었다.

토요일 오후쯤 되자 다 울었다는 생각이 들었다. 이제 축제를 즐길 시간이었다. 요가, 명상 등 신비롭고 이국적인 '동양' 문화를 가져와 풍요롭게 살아가는 백인 유럽인을 미워하는 것도 이만하면 됐다는 생각이었다. 지구상에 상처 없는 곳은 없고 내 몸에는 행복한 기억도 많으니까. 나는 호수로 뛰어들었다. 맨몸 구석구석을 감싸는 물의 느낌이 몹시 관능적이었다. 호수에서 수영을 할 만큼 하고 올라와 따뜻한 햇살 아래에 누워 몸을 말렸다. 아침 숲속에서 들리는 새소리가 오케스트라 같았다. 너무나 편안하고, 너무나 자유로웠다.

이 이야기들은 모두 이미 이루어진 일들이었고 일어날 수 있는 일들이었으며 그 가능성들에 관해 이제 나의 선호는 없다.[13]

이번 생의 나는 웅덩이인 모양이었다.

지난 생에는 눈물이었다.

언젠가는 오줌이 돼 악취를 풍겨야 한다.

시간은 가장 밝고 환한 꽃잎들을 재료로 시름과 우울이 되어가는 중이었다.

삶도 죽음도 아닌 시간에 뜬 채 암흑 속에서, 끝없는 암흑 속에서 온몸으로 천천히 기었다.

우리는 과일의 즙, 투기된 폐수, 온갖 맛이 나는 음료와 약물들

빗방울, 땀방울, 산 혹은 죽은 동물의 체액

겁먹고 서로를 두리번댔다.

먹히면 안 돼.

사라지면 안 돼.

물에게 있어 망각은 죽음과 같은 말이야.

우리는 서로서로 크기를 나누었다.

나비와 말했고 솜털이 달린 씨앗과 말했고 먼지나 재와도 말했다.

무언가 사나운 동물처럼 날카로운 발톱으로 할퀴고 뭉개고 무참히 던져버리기를 반복했지만,

이상한 일이었다.

우리는 나는 바다는 춤을 멈추지 않는 물이었다.

동화의 춤은 멈추지 않았다.

곧 고요가 찾아왔다.

어느 날인가 나는 아주 높은 곳에 있었다.

나는 한 사람을 좀 더 유심히 내려다보았다.

과연 빛이 반짝이는 것도 같았다.

지금 놓치면 또 언제 어떻게 만날 수 있을지 몰랐다.

망설일 시간이 없었다.

나는 숨을 죽였다.

나는 이를 꽉 깨물었다.

죽은 너를 향해서든 산 너를 향해서든 상관없이 나는 너를

향해 하강한다.

뒤를 돌아보니 수천수만 개의 물방울들이 보였다.

나와 닮은, 나를 닮은 눈송이들이 침묵으로 환호성을 지르며 함께 떨어지고 있었다.

한

방

울

의

내

가

이야기들로 가득 찼다.

떠오르는 진심

비로소 잠기는 이해

파고드는 용서

그때는 그런 움직임이 어떻게 가능했을까?

아름다움이 도처에 흔해서 귀히 여겨지지 않았다.

1993년 어느 가을날 바하칼리포르니아의 판자촌에서 두 여성이 만났다. 휴가를 보내던 미국인 사진작가 애니 아펠과, 벽돌공 남편에게 점심 식사를 가져다주던 만삭의 마리아였다. 애니는 마리아에게 사진을 몇 장 찍어도 되냐고 물었고 마리아는 좋다고 대답했다. 애니는 휴가지에서 돌아온 뒤에도 멕시코에서 만난 한 가족이 계속 떠올랐고 그곳으로 거듭 되돌아갔다.
　마리아를 찍은 사람은 많았지만 돌아온 사람은 애니가 처음이었다. 그렇게 시작된 애니의 멕시코 프로젝트는 계속해서 늘어난다. 아무리 찍어도 마리아의 진실을 담았다고 확신할 수가 없어서였다. 마리아가 벽돌공 남편과 헤어지고, 마리아의 아이가 아이를 낳고, 또 그 아이가 미국으로 가며…… 세월이 흐른다. 애니는 마리아의 이야기를 25년간 2만 3000프레임으로 찍는다.

레슬리 제이미슨의 『비명 지르게 하라, 불타오르게 하라』에 수록된 「최대노출」에 등장하는 이야기다.[14] 레슬리 제이미슨은 애니의 시선 앞에서 자기 글의 초라함을 느낀다. 그리고 이렇게 쓴다. "그게 존중이야, 하고 나는 생각했다. 보는 것, 계속해서 보는 것, 필요한 것을 언자마자 시선을 돌리지 않는 것. 존중이란 피사체가 늙어가는 모습을, 점점 더 복잡해지는 모습을, 그리고 우리가 그들을 위해 써준 내러티브를 전복하는 모습을 그저 지켜보는 일이다."[15]

레슬리는 책에서 집요하게 묻는다. 타인을 내 글에 불러들인다는 것은 어떤 의미인가? 어떻게 써야 하는가? 특히 타인과 나 사이의 권력 차이가 명확할 때, 나는 어떤 태도를 취해야 하는가? 정말 이게 다인가?

타인의 이야기를 쓰는 것과 내 이야기를 쓰는 것이 달라 보일 수 있지만 사실은 비슷한 면도 많다. 언제나 진실에 도달하는 데에 실패한다는 점에서 그렇다. 최대한의 진실에 가깝게 쓴 뒤에도, 숨이 턱끝까지 차도록 시도해도, 돌이켜 보면 어딘가에 빈틈이 있다는 것을 알게 된다. 이게 전부가 아닌데…… 내 기억은, 이 사람의 모습은 이게 전부가 아닌데…… 내게는 이러한 균열과 빈틈이 더 진실하게 느껴진다. 그런 의미에서 레슬리 제이미슨이 알코올의존증 경험과 회복의 과정을 담은 자전적 회고록 『리커버링』 이후에 이 책을 쓴 것은 자연스럽다.

3년 전 나도 첫 책을 쓰며 같은 질문을 반복하고 있었다. 그때 나는 심한 우울증을 겪는 여성 30여 명의 이야기를 수집해 글로 쓰고 있었다. 아픈 여자들의 이야기를 들으며 내내 질문했다. 이 이야기를 도대체 어떻게 담아야 할까? 이 이야기는 이 여자의 이야기와 얽힌 다른 인물의 이야기와는 다를 수 있다. 이 여자가 과거 혹은 미래에 하는 이야기와도 다를 수 있다. 이야기를 듣는 나의 해석과도 다를 수 있다. 이 중에 무엇이 더 진실한가? 도무지 답을 내릴 수 없는 이 위험한 질문보다 더 중요한 질문은 이것이었다. 이 이야기는 이 여자에게 왜 필요한가? 이들은 살기 위해 말하고 있었다. 자신을 구출하기 위해 말하고 있었다. 그것은 이들과 같이 우울증을 겪으며 책을 쓰는 나도 마찬가지였다.

　애니의 멕시코 프로젝트가 아름다운 이유는 애니가 찍은 마리아 가족의 모습이 아름답다거나, 애니가 찍은 그들의 모습이 '더' 진실해서가 아니다. 이 프로젝트가 아름다운 것은, 그것이 마리아를 알고자 하는 애니의 끈질긴 갈망을 보여주기 때문이다. 레슬리 제이미슨의 『리커버링』이 아름다운 것은 그것이 알코올의존증에서 자신을 이해하고 살리기 위한 이야기이기 때문이다.

　때때로 우리는 살기 위해서, 스스로를 구출해 내기 위해서 이야기를 필요로 한다. 그러니 타인의 삶 일부를 예술작품으로 만들 때 문제가 되는 것은 타인에 대해 쓰느냐, 마느냐가 아니라 그를 왜 어떻게 쓰느냐다. 당신의 삶을 나의 예술작품으로 만들 때, 작품이 말하는 것은 '당신의 삶'이 아니라 당신의 삶을 특정한 태도로 바라보고 있는 '나'이므로.

Epilogue

　여정의 시작을 생각하면 작은 방이 떠오른다. 장롱 하나, 책상 하나, 이불 위에 누운 내 한 몸으로 가득 찼던 어린 시절 나의 방. 잘 닫히지도 않는 문을 간신히 닫아두고 나는 엎드려 누워 끝없이 읽었다. 커다란 지적 거인을 만날 때마다 놀라고 압도되고 무너지면서 현실 세계보다 내 안의 머릿속 세계에서 더 많은 시간을 보내며 지냈다.

　바깥에는 어린 내가 감당하기에 너무 버거운 현실이 있었고, 나에게는 현실을 바꿀 힘이 전혀 없었다. 책을 읽고 상상하고 이해하는 것은 그런 현실에 대응하는 방식이었다. 그렇게 해서 이해해 버리면 상황을 직접 겪는 사람이 아니라 서술자가 될 수 있으니까. 등장인물이 되는 대신에 작가가 될 수 있으니까.

　이 책은 학술적 야망 없이 쓰였다. 내 주장이 옳다고 증명하고 싶은 마음을 버리고 나서야 그간 써온 원고를 정리하여

묶는 작업을 시작할 수 있었다. 책을 읽는 누군가에게 이전과는 다른 방식으로 생각해 볼 기회를 제공하는 것. 내 작업의 역할이 잘해봐야 딱 그 정도일 뿐이라는 걸 받아들이고 나니 쓰기가 편했다. 나는 자주 틀리고 가끔 맞는다. 가능한 한 정확하게 쓰려고 애썼지만, 이 책에서도 그럴 것이다.

　책을 쓰는 과정은 동그란 원형의 바다를 반복해서 잠수하는 일 같았다. 이번엔 이쪽에서 이다음엔 반대쪽에서. 이번엔 깊게 다음엔 얕게. 힘들면 조금 쉬었다가 호흡을 고른 뒤에 다시 한번. 깊이 잠수하는 것은 무서웠지만 자주 잠수할수록 공포는 옅어져 갔고, 반복하는 과정에서 어둠에 익숙해진 눈으로 장관을 많이 봤다. 엄청나게 아름다웠고 엄청나게 슬펐다.

　이 책은 내가 본 것을 담은 선물이다. 내가 목격한 장관을 독자가 함께 보게 된다면 그만한 기쁨이 없을 듯하다.

　나를 보호하고 돌봐주었던 앎들에 감사 인사를 보내고 싶다. 그리고 이 책을 다리 삼아 더 이상 이해하지 않아도 괜찮은 곳으로 건너가고 싶다. 혀끝에 녹아드는 초콜릿이 그 어떤 사상보다 더 진실한 곳으로. 사랑을 모르는 채로도 사랑받고 사랑해 온 것처럼.

추천의 글

하미나는 앎에 대한 갈망이 커다란 사람이다. 그에게 앎은
아름다움의 다른 표현이다. 그에게 아름다움은 부딪침과 훼손과
부서짐과 텅 빔까지를 통과하고 난 이후의, 진실과 다름이 없다.
그에게 진실은 언제고 출발이다. 하미나는 망설임 없이 출발하고
질문하며 동시에 행한다. 엄청나게 용기 있다. 나는 그의 용기에
서린 두려움이라는 뒷모습을 자주 보아왔다. 그의 눈빛에서. 그의
동선에서. 그와 맞장구를 치며 나누었던 숱한 대화를 통해서.
미나는 그 누구보다 자기 자신에게 가장 진실된 사람이다.
스스로에게 진실되기 위하여 그는 때론 놓아버리고 때론
울어버리고 때론 도망치고, 때론 돌파하고 때론 빠져들고 때론
새로운 세계로 속수무책일 만큼 첨벙 뛰어들어 버린다. 그는 우선
몸을 원하는 곳에 둘 줄 알고 열렬히 스스로를 사랑할 줄 안다.
자괴감과 수치심과 상처와 우울과 비참에 대해 이야기할 때조차

그는 자신의 경험을 폄훼하지 않는다. 그가 항상 사랑스럽고 미덥고 강건한 이유일 것이다.

    하나를 배울 때마다 그걸 열심히도 나눠왔던 하미나가 새롭게 선보이는 『나를 갈라 나를 꺼내기』는 여성만이 쓸 수 있는 글쓰기다. 여성이 써야만 하는 글쓰기다. 공포 속에서 태어나는 아기와 그 아기를 받아 소중히 안아주는 산파의 경험을 동시에 한 몸으로 풀어내는 이야기다. 그가 건네는 이 앎을 횡단하며 우리는 각자의 위치에서 자신의 앎을 재편할 욕망과 용기를 얻게 되리라. 너무 오래 오염돼 있거나 왜곡돼 왔거나 무지의 그늘 아래 감추어 두었던 베일들을 비로소 벗길 용기. 『나를 갈라 나를 꺼내기』는 과학의 시선으로 이 세계를 톺아보는 것에 페미니즘이 교차되길 바랐던 이들에게, 거기에 자전적 이야기가 겹쳐져 우리 삶에 더 밀착되는 한 권 책을 갈망해 온 이들에게, 과학이 종내에는 문학이 되어가는 아름다움을 갈망해 온 이들에게 더할 나위 없는 해갈을 선물할 것이다.

—김소연·시인

에세이가 얼마나 지적인 장르인지, 그리고 얼마나 경계를 넘나들 수 있는 잠재력이 있는 글인지 잠시 잊고 있었다. 페미니스트로 살면서 가장 기쁜 순간은 여성이 권력을 잡을 때가 아니라 알고자 하는 열망을 가진 다른 페미니스트를 알게 될 때였다. 알고자 하는 것 외에 바라는 것이 없는 사람들이 만들어 낸 질문의 길을 따라갈 때보다 더 많이 배울 때가 없다. 이런 질문을 하면 이런 앎이 펼쳐지는구나. 끄덕거리면서 통과해 낸 질의응답의 여정을 그냥 읽기만 해도 되다니, 이런 호사가 있나. 내내 그런 마음으로 읽었다.

이 책을 나는 세 가지 차원에서 보았다. 이 책은 이후에 관한 책이다. 2016년 강남역 살인사건 이후, 광장 이후, 작가가 된 이후, 삶은 어디로 나아가는지에 관한. 이 책은 또한 질문의 책이다. 이렇게 많은 질문을 담고 있는 책을 이전까지 본 적이 없다. 사람들은 답을 찾아내기 위해 책을 읽는다. 하지만 정말 중요한 것은 질문이다. 예컨대 하미나는 세계의 비참 앞에서 이렇게 질문을 바꾼다. 인간이란 무엇인가에서 인간은 무엇이 되고자 하는가로. 마지막으로 이 책은 앎에 관한 책이다. 알고자 하는 마음보다 알게 된 지식을 통해서 무엇이 되고자 하는 마음이 더 큰 이들의 글은 확신에 차 있다. 나는 그만큼 알지 못하므로, 그만한 확신을 가지지는 못하므로, '뭐 되는' 사람들이 쓴 그런 글을 읽고 난 다음에는 언제나 나 자신의 무지로 돌아왔다. 이 책은 다르다. 하미나는 그동안 자신을 만들어 온 지식, 관계, 경험, 느낌을 총동원해서 세계와 닿기 위한 노력을 계속해 나간다. 안다는 것은 절실하게 사랑하고자 하는 마음이기 때문이다.

작가는 2016년 강남역 살인사건 이후 더 이상 스도쿠 같은 공부는 하지 않기로 마음먹었다고 한다. 작가의 말대로 앎과 삶은 원래 분리될 수 없었다. 질문의 연쇄를 따라가다 보면 이렇게 중얼거리게 된다. 두려워해야 할 것은 길을 잃는 것이 아니라 질문하는 법을 잃어버리는 것이라고.

—권김현영·여성학자, 『여자들의 사회』 저자

주

Part 1

1 칼 세이건 외, 김명남 옮김, 『지구의 속삭임』, 사이언스북스, 2016, 61쪽.
2 한강, 「빛과 실」(노벨상 수상 기념 강연), 2024, 8쪽. https://www.nobelprize.org/uploads/2024/12/han-lecture-korean.pdf.
3 모리스 크라프트, 영화 「화산만큼 사랑해 Fire of Love」(2022)에서 인용.
4 레이철 카슨, 『바다의 가장자리』, 김홍옥 옮김, 에코리브르, 2018, 첫 문장부터 차례로 156, 159, 164쪽.
5 디지털영월문화대전 '예미산' 페이지 참조, https://www.grandculture.net/yeongwol/toc/GC08300141.
6 "Dark matter is not a mere gap in our understanding—it is the colossal contour of our ignorance." Maria Popova, *The Universe in Verse* (Storey, 2024), 31.
7 론다 L. 시빈저, 조성숙 옮김, 『두뇌는 평등하다』, 서해문집, 2007, 5장 「과학 표현을 둘러싼 논쟁」.
8 Francis Bacon, *De Dignitate et Augmentis Scientiarum*, in *The Works of Francis Bacon*, ed. James Spedding, Robert Leslie Ellis, and Douglas Devon Heath, vol. 14 (London: Longmans, Green, 1870), 298.
9 Francis Bacon, ibid., 294.
10 캐럴린 머천트, 전규찬·이윤숙·전우경 옮김, 『자연의 죽음』, 미토, 2005, 262쪽.
11 프리모 레비, 이현경 옮김, 『주기율표』, 돌베개, 2007, 114~115쪽.
12 바버라 G. 워커, 여성상징번역모임 옮김, 『여성 상징 사전 2: 신적인 존재와 의례』, 돌고래, 2024, 362쪽.
13 이 글은 하미나, 「다중의 서술자」(채널예스, 2025년 4월 23일 자) 일부를 개고해 실은 것이다.
14 이 시는 2024 광주비엔날레 독일관 오픈스테이지 시 낭독 퍼포먼스를 위해 특별 제작된 시집 『메아리 조각: 소리 풍경 사이에서』에 실린 하미나, 「글쓰기 수업」의 일부를 발췌해 실은 것이다. 하미나 외, 『메아리 조각: 소리 풍경 사이에서』, 2024, 41~43쪽.
15 이 글은 레슬리 제이미슨, 송섬별 옮김, 『비명 지르게 하라, 불타오르게 하라』, 반비, 2023의 영감을 받아 쓰였음을 밝힌다. 인용문의 출처는 다음과 같다. 62쪽 "워싱턴 D.C.에서 태어나 로스앤젤레스에서 성장기를 보냈다. (…)," 레슬리 제이미슨, 위의 책, 앞날개; 63쪽 "나는 글을 쓰면서 다른 이들이라면 조롱거리로 치부할 법한 (…)," 같은 책([ ]는 인용자가 수정함), 54쪽; 64~65쪽 "나는 밀 농사를 지으며 올여름을 보낼 거고 (…)," 같은 책, 151쪽; 66~67쪽 "할 수만 있다면 아예 글을 쓰지 않고 싶다.

(…)," 같은 책, 154쪽; 67~68쪽 "아름답고자 하는 의도가 없었으나 (…)", 같은 책, 166쪽.

Part 2

1 Thomas S. Szasz (1997), *The Manufacture of Madness: A Comparative Study of the Inquisition and the Mental Health Movement*, Syracuse University Press, p. 83.
2 Thomas S. Szasz, ibid., p. 83.
3 Norman Cohn, *Europe's Inner Demons: An Enquiry Inspired by the Great Witch-Hunt* (London: Sussex University Press, 1975), chaps. 3 and 11; Thomas S. Szasz, ibid., p. 96.
4 Kizito Makoye, "Over 100 Tanzanians Killed for Witchcraft Since January," *Anadolu Agency*, July 31, 2017, updated August 2, 2017, https://www.aa.com.tr/en/africa/over-100-tanzanians-killed-for-witchcraft-since-january/873429.
5 "The Nicaraguan Woman Thrown into Fire during Exorcism, Dies," *AP News*, https://apnews.com/general-news-172ca1b6a3e34400bc773656eef580c3.
6 "72 Years Old Woman Beaten on Charge of Practicing Witchcraft," *myRepublica* (Kathmandu, Nepal), November 19, 2025, https://myrepublica.nagariknetwork.com/news/72-years-old-woman-beaten-on-charge-of-practicing-witchcraft.
7 "Woman Fed Feces on Charge of Practicing Witchcraft," *myRepublica* (Kathmandu, Nepal), August 18, 2019, https://myrepublica.nagariknetwork.com/news/woman-fed-feces-on-charge-of-practicing-witchcraft.
8 Jeff Abbott, "Outrage as Guatemalan Maya Spiritual Guide Is Tortured and Burned Alive," *Guardian*, June 10, 2020, https://www.theguardian.com/world/2020/jun/10/guatemalan-maya-spiritual-guide-tortured-burned-alive.
9 "Witchcraft Accusations in Ghana Could Be Banned by New Law," *Reuters*, July 28, 2023, https://www.reuters.com/world/africa/witchcraft-accusations-ghana-could-be-banned-by-new-law-2023-07-28/.
10 Binod Subedi, "Woman Beaten on Charges of Witchcraft," *myRepublica*, October 29, 2021, https://myrepublica.nagariknetwork.com/news/woman-beaten-on-charges-of-witchcraft.
11 Patrick Obia, "VIDEO: The Moment Late Madam Iquo Edet Accused of Witchcraft Was Laid to Rest," *CrossRiverWatch*, January 17, 2024, https://crossriverwatch.com/2024/01/video-the-moment-late-madam-iquo-edet-accused-of-witchcraft-was-laid-to-rest/.
12 Hemanta Pradhan, "Witch-hunting in Odisha Persists Despite Anti-Witchcraft

Laws," *Times of India*, October 25, 2023, https://timesofindia.indiatimes.com/city/bhubaneswar/witch-hunting-in-odisha-persists-despite-anti-witchcraft-laws/articleshow/104695406.cms.

13 Biswa Kalyan Purkayastha, "Assam Woman Burnt to Death over Witchcraft Suspicion: Police," *Hindustan Times*, December 26, 2023, https://www.hindustantimes.com/india-news/assam-woman-burnt-to-death-over-witchcraft-suspicion-police-101703532104768.html.

14 "Two Arrested after Woman, 65, Killed over Claims of Witchcraft in Kilifi," *The Star*, March 21, 2024, https://www.the-star.co.ke/news/2024-03-21-two-arrested-after-woman-65-killed-over-claims-of-witchcraft-in-kilifi.

15 Press Trust of India, "2 Couples, Woman Killed on Suspicion of Practising Witchcraft in Chhattisgarh: Police," *NDTV*, September 15, 2024, https://www.ndtv.com/india-news/2-couples-woman-killed-on-suspicion-of-practising-witchcraft-in-chhattisgarh-police-6571495.

16 "Bauchi Police Confirm Gruesome Killing of 70-Year-Old Grandmother over Alleged Witchcraft," *Nigerian Tribune*, March 11, 2025, https://tribuneonlineng.com/bauchi-police-confirm-gruesome-killing-of-70-year-old-grandmother-over-alleged-witchcraft/.

17 "5 Arrested for Killing 2 Women over Witchcraft," *Times of India*, May 20, 2025, https://timesofindia.indiatimes.com/city/ranchi/5-arrested-for-killing-2-women-over-witchcraft/articleshow/121299354.cms.

18 United Nations in Papua New Guinea, "Take Action to End Sorcery Accusation Related Violence," July 10, 2025, https://papuanewguinea.un.org/en/297748-take-action-end-sorcery-accusation-related-violence.

19 주디스 허먼, 최현정 옮김, 『트라우마: 가정폭력에서 정치적 테러까지』, 열린책들, 2012, 32쪽.

20 이은기, 『중세의 침묵을 깬 여성들』, 사회평론아카데미, 2022, 79쪽.

21 이은기, 위의 책, 183쪽.

22 이은기, 위의 책, 320쪽.

23 Thomas Laqueur, *Making Sex: Body and Gender from the Greeks to Freud* (Cambridge, MA: Harvard University Press, 1992), 26.

24 Andreas Vesalius, *Anatomicarum Gabrielis Falloppii Observationum Examen* (Venice: Francesco de' Franceschi da Siena, 1564), 143.

25 Jean-Jacques Rousseau, *Émile, or On Education*, Book V (1762), quoted in: "Where sex is concerned, woman and man are both complementary and different. . . . One should be strong and active, the other weak and passive; one must necessarily have both the power and the will; it is sufficient for the other to offer little resistance. 'Sophie should be as truly a woman as Emile is a man. . . . She must possess all those characteristics of

her species and her sex required to allow her to play her part in the physical and moral order.'"

26 Londa L. Schiebinger, *Nature's Body: Gender in the Making of Modern Science* (New Brunswick, NJ: Rutgers University Press, 2004).

27 론다 L. 시빈저, 『두뇌는 평등하다』, 7장 「피부 한 꺼풀 차이? 성차를 과학으로 탐구하다」; 8장 「상보성 이론의 승리」.

28 론다 L. 시빈저, 위의 책. 288쪽.

29 Jerry Bergman, "The Failed Attempt to Prove Jewish Inferiority by a Skeleton Collection," *Answers Research Journal* 13 (2020): 331-37, https://answersresearchjournal.org/jewish-inferiority-skeleton-collection/.

30 천관율, 「20대 남자, 그들은 누구인가」, 『시사IN』 604호(2019년 4월).

31 Carroll Seron, et al., "'I Am Not a Feminist, but…': Hegemony of a Meritocratic Ideology and the Limits of Critique among Women in Engineering," *Work and Occupations* 45, no. 2 (2018): 131-67.

32 Carroll Seron, et al., ibid., p. 147.

33 https://genderedinnovations.stanford.edu/.

34 OECD, "Gender wage gap", https://www.oecd.org/en/data/indicators/gender-wage-gap.html.

35 Anna Stansbury, Jacob Funk Kirkegaard, and Karen Dynan, "Gender Gaps in South Korea's Labour Market: Children Explain Most of the Gender Employment Gap, but Little of the Gender Wage Gap," *Applied Economics Letters* 31, no. 17 (2024): 1726-31.

36 Jorgen Harris, "Do Wages Fall When Women Enter an Occupation?" *Labour Economics* 74 (2022): 102.

37 Jean Donnison, *Midwives and Medical Men: A History of the Struggle for the Control of Childbirth* (London: Routledge, 2023; originally published 1977).

38 Jean Donnison, ibid..

39 "Why Male Midwives Concealed the Obstetric Forceps," *JSTOR Daily*, September 12, 2018, https://daily.jstor.org/why-male-midwives-concealed-the-obstetric-forceps/.

40 Jean Donnison, ibid..

41 Lillian Climo, "A Note from the Collections: Midwives and Healers in the European Witch Trials," International Museum of Surgical Science Blog, December 18, 2019, https://imss.org/2019/12/a-note-from-the-collections-midwives-and-healers-in-the-european-witch-trials/.

42 바버라 에런라이크·디어드러 잉글리시, 김서은 옮김, 『우리는 원래 간호사가 아닌 마녀였다』, 라까니언, 2023.

43 Lillian Climo, ibid..

44 실비아 페데리치, 황성원·김민철 옮김, 『캘리번과 마녀』, 갈무리, 2011.

45 바버라 에런라이크·디어드러 잉글리시, 위의 책, 「옮긴이의 말」.

46 이꽃메, 「일제강점기 산파 정종명의 삶과 대중운동」, 『의사학』 제21권 제3호, 2012, 551-591.

47 박윤재, 「해방 후 한국 조산제도의 성립과 변화: 원로 조산사들의 구술을 중심으로」, 『연세의사학』 제11권 제2호, 2008, 34-48.

48 신규환, 「특집논문 1: 20세기 전후 동아시아 조산제도의 성립과 발전」, 『연세의사학』 제11권 제2호, 2008, 7-33.

49 이임하, 「출산에서의 여성 전문직 조산사의 기능과 쇠퇴에 관한 연구」, 『구술사연구』 제6권 1호, 2015, 121-161.

50 최승아·신규환, 「가정에서 병원으로: 1960-80년대 조산원의 쇠퇴와 병원 분만의 증가」, 『의료사회사연구』 제14집, 2024, 79-109.

51 조영미, 「출산의 의료화와 여성의 재생산권」, 『한국여성학』 제20권 제3호, 2004, 67-97.

52 이임하, 위의 글.

53 안태규·황종윤, 「분만 수가 인상만으로 분만 인프라 붕괴를 막을 수 있을까?」, *Journal of the Korean Society of Maternal and Child Health* 27(2), 2023, 51-59.

54 이공계 내 성차별 아카이빙 프로젝트 페이스북 페이지 https://www.facebook.com/STEMGenderEquality; 아카이빙의 전체 내용은 다음 웹페이지에서 확인할 수 있다. https://docs.google.com/spreadsheets/d/1WytO7SRTU27VImN1GWynKdFwchsUT6S4zve0uyTw3OY/edit?fbclid=IwY2xjawKGu5JleHRuA2FlbQIxMABicmlkETFqNXEyTjFpVE9KU25PY09mAR4qlvjVT0wpoJ_zJaKbpvjLnWACdYbhm46B0R4JODubEctJQC14heMovxIx3A_aem_1lSvzS5zN3GMxBY3-2ccuw&gid=986421872#gid=986421872.

55 한국여성과학기술인육성재단WISET, 여성과학기술인력 통계 https://www.wiset.or.kr/kor/sub02_02.do;jsessionid=D96FB94DD18ED96AF36D70EFB63702DB.

56 Nathan Ensmenger, "Beards, Sandals, and Other Signs of Rugged Individualism": Masculine Culture within the Computing Professions," *Osiris* 30, no. 1 (2015): 38-65.

57 NIST, "Ada Lovelace: The World's First Computer Programmer Who Predicted Artificial Intelligence," NIST Blogs, https://www.nist.gov/blogs/taking-measure/ada-lovelace-worlds-first-computer-programmer-who-predicted-artificial#:~:text=%E2%80%9C,%E2%80%9D; Max-Planck-Gesellschaft, "Ada Lovelace and the First Computer Programme in the World," Max-Planck-Gesellschaft, https://www.mpg.de/female-pioneers-of-science/Ada-Lovelace.

58 Allison Marsh, "The Hidden Figures Behind Bletchley Park's Code-Breaking Colossus," *IEEE Spectrum*, December 31, 2019, https://spectrum.ieee.org/the-hidden-figures-

behind-bletchley-parks-codebreaking-colossus.

59 "NASA's Hidden Figures Helped the Agency Make History," *APPEL* (NASA), December 21, 2016, https://appel.nasa.gov/2016/12/21/nasas-hidden-figures-helped-the-agency-make-history/.

60 "The Women Behind ENIAC," *IEEE Spectrum*, November 21, 2022, https://spectrum.ieee.org/the-women-behind-eniac.

61 "On ENIAC's Anniversary, a Nod to Its Female 'Computers'," *Penn Today*, February 14, 2019, https://penntoday.upenn.edu/news/eniacs-anniversary-nod-its-female-computers.

62 Nathan Ensmenger, "Making Programming Masculine," in *Gender Codes: Why Women Are Leaving Computing* (Hoboken, NJ: Wiley, 2010), 115-141.

63 "Women in Tech and the History Behind That Controversial Google Diversity Memo," *Time*, August 8, 2017, https://time.com/4892094/google-diversity-history-memo/.

64 "The Hidden True Story Behind the Gender Gap in Tech," *Project F*, https://www.projectf.com.au/the-f-word-blog/the-hidden-true-story-behind-the-gender-gap-in-tech.

65 Mar Hicks, *Programmed Inequality: How Britain Discarded Women Technologists and Lost Its Edge in Computing* (Cambridge, MA: MIT Press, 2017).

66 "When Women Stopped Coding," *NPR*, October 21, 2014, https://www.npr.org/sections/money/2014/10/21/357629765/when-women-stopped-coding.

67 S. Brand, "Spacewar: Fanatic Life and Symbolic Death among the Computer Bums," *Rolling Stone*, no. 123 (December 7, 1972): 46-50, https://archive.org/details/19721207rollingstoneexcerptspacewararticlev02/mode/2up.

68 Ed Post, "Real Programmers Don't Use Pascal," *Datamation* (1983), https://web.archive.org/web/20120206010243/http://www.ee.ryerson.ca/~elf/hack/realmen.html.

69 Nathan Ensmenger, ibid..

70 "Female Nobel Prize Winner Deemed Not Important Enough for Wikipedia Entry," *Guardian*, October 3, 2018, https://www.theguardian.com/science/2018/oct/03/donna-strickland-nobel-physics-prize-wikipedia-denied.

71 Neil Thompson and Douglas Hanley, "Science Is Shaped by Wikipedia: Evidence from a Randomized Control Trial" (*MIT Sloan Research Paper* No. 5238-17, February 13, 2018).

72 「숙제할 때 찾는 위키백과 서로 못 믿어서 내용이 정확해졌다?」, 『과학동아』, 2019년 2월호.

73 Jinhyuk Yun, Sang Hoon Lee, and Hawoong Jeong, "Early Onset of Structural Inequality in the Formation of Collaborative Knowledge in All Wikimedia Projects,"

Nature Human Behaviour 3 (2019): 155-163.
74 Victoria Gill, "Ancient Roman Writings Revealed," *BBC Inside Science*, February 8, 2024, https://www.bbc.co.uk/sounds/play/m001w12r.
75 National Institutes of Health (NIH), History of Women's Participation in Clinical Research, April 24, 2024 version, https://orwh.od.nih.gov/toolkit/recruitment/history.
76 Londa L. Schiebinger, "Women's Health and Clinical Trials," *Journal of Clinical Investigation* 112, no. 7 (2003): 973-977.
77 Karin A. Liu and Natalie A. Mager, "Women's Involvement in Clinical Trials: Historical Perspective and Future Implications," *Pharmacy Practice* (Granada) 14, no. 1 (January-March 2016): 708.
78 Ian Hacking, *Rewriting the Soul: Multiple Personality and the Sciences of Memory* (Princeton, NJ: Princeton University Press, 1998), 70.
79 C. Mims, "Strange but True: Testosterone Alone Does Not Cause Violence," *Scientific American*, July 5, 2007, https://www.scientificamerican.com/article/strange-but-true-testosterone-alone-doesnt-cause-violence/.
80 이 글을 쓰기 위해 탐폰이 월경통을 증가시키는 이유, 월경컵을 쓰면 월경 주기가 짧아지는 이유를 찾아보았으나 폭넓게 받아들여지는 신뢰할 만한 과학적 연구는 찾기 어려웠다.
81 Ximena Arce, Isabel Monteiro, and Luis Bahamondes, "Ovarian Cysts in Users of Implanon® and Jadelle® Subdermal Contraceptive Implants," *Contraception* 73, no. 5 (2006): 532-536.
82 양예빈, 「'일단 얼려두세요'… 서울시 '난자 동결 비용' 전국 최초 지원」, KBS 뉴스, 2023년 8월 24일 자.
83 「냉동 난자 생존율 95% 시대 20대 '신선한' 난자 얼리시겠습니까?」, 『과학동아』 2019년 3월호.
84 Ji-Ryang Lee, Doo-Byoung Lee, Seul-Ki Park, Eun-Cheol Paik, Seok-Kyo Kim, Byung-Chul Jee, Cheong-Su Suh, and Seok-Ho Kim, "Successful In Vitro Fertilization and Embryo Transfer after Transplantation of Cryopreserved Ovarian Tissue: Report of the First Korean Case," *Journal of Korean Medical Science* 33, no. 21 (April 2018): e156.
85 Mats Brännström et al., "Livebirth after Uterus Transplantation," *Lancet* 385, no. 9968 (February 14, 2015): 607-616.
86 Leif Johannesson and Stefan Järvholm, "Uterus Transplantation: Current Progress and Future Prospects," *International Journal of Women's Health* 8 (February 5, 2016): 43-51.
87 칼 세이건·앤 드리앤, 김동광 옮김, 『잊혀진 조상의 그림자』, 사이언스북스, 2008,

260쪽.

88 John Maynard Smith, *The Evolution of Sex*, vol. 4 (Cambridge: Cambridge University Press, 1978).

89 W. D. Hamilton, R. Axelrod, and R. Tanese, "Sexual Reproduction as an Adaptation to Resist Parasites (A Review)," *Proceedings of the National Academy of Sciences of the United States of America* 87, no. 9 (May 1990): 3566-3573.

90 G. A. Parker, R. R. Baker, and V. G. F. Smith, "The Origin and Evolution of Gamete Dimorphism and the Male-Female Phenomenon," *Journal of Theoretical Biology* 36 (1972): 529-553; J. Lehtonen, "The Legacy of Parker, Baker and Smith 1972: Gamete Competition, the Evolution of Anisogamy, and Model Robustness," *Cells* 10, no. 3 (March 5, 2021): 573.

91 S. S. Renner and R. E. Ricklefs, "Dioecy and Its Correlates in the Flowering Plants," *American Journal of Botany* 82, no. 5 (1995): 596-606.

92 "How an Asexual Lizard Procreates Alone," *National Geographic Education*, https://education.nationalgeographic.org/resource/how-asexual-lizard-procreates-alone/.

93 "Extensive Homosexuality Is Found Among Seagulls Off Coast of," *New York Times*, November 23, 1977, https://www.nytimes.com/1977/11/23/archives/extensive-homosexuality-is-found-among-seagulls-off-coast-of.html.

94 K. R. Hanson, N. Döring, and R. Walter, "Sex Doll Specifications versus Human Body Characteristics," *Archives of Sexual Behavior* 53 (2024): 2025-2033.

95 '리얼돌' 홈페이지 https://www.realdoll.com/ 참조.

96 L. Peschka and M. Raab, "A Thing like a Human? A Mixed-Methods Study on Sex Doll Usage," *International Journal of Sexual Health* 34, no. 4 (October 6, 2022): 728-746.

97 K. R. Hanson, N. Döring, and R. Walter, ibid..

98 백가을, 「"'리얼돌'을 둘러싼 헛소리들이 싫다"」, 오마이뉴스, 2022년 9월 1일 자.

99 이 글은 카트리네 마르살, 김하현 옮김, 『지구를 구할 여자들』, 부키, 2022에 실린 「해제: 여성의 눈으로 기술과 발명의 역사를 본다는 것은」을 개고해 실은 것이다. 인용문의 쪽수는 본문에 괄호로 표기했다.

100 "The Origin of the Monkey Memorial Service (Aozora Speech Relay)," Primate Research Institute Kyoto University, October 15, 2009, http://pri.ehub.kyoto-u.ac.jp/press/20091020/index.html.

101 S. J. Suomi, "Early Determinants of Behaviour: Evidence from Primate Studies," *British Medical Bulletin* 53, no. 1 (January 1997): 170-184; S. J. Suomi, "Attachment in Rhesus Monkeys," in *Handbook of Attachment: Theory, Research, and Clinical Applications*, ed. J. Cassidy and P. R. Shaver (New York: The Guilford Press, 1999), 181-197.

102 Dario Maestripieri, "Maternal Influences on Primate Social Development," *Behavioral Ecology and Sociobiology* 72 (2018): Article 130.
103 James Chism, "Allocare Patterns among Cercopithecines," *Folia Primatologica* 71, no. 1-2 (2000): 55-66.
104 주디스 리치 해리스, 최수근 옮김, 『양육 가설: 부모가 자녀의 성장에 미치는 영향에 대한 탐구』, 이김, 2017, 548~549쪽.

Part 3

1 로맹 가리, 김남주 옮김, 『새들은 페루에 가서 죽다』, 문학동네, 2007, 177~182쪽.
2 오명언, 「세계 휩쓴 '오징어 게임' 새 역사를 쓰다… 최초 기록 행진」, 연합뉴스, 2022년 9월 13일 자.
3 박경리, 『버리고 갈 것만 남아서 참 홀가분하다』, 다산책방, 2024, 92쪽.
4 허버트 스펜서는 1864년 출간한 『생물학의 원리Principles of Biology』 제1권에서 다음과 같이 쓴다. "내가 여기서 기계적 용어로 표현하고자 한 '적자생존'은 다윈 씨가 '자연선택, 또는 생존 경쟁에서 선호되는 종족의 보존'이라고 부른 것입니다." Herbert Spencer, *Principles of Biology*, vol. 1 (London: Williams and Norgate, 1864-1867), 531, https://www.gutenberg.org/files/54612/54612-h/54612-h.htm.
5 브라이언 헤어·버네사 우즈, 이민아 옮김, 『다정한 것이 살아남는다』, 디플롯, 2021, 6쪽.
6 케이트 쇼팽, 이진 옮김, 『각성』, 월북, 2023, 42쪽.
7 케이트 쇼팽, 위의 책, 43쪽.
8 Audre Lorde, "The Uses of the Erotic: The Erotic as Power," in *Sister Outsider: Essays and Speeches* (Freedom, CA: Crossing Press, 1984), 53-59.
9 케이트 쇼팽, 위의 책, 136쪽.
10 수전 손택, 배정희 옮김, 『앨리스, 깨어나지 않는 영혼』, 이후, 2007, 11~12쪽.
11 이 글은 하미나, 「트렁크 여자 혹은 미친년 글쓰기」, 『자음과모음』, 2024년 가을(62호) 글을 일부 개고해 실은 것이다.
12 김언희, 『트렁크』, 문학동네, 2020, 13쪽.
13 김민지, 「내 시는 억눌러온 여성들이 터뜨린 분화구」, 『경남도민일보』, 2021년 3월 4일 자.
14 이하나, 「지난해 친밀한 남성이 죽인 여성 최소 138명… 공식 통계도 없다」, 『여성신문』, 2024년 3월 8일 자.
15 한지혜, 「""성노예로 쓰고 죽여야겠어" 쯔양 전남친 악행 폭로 '충격'」, 『중앙일보』, 2024년 8월 1일 자.
16 조지영, 「"살려주세요" 쯔양 절규→"여론 선동" 가세연… 성폭행 녹취록까지 까발려진

지옥 같은 현실」, 『스포츠조선』, 2024년 8월 2일 자; 김가연, 「쯔양 "전남친이 4년간 폭행·협박, 40억 뜯겨… 술집서 일 시키기도"」, 『조선일보』, 2024년 7월 11일 자; 김기성, 「"쯔양 공갈' 카라큘라 구속… 공갈 혐의 변호사 영장은 기각」, 『한겨레』, 2024년 8월 2일 자.

17 김상훈, 「결별 통보 여친에 사생활 폭로방송 예고… BJ 징역형 집행유예 확정」, MBC 뉴스, 2024년 7월 31일 자.

18 강소영, 「"BJ 모녀 죽게 한 '사이버렉카'도 수익 정지해야"… 유튜버 입장 보니」, 이데일리, 2024년 7월 18일 자.

19 오세운, 「강남 한복판서 20대 여성 BJ 납치사건… 40대 남성 구속」, 『한국일보』, 2024년 4월 21일 자.

20 조유현, 「"머리카락 잘리고 나체로 감금" 여성 BJ 사건, 자작극 아닌 '남편이 범인'」, 파이낸셜뉴스, 2023년 9월 1일 자.

21 소봄이, 「캄보디아 변사체' 여성 BJ "한국 돌아가면…" SNS 남긴 글 안타까움」, 뉴스1, 2023년 6월 12일 자.

22 방제일, 「도 넘은 성 비하·욕설 난무… BJ 죽음으로 내몬 '엑셀 방송' 질타」, 아시아경제, 2023년 6월 20일 자.

23 소봄이, 「"주변 강요로 음란물 촬영 가능성"… '한선월' 사망 소식에 누리꾼 시끌」, 뉴스1, 2024년 6월 26일 자.

24 Research and Markets, South Korea Plastic Surgery Market Report and Forecast 2024-2032 (2023), https://www.researchandmarkets.com/report/south-korea-plastic-surgery-market/.

25 이 글은 하미나, 「트렁크 여자 혹은 미친년 글쓰기」를 일부 개고해 실은 것이다.

Part 4

1 이 강연문은 2022년 8월 창작그룹 팀 W/O F.(우프)가 기획하고 진행한 온·오프라인 행사 'Trash Can! 나의 힘은 쓰레기통이다'의 프로그램 중 하나였던 하미나, '나를 갈라 나를 꺼내기: 섹슈얼리티 글쓰기와 성폭력 피해자의 욕망' 강연에서 처음 낭독되었다. 강연 이후 W/O F.에서 펴낸 책『Without frame! Vol. 2: Trash Can 나의 힘은 쓰레기통이다』에 개고된 글이 실렸고, 이 글은 책에 수록된 글을 다시 고쳐 실은 것이다. W/O F.는 사진, 글, 퍼포먼스, 디자인 등 다양한 매체를 기반으로 활동하는 곽예인, 김보람, 성재윤, 홍지영, 황선미, 황아림 등 6인이 모여 만든 창작 그룹이다. https://withoutframe.cargo.site/.

2 엘렌 식수, 신해경 옮김, 『글쓰기 사다리의 세 칸』, 밤의책, 2022, 18쪽.

3 엘렌 식수, 위의 책, 24~25쪽.

4 엘렌 식수, 박혜영 옮김, 『메두사의 웃음/출구』, 동문선, 2004, 13쪽.

5 아다니아 시블리,「아무렇지도 않은 공」(제2회 아시아문학페스티벌 발제문), 2018.
6 Noa Ronkin, "On the Centennial of the March First Independence Movement of Korea," Asia-Pacific Research Center, Stanford University, May 13, 2019, https://fsi.stanford.edu/news/centennial-march-first-independence-movement-korea.
7 "In Ukraine, Short-Range Drones Become Most Dangerous Weapon for Civilians, UN Human Rights Monitors Say," United Nations Human Rights Monitoring Mission in Ukraine (HRMMU), February 11, 2025, https://ukraine.ohchr.org/en/In-Ukraine-Short-Range-Drones-Become-Most-Dangerous-Weapon-for-Civilians-UN-Human-Rights-Monitors-Say.
8 Bruno Latour, "Why Has Critique Run out of Steam? From Matters of Fact to Matters of Concern," *Critical Inquiry* 30, no. 2 (2004): 225-48.
9 María Puig de la Bellacasa, "Matters of Care in Technoscience: Assembling Neglected Things," *Social Studies of Science* 41, no. 1 (2011): 85-106.
10 카를로 로벨리, 이중원 옮김,『시간은 흐르지 않는다』, 쌤앤파커스, 2019, 106쪽.
11 프리드리히 니체, 안성찬·홍사현 옮김,『즐거운 학문·메시나에서의 전원시·유고』, 책세상, 2005, 251쪽.
12 David Whyte, *Consolations: The Solace, Nourishment and Underlying Meaning of Everyday Words* (Langley, WA: Many Rivers Press, 2015), 170-71.
13 이 시는『메아리 조각: 소리 풍경 사이에서』에 실린 하미나,「Word Salad no. 1: 한 방울의 내가」의 일부를 발췌해 실은 것이다. 하미나 외,『메아리 조각: 소리 풍경 사이에서』, 2024, 47~48쪽.
14 레슬리 제이미슨,『비명 지르게 하라, 불타오르게 하라』, 177~215쪽.
15 레슬리 제이미슨, 위의 책, 206쪽.

찾아보기

ㄱ

가르시아 마르케스, 가브리엘García Márquez, Gabriel 113
가리, 로맹Gary, Romain 292
『각성The Awakening』 307~310, 313
갈레노스Galenos 117~118, 120
갈릴레이, 갈릴레오 Galilei, Galileo 18
『거울 나라의 앨리스Through the Looking-Glass and What Alice Found There』 251
「곡성」 97
「골 때리는 그녀들」 196
골드스타인, 허먼Goldstein, Herman 185
골상학 123~125, 127~128
『공생자 행성The Symbiote Planet』 304
과학혁명 33~34
『과학혁명의 구조The Structure of Scientific Revolutions』 56
구마의식(엑소시즘exorcism) 89, 97~98
귀위크칸Güyük Khan 44
「그녀Her」 260
그리엔, 한스 발둥Grien, Hans Baldung 81
「기숙사 대소동Revenge of the Nerd」 190
기후위기 274~275, 376
김언희 314~315
김혜순 355~356, 359, 372
「꿈의 문Darvazeye Royaha」 363

ㄴ

나보코프, 블라디미르Nabokov, Vladimir 113
나르시시즘narcissism 262, 264

난임 치료 240, 242, 245; 난소 냉동 243; 난자 냉동 240~243; 자궁 이식 243~244
『날개환상통』 372
「남녀 정신의 진정한 차이에 대하여On the Real Differences in the Minds of Men and Women」 124
『내 슬픈 창녀들의 추억Souvenirs de mes putains tristes』 113
『네이처 인간행동Nature Human Behaviour』 198
네크로필리아necrophilia(시체애호증) 262, 264
노예제도 51, 124, 126; 노예노동자 50; 노예무역 49
뉘른베르크 의사 재판United States of America vs. Karl Brandt, et al. 230; 뉘른베르크 강령Nürnberger Kodex 230~231
뉴턴, 아이작Newton, Isaac 35
니덤, 조지프Needham, Joseph 114
니체, 프리드리히Nietzsche, Friedrich 389
니헬, 엘리자베스Nihell, Elizabeth 150, 152~153

ㄷ

다윈, 찰스Darwin, Charles 300~301, 310
『다정한 것이 살아남는다Survival of the Friendliest』 301
「다큐멘터리 국가대표」 196
『데이터메이션Datamation』 190

데카르트, 르네Descartes, René 35, 112
돌봄물matter of care 380
두 배의 손실two-fold costs of sex 249
드리앤, 앤Druyan, Ann 15, 248
디아스포라 51, 362
디킨슨, 에밀리Dickinson, Emily 7

ㄹ

라큐어, 토머스W. Laqueur, Thomas W. 116
라투르, 브뤼노 Latour, Bruno 379~380
「랑종」 95, 101
러가토, 메리앤 J. Legato, Marianne J. 233
러브레이스, 에이다Lovelace, Ada 182~184
레비, 프리모Levi, Primo 45
레슈니처, 아돌프Leschnitzer, Adolf 82
로드, 오드리Lord, Audrey 308
로벨리, 카를로Rovelli, Carlo 382
『롤리타*Lolita*』 113
롬버그, 존 Lomberg, Jon 15
루빈, 베라Rubin, Vera 200
루소, 장자크Rousseau, Jean-Jacques 121~122
리, 존Lee, John 295
『리커버링*Recovering*』 398~399

ㅁ

마굴리스, 린Margulis, Lynn 302~304
마녀사냥 78, 80~82, 84~86, 88, 90~93, 154~156; 마녀재판 35~37, 98, 154~155
『마담 보바리*Madame Bovary*』 308
마쓰바야시 기요아키松林 清明 283
마이트너, 리제Meitner, Lise 200

『말레우스 말레피카룸*Malleus Maleficarum*』 154~155
머천트, 캐럴린Merchant, Carolyn 33~35, 37
멘추, 리고베르타Menchú, Rigoberta 371
『목화 소작농*Cotton Tenants*』 65, 67
무루, 제라르Mourou, Gérard 193~194
「미래열병」 372
미슐레, 쥘Michelet, Jules 79
민희진 324

ㅂ

『바다의 가장자리*The Edge of the Sea*』 25, 27
『바이유 사람들*Bayou Folk*』 310
바리데기 353~355
버넬, 조슬린 벨Burnell, Jocelyn Bell 200
베살리우스, 안드레아스Vesalius, Andreas 119~120
베이커, 로빈Baker, Robin 252
베이컨, 프랜시스Bacon, Francis 35~37
보부아르, 시몬 드Beauvoir, Simone de 254
보이저 골든 레코드Voyager Golden Record 14~15
부두교Voodoo 49~52
붉은 여왕 가설Red Queen's hypothesis 250~251
브루이예, 앙드레Brouillet, André 100
블루헤드놀래기Thalassoma bifasciatum 253
『비명 지르게 하라, 불타오르게 하라*Make It Scream, Make It Burn*』 61, 63, 396
비전vision 104~106, 109
「빅뱅 이론The Big Bang Theory」 181

ㅅ

사스, 토머스 S. Szasz, Thomas S. 78, 80, 82, 84~85, 87
사실물 matter of fact 377
사이니, 앤절라 Saini, Angela 201
『사회계약론 Du Contract Social ou Principes du droit politique』 121
『산파술에 관한 논고 A Treatise on the Art of Midwifery』 152
「살인의 추억」 322
『살페트리에르병원 도록 Iconographie photographique de la Salpêtrière』 103
「살페트리에르병원에서의 임상 강의 Une leçon clinique à la Salpêtrière』 100
『새들은 페루에 가서 죽다 Les oiseaux vont mourir au Pérou』 292
생명윤리 및 안전에 관한 법률(생명윤리법) 243
샤르코, 장마르탱 Charcot, Jean-Martin 99~101, 103
샤먼 45, 89; 샤머니즘 95
성애 247, 308, 326; 성애화 297, 392; 탈성애화 393
「성애의 활용 The Uses of the Erotic」 308
『세계 정복자의 역사 Tārikh-i Jahāngushā』 44
세런, 캐럴 Seron, Carol 141
세이건, 칼 Sagan, Carl 14~15, 18, 248
세포 내 공생설 endosymbiotic theory 302~303
셔플링 shuffling 204
『손자병법 孫子兵法』 301
손택, 수전 Sontag, Susan 312
쇼팽, 케이트 Chopin, Kate 307~310
수컷 비용 the cost of males 250, 254
스미스, 빅 Smith, Vic 252
스미스, 존 메이너드 Smith, John Maynard 254
『스토너 Stoner』 113
스트리클런드, 도나 Strickland, Donna 193~194, 199
「스트릿 우먼 파이터」 195~196
스펜서, 허버트 Spencer, Herbert 300
『시간은 흐르지 않는다 L'ordine del tempo』 380
『시비아스 Scivias』 105~106
시빈저, 론다 L. Schiebinger, Londa L. 122, 145~146
시에나의 카타리나 Caterina da Siena 105, 107~109
「시켜서 한다! 오늘부터 운동뚱」 196
「신비의 체험 Weird Science」 190

ㅇ

아리스토텔레스 Aristoteles 35, 114~116
아마디, 네긴 Ahmadi, Negin 363~365
아마존빅토리아수련 Victoria amazonica 252
『아카디에서의 하룻밤 A Night in Acadie』 310
아쿠냐, 막시마 Acuña, Máxima 371
아펠, 애니 Appel, Annie 397~399
「악마를 보았다」 322
『안나 카레니나 Áнна Карéнина』 308
암흑물질 29~33, 37~38, 200
암흑에너지 31
『양육가설 The Nurture Assumption』 288
애슈킨, 아서 Ashkin, Arthur 193
앨런, 제임스 맥그리거 Allan, James McGrigor 124
『앨리스, 깨어나지 않는 영혼 Alice in Bed』 312
야쿠시마일본원숭이 Macaca fuscata yakui

282
『에밀Émile, ou De l'éducation』 121
에이지, 제임스Agee, James 64~69
「엑소시스트The Exorcist」 97, 101
엔스멩거, 네이선Ensmenger, Nathan 182, 189
『열등한 성Inferior』 201
염지혜 372
『영혼을 다시 쓰기Rewriting the Soul』 235
「오징어 게임」 295~299, 303
왓슨, 제임스Watson, James 200
우려물matter of concern 379~380
우즈, 버네사Woods, Vanessa 301
울프, 버지니아Woolf, Virginia 312
웨스트, 글래디스West, Gladys 202
웨이드, 제스Wade, Jess 201~202
「위험한 게임WarGames」 190
윌리엄스, 존Williams, John 113
「유사분열 세포의 기원에 대하여On the Origin of Mitosing Cells」 303
윤진혁 198
『이론생물학 저널Journal of Theoretical Biology』 303
이보윤 282~290
이상훈 198
이슬람국가Islamic State of Iraq and Syria, ISIS 361
『이제 훌륭한 인간들을 찬양하자Let Us Now Praise Famous Men』 65~67
인공지능artificial intelligence, AI 182, 197, 205, 207, 209~212, 215~217, 219, 257, 260~261, 267, 272~273
인노첸트 4세Innocent IV 44
인류세 267
『잊혀진 조상의 그림자Shadows of Forgotten Ancestors』 248

ㅈ
『자기만의 방A Room of One's Own』 312
자연선택 300~302
『자연의 죽음The Death of Nature』 33
자유로운 몸의 문화Frei-Körper-Kultur, FKK 391
재생산 122, 148, 154, 156, 158; 재생산권 156, 160
적자생존 300~301
점박이하이에나Crocuta crocuta 254
정종명 158
정하웅 198
제1차 세계대전 42, 370
제2차 세계대전 21, 40, 42, 184, 230
제이미슨, 레슬리Jamison, Leslie 61~64, 398~399
『주기율표Il sistema periodico』 45
주웨이니, 아타말리크Juvaynī, 'Aṭā Malik 44
중성미자 31, 33
『즐거운 학문Die fröhliche Wissenschaft』 387
『지구를 구할 여자들Mother of Invention』 266
『지구의 속삭임Murmurs of Earth』 14
「진짜 프로그래머는 파스칼을 쓰지 않는다Real Programmers Don't Use Pascal」 190
진화론 226~227, 300; 진화생물학 250

ㅊ
최재천 301
「추격자」 322
칭기즈칸Chingiz Khan 43~44

ㅋ

카세레스, 베르타 Cáceres, Berta 371
카슨, 레이철 Carson, Rachel 25~27
『캘리번과 마녀 Caliban and the Witch』 154
콘, 노먼 Cohn, Norman 82
쿤, 토머스 Kuhn, Thomas 56
크라프트, 모리스 Krafft, Maurice 21
크라프트, 카티아 Krafft, Katia 21
크릭, 프랜시스 Crick, Francis 200

ㅌ

탈레스 Thales 114
탈리도마이드 Thalidomide 231~232
톨스토이, 레프 Толстой, Лев 113, 308
「트렁크」 314~315

ㅍ

파레, 앙브루아즈 Paré, Ambroise 149
파커, 제프 Parker, Geoff 252
페데리치, 실비아 Federici, Silvia 154, 156
폰 노이만, 존 von Neumann, John 185~186
폴리뇨의 안젤라 Angela da Foligno 105, 109
푸이그 들라 벨라카사, 마리아 Puig de la Bella Casa, Maria 380
프랑코, 마리엘 Franco, Marielle 373
프랭클린, 로절린드 Franklin, Rosalind 200
플라톤 Plato 112, 114
『플랑드르의 옛 역사 Antiquitates Flandriae』 83
플로베르, 귀스타브 Flaubert, Gustave 308

ㅎ

하비, 윌리엄 Harvey, William 35
한, 오토 Hahn, Otto 200
해리스, 주디스 리치 Harris, Judith Rich 288
해킹, 이언 Hacking, Ian 235
헉슬리, 토머스 Huxley, Thomas 310
헤어, 브라이언 Hare, Brian 301
호모소셜 homosocial 191, 236
홀로코스트 Holocaust 82; 아우슈비츠 강제수용소 Konzentrationslager Auschwitz 45
홉스, 토머스 Hobbes, Thomas 35
화이트, A. D. White, A. D. 82
화이트, 데이비드 Whyte, David 390
황우석 242~243
휴이시, 앤터니 Hewish, Antony 200
흰동가리 Amphiprion ocellaris 253
「히든 피겨스 Hidden Figures」 184
히스테리아 Hysteria 98~99, 101, 103
히틀러, 아돌프 Hitler, Adolf 40~43
히포크라테스 Hippocrates 117

기타

「2023 분노의 게이지 보고서」 316
3·1운동 372; 「3·1 독립선언서」 372
5·4운동 372
『DMZ 콜로니 DMZ Colony』 371~372

나를 갈라 나를 꺼내기

ⓒ 하미나, 2025. Printed in Seoul, Korea

초판 1쇄 찍은날 2025년 10월 31일
초판 1쇄 펴낸날 2025년 11월 20일

지은이　하미나
펴낸이　한성봉
편집　안태운·오시경
콘텐츠제작　안상준
디자인　최세정
마케팅　오주형·박민지·이예지·정효인
경영지원　국지연·송인경

펴낸곳　물결점
등록　2025년 9월 17일 제2025-000068호
주소　서울시 중구 필동로8길 73 [예장동 1-42] 동아시아빌딩

페이스북　www.facebook.com/dongasiabooks
전자우편　dongasiabook@naver.com
블로그　blog.naver.com/dongasiabook
인스타그램　www.instargram.com/dongasiabook
전화　02) 757-9724, 5
팩스　02) 757-9726

ISBN 979-11-995332-0-2 03300

- 이 책은 서울특별시, 서울문화재단 '2023년 창작집 발간 지원사업'의 지원을 받아 발간되었습니다.
- 물결점은 동아시아 출판사의 문학·예술 브랜드입니다.
- 잘못된 책은 구입하신 서점에서 바꿔드립니다.

만든 사람들
책임편집　박은아
디자인　퍼머넌트 잉크
크로스교열　안상준